N.° 428. histoire.
18915.

Cette galerie est assurement fort courte et fort peu meublée. Perrault et d'autres avant deja donné de ces collections des portraits, mais il faut convenir qu'il n'y en eut jamais de plus cheres que celle cy. Les sçavoir devenues le public se lassa de recevoir des cahiers fort chers qui contenoient peu de choses souvent même rien de neuf, trois ou quatre images accompagnées d'un verbiage demi oratoire, demi philosophique, et reellement comme disoit feu M. Clairaut = a = 0. bientot le defaut de débit arretant l'œuvre, les marchands de papier se retirerent un peu avant que de perdre, et il n'en couta au public qu'en peu plus qu'il n'auroit fallu pour l'edition d'un bon livre.

Ce fut vers 1770 que le brigandage littéraire des prospectus et des livres a images commença le plus a regner. La confiance du public fut presque egale a l'audace de tous ces Mercadanti so disans gens de Lettres et Artistes. il y eut une foule d'entreprises commencées et bientot abandonnées sans qu'on put dire qu'il y eut rien a regretter. Je suis persuadé que j'ai epargné a M. le C.te d'Artois quelques centaines de Louis en ces prospectus impudents et mensongers qu'on presentoit a la famille Royale. On feroit un recueil plaisant des ouvrages chers en gravures commencés sans raison et abandonnés par le degout du public ou la friponnerie des Entrepreneurs depuis 1770 jusqu'en 1790. Galleries françoise, Galleries des Grands hommes, Histoires des favorites, Costumes enluminés de tous les Peuples de la Terre, Histoire des Cardinaux par l'abbé Roy. Oh! cet abbé Roy surtout sentant les bons d'une lieue a la Ronde ne vendoit il pas un louis le vol. in 4.o de son insipide histoire. Il est peut etre peu en ce lieu de placer une anecdote tres certaine, arrivée a plus d'un ouvrage, mais notamment au gros volume de Vers feste Soleil et la Lune. L'œuvre fut vantée par quelques prôneurs. Le public souscrivit de 24.tt une foule de souscripteurs laisserent le volume au libraire jugeant mieux perdre leur Louis que de lire cette Ronsardienne nouvelle...

Pour revenir a cette galerie françoise, trois ou quatre des portraits qui la composent sont excellents, aucun des discours qui les accompagne ne vaut son image.

GALERIE
FRANÇOISE.

GALERIE FRANÇOISE,
OU
PORTRAITS
DES HOMMES ET DES FEMMES CÉLÈBRES
QUI ONT PARU EN FRANCE,

Gravés en Taille-douce par les meilleurs Artistes, sous la conduite de M. RESTOUT, *Peintre ordinaire du Roi, de l'Académie Royale de Peinture & de Sculpture; des Académies des Sciences, Belles-Lettres & Arts de Rouen; des Belles-Lettres de Caen; de Peinture, Sculpture & Architecture de Toulouse.*

AVEC UN ABRÉGÉ DE LEUR VIE
PAR UNE SOCIÉTÉ DE GENS DE LETTRES.

―― *Sui memores alios fecêre merendo.*
Virg.

A PARIS,
Chez HERISSANT le Fils, Libraire, rue des Fossés de M. le Prince, vis-à-vis le petit Hôtel de Condé.

M. DCC. LXXI.
AVEC APPROBATION ET PRIVILEGE DU ROI.

PRÉFACE
DES AUTEURS.

On a déja tenté de donner au Public des Collections de Portraits d'Hommes célèbres ; mais il n'en est aucune de complette ; & l'on ne craint point de dire que tout ce qui a paru dans ce genre, doit être regardé comme très-imparfait. Nous nous flattons qu'on n'aura pas le même reproche à faire au nouveau Recueil que l'on présente aujourd'hui.

On n'a rien négligé pour rendre cet Ouvrage aussi agréable qu'utile. Les changemens qu'on vient d'y apporter font une preuve certaine du desir que l'on a de mériter de plus en plus les suffrages du Public, & de donner à ce Recueil toute la perfection dont il peut être susceptible. Les frais qu'ils entraînent après eux, n'ont paru d'aucune considération, lorsqu'on a prévu le bien qui pouvoit en résulter.

On avoit adopté dans le premier projet, le format grand *in-4°*. deux raisons lui ont fait substituer le petit *in-fol*. Ce nouveau format paroît mieux convenir à la nature d'un ouvrage qui semble fait pour trouver place dans les Bibliothèques, au nombre des Livres curieux. Un autre avantage de ce changement, c'est qu'on peut promettre au Public un papier toujours égal & toujours beau jusqu'à la fin de l'entreprise, & que la partie Typographique doit nécessairement en recevoir un nouvel éclat.

Celle des Estampes sera pareillement traitée avec les soins les plus scrupuleux. On avoit d'abord employé la manière noire, comme la croyant plus propre à mieux exprimer les ressemblances, & susceptible en même temps d'une plus prompte exécution. Mais ce genre de gravure n'ayant point été généralement goûté, on s'est déterminé, d'après le conseil de plusieurs personnes éclairées, à lui substituer la gravure en

N.° I. 1771.

PRÉFACE.

taille-douce. Outre que l'effet en est plus piquant & plus agréable, elle a d'ailleurs sur la manière noire, l'avantage de fournir un nombre plus considérable d'Epreuves également bonnes.

On ne peut que concevoir une idée favorable de cette entreprise, en voyant le nom de l'Artiste qui s'est chargé de diriger la partie des Estampes. C'est sous les yeux de M. Restout que les Planches seront toutes exécutées par les plus habiles Graveurs, & d'après les meilleurs Originaux.

Les Portraits des Personnes célèbres suffiroient pour intéresser. Cependant, comme on se rappelle toujours avec plaisir les particularités de leur vie, on ne doute point qu'on ne soit flatté de trouver ici celles qui peuvent instruire ou plaire davantage.

Les Gens de Lettres, associés à ce travail, n'ont rien épargné pour contribuer de leur côté à la perfection de l'Ouvrage; & les éloges qu'ils ont déja reçus, ne seront pour eux qu'un nouvel aiguillon qui ranimera leurs efforts & leur zèle.

Les moindres détails de l'Histoire d'un grand Homme, sont sans doute faits pour exciter la curiosité; mais il faut que le goût en dirige le choix; ils fatiguent, s'ils deviennent ou trop familiers ou minutieux: on aura soin d'éviter ces inconvéniens, qui seroient d'autant plus déplacés dans cet Ouvrage, qu'on ne donnera que peu d'étendue à chacun des éloges qui doit le composer.

On s'attachera principalement à réunir sous un point de vue rapide, les traits les plus capables de donner une idée juste & précise du caractère, des mœurs & du génie particulier de chacun des personnages qui seront insérés dans ce Recueil. C'est dans les actions de la vie privée qu'on peut apprendre plus sûrement à juger les hommes. Comme ils ne représentent point alors, & que sans aucun intérêt pour se déguiser, ils paroissent à découvert, il est plus facile de les apprécier. *Ceux*, dit Montagne, *qui écrivent les vies, d'autant plus qu'ils s'amusent plus aux conseils qu'aux événemens; plus à ce qui se passe au dedans, qu'à ce qui se passe au dehors; ceux-là me sont plus propres: voilà pourquoi c'est mon homme que Plutarque.*

En parlant des Souverains qui ont illustré le trône, des Capitaines & des Ministres qui se sont distingués, on ne manquera pas de rapporter

PRÉFACE.

les principaux événemens des temps où ils ont vécu : leur histoire est presque toujours celle de leur siècle.

C'est dans les Auteurs les plus accrédités que nous puisons les faits qui composeront le précis historique dont chaque Portrait doit être accompagné : souvent même on empruntera leurs propres expressions, quand elles peindront avec force & avec vérité : le plus souvent aussi on transcrira fidèlement les paroles mémorables de ceux qui les ont prononcées. Une saillie, qui est le jet de la nature, peint quelquefois plus naïvement le caractère & le génie, qu'une belle action ou qu'un bon ouvrage, qui ne sont trop souvent que les efforts de l'art & de la réflexion.

Les personnes illustres du siècle où l'on vit, intéressent davantage que celles qui ont brillé dans des temps plus éloignés, soit parcequ'on a été à portée de les voir, soit parcequ'on les connoît par le récit de ceux qui les ont vues. On s'est donc proposé de commencer cet Ouvrage par les portraits des grands Hommes de notre siècle, dans tous les genres. Les siècles précédens viendront après ; mais toujours en prenant le plus voisin du nôtre.

Pour accélérer & fixer d'une manière certaine les livraisons de chaque mois, on ne composera les Cahiers que de cinq Sujets, au lieu de six qui avoient été annoncés. On n'y inférera point les personnes vivantes. On aura soin, autant que l'on pourra, de ne pas présenter à la fois deux personnages qui ont parcouru la même carrière avec succès. Les talens mettent de niveau tous les rangs ; ainsi l'on n'hésitera point de placer un simple Artiste sans naissance, à côté d'un autre grand Homme, recommandable par le nombre de ses aïeux. On décorera aussi de temps en temps cette Collection, des portraits des Femmes les plus célèbres : ce sera une occasion de rendre hommage aux graces & à la beauté.

Le premier Cahier que nous donnons aujourd'hui, est composé des Portraits du Dauphin dernier mort, du Duc d'Orléans Régent, de Louis XIV, de Louis XIII, de Henri IV, & d'un Frontispice (1) qui forme la première Gravure.

---

(1) Messieurs les Souscripteurs sont déja prévenus que ce Frontispice, devant former lui-même un sujet fort travaillé, ne peut se délivrer à présent. Il se vendra séparément, aussi-tôt qu'il pourra paroître.

PRÉFACE.

On a mis dans le premier Cahier les Portraits de plusieurs Souverains. Pouvions-nous préfenter cet Ouvrage fous de plus heureux aufpices, qu'en réuniffant d'abord les Princes de la branche illuftre qui eft affife fur le trône ? Le Monarque qui prépara notre fiècle, devoit naturellement y occuper une des premières places : l'Hiftoire de *Louis le Jufte* eft trop liée à celle de fon fucceffeur, pour en être féparée ; & dans un Recueil offert à des François, pouvoit-on omettre le Portrait de *Henri IV* ?

Nous ofons efpérer qu'un Ouvrage qui raffemble en même temps les Portraits & l'Hiftoire de toutes les perfonnes dont le nom, les actions & les écrits doivent être chers au Public, ne peut qu'en être reçu favorablement. Il n'eft point de claffe de Citoyens auxquels il ne puiffe convenir ; mais il eft principalement fait pour tous ceux que le defir de la gloire anime, & qui tendent à s'ouvrir une route vers l'immortalité. Ces derniers doivent regarder ces Portraits comme autant de Tableaux de Famille.

On ne fera point étonné de trouver dans cette Collection quelques grands Hommes à qui la France n'a point donné le jour. Il fuffit qu'ils lui aient confacré leurs talens, pour avoir droit à notre reconnoiffance : en fixant leur féjour parmi nous, ils font devenus nos concitoyens.

LOUIS IX, DAUPHIN.

Restout delin. 1771. Dupuis Sculpsit. Confecit Romanet.

LOUIS IX,
DAUPHIN DE FRANCE.

Sa mort a révélé le secret de sa vie.
M. SABATHIER.

Louis IX, Dauphin de France, naquit à Versailles le 4 Septembre 1729. Sa naissance mit fin aux allarmes & aux craintes dont l'État étoit agité depuis long-temps.

Persuadé que celui qui gouverne doit être plus éclairé que ceux qui sont gouvernés, il est peu de connoissances qui ne lui parurent dignes de son application. Les beaux Arts & les Sciences furent tour-à-tour l'objet de sa curiosité. L'étude de la Littérature, tant ancienne que moderne, fixa d'abord son attention : parmi les Arts, la Musique fut celui qu'il aima davantage ; elle prépara son ame à la sensibilité. La lecture des Livres philosophiques servit à former son esprit ; la Logique de Port-Royal lui donna les principes du raisonnement, & en méditant souvent les ouvrages immortels de Descartes, de Mallebranche & de Locke, il apprit à penser de lui même.

C'est alors qu'il se crut propre à faire les premiers pas dans la science du gouvernement ; mais il se forma d'abord un plan raisonné de toutes les parties qui en dépendent. Bientôt il s'instruisit dans l'étude du Droit public, de l'origine & de l'étendue du pouvoir souverain, du rapport des Nations avec les Nations, & des devoirs respectifs des Souverains & des Peuples. Rien ne lui échappa : il réfléchit même sur le Droit de la Guerre ; mais il ne s'y arrêta que pour déplorer les malheurs que ce droit barbare entraîne après lui.

Du Droit public il passa à l'Histoire qui en est la base ; en peu de temps il en approfondit les mystères ; il en parcourut toutes les branches, & ne la quitta qu'après y avoir acquis une connoissance parfaite des hommes. Il s'appliqua sur-tout à bien connoître ceux qui ont occupé le Trône : en pleurant sur les vices de Néron, les vertus de Titus passèrent dans son ame.

Celui qui est destiné à donner des Loix, doit étudier avec soin celles qui ont régi le monde avant lui. Il doit principalement s'attacher à connoître les Loix de son pays : ces deux objets fixèrent successivement les regards du Dauphin. Il apprit avec Montesquieu, qu'il admiroit sans aveuglement, & qu'il combattit quelquefois avec avantage, à généraliser ses idées sur la législation. Le chancelier d'Aguesseau fut son guide quand il voulut les particulariser ; mais il ne consulta que son cœur, lorsque descendant dans les détails obscurs de nos loix criminelles, il s'occupoit plus du soin de prévenir les crimes, que des moyens de les punir.

Tous les objets de l'économie politique lui parurent mériter une attention particulière. Il ne négligea pas non plus l'art de la Guerre, quoiqu'il fût éloigné d'en vouloir faire usage; il ne croyoit pas inutile d'en connoître les règles. Le cercle de ses connoissances s'étendit encore : l'Histoire Naturelle, la Physique, les Mathématiques, la Marine, toutes ces Sciences furent du ressort de son génie.

Pour s'en faciliter l'étude, il avoit soin d'occuper les hommes les plus habiles dans chaque genre, à lui composer des mémoires, & à lui indiquer les sources qu'il devoit consulter; c'est ainsi qu'il est devenu lui-même Auteur, & qu'il a rédigé ces écrits précieux, dont l'Etat est dépositaire. Depuis environ l'âge de vingt ans, il ne se contentoit pas de donner au travail sept à huit heures du jour, il y consacroit souvent une partie de la nuit. Le mauvais état de sa santé, dans les trois dernières années de sa vie, ne fut pas même capable de ralentir son ardeur.

Les vertus du DAUPHIN furent encore au-dessus de ses talens : né avec des passions ardentes, il sut les réprimer : la nature l'avoit rendu fier; il se dompta. Bientôt il connut qu'on ne pouvoit être au-dessus des autres hommes, que par les bienfaits & la vertu. A son penchant pour la colère, il substitua la patience & la douceur. Il dut sans doute à la Philosophie une partie de ces changemens si heureux & si rares : il les dut encore plus à la Religion qu'il honora toujours avec discernement, & qu'il se fit un devoir de protéger par ses exemples.

C'est avec de pareils secours que le DAUPHIN apprit à regarder la justice comme une des qualités les plus nécessaires à un Prince; mais comme il est impossible d'être juste sans connoître la vérité, son plus grand soin fut de la chercher par-tout, dans les livres, dans les conversations, enfin auprès de ses amis; car il en avoit, & méritoit d'en avoir. *Offrez-moi*, leur disoit-il, *la vérité sans détour, si vous m'en croyez digne*. « Il trouva des hommes qui eurent le courage de lui dire des vérités » fortes, & il eut le courage encore plus grand de les en aimer davantage ». C'est son amour pour la justice qui l'empêcha d'accepter un supplément à la pension que le Roi lui faisoit : *Je donnerois le surplus, j'aime mieux qu'on le retranche sur les Tailles.*

Eloge du Dauphin, par M. Thomas.

La voix des malheureux pénétroit toujours jusqu'à lui. Sans faste, sans ostentation, ennemi du luxe, il ne connoissoit de besoins que les leurs. Une partie de ses deniers étoit employée à soulager leur misère.

Cette sensibilité ne fut jamais mise à une plus forte épreuve que le jour où chassant dans la plaine de Villepreux, il eut le malheur de blesser mortellement un de ses Écuyers. Il s'interdit pour jamais un amusement qu'il aimoit beaucoup, & prit le plus grand soin de la veuve & de son fils.

Le jour de Fontenoi, si heureux pour la France, & si glorieux pour son Roi, vit encore des preuves de la sensibilité du DAUPHIN : en souriant à la victoire, ce Prince

Vie du Dauphin.

ne put s'empêcher de mêler ses larmes au sang des victimes dont il étoit environné. Son courage ne se fit pas moins remarquer, quand il voulut s'élancer à la tête de la Maison du Roi : il courut alors le plus grand danger ; un boulet de canon couvrit de terre un homme entre lui & le Roi son père.

Dans le camp de Compiègne, en 1765, ce Prince ne parut que pour y gagner tous les cœurs. Officiers, Soldats, il charma tout le monde par ses manières & son affabilité. Il présenta & nomma chacun des Officiers de son Régiment à la Dauphine ; il présenta la Dauphine elle-même à ses Officiers : *Enfans*, leur disoit-il, *voilà ma femme*.

Le Dauphin fut marié deux fois : il épousa en 1745 Marie-Therese, fille de Philippe V, Roi d'Espagne : cette Princesse mourut le 22 Juillet de l'année suivante. Il forma une seconde alliance en 1747, avec Marie-Josephe, fille de Frederic-Auguste, Roi de Pologne, Électeur de Saxe.

Les devoirs de son rang ne firent point oublier au Dauphin qu'il en avoit d'autres à remplir. Le temps qu'il déroboit à l'étude étoit partagé entre une Épouse & des Sœurs chéries. Il révéroit dans son Père le meilleur des Rois, comme il trouvoit dans son Roi le plus tendre des pères. Son auguste Mère n'eut pas moins de part à son amour. Sans cesse il s'occupoit de ses Enfans & du soin de leur éducation. Il desiroit sur-tout qu'on leur donnât des leçons d'humanité : *Conduisez-les*, disoit-il, *dans la chaumière du Paysan ; qu'ils voient le pain dont se nourrit le pauvre, & qu'ils apprennent à pleurer*. Le jour qu'on leur suppléa les cérémonies du baptême, il se fit apporter devant eux le registre où sont inscrits les noms des enfans baptisés. Celui du fils d'un Artisan précédoit sur la liste le nom des jeunes Princes : *Apprenez de-là*, leur dit-il, *que tous les hommes sont égaux par le droit de la nature, & aux yeux de Dieu qui les a créés*.

Vie du Dauphin.

Le Dauphin parut encore plus grand au moment de sa mort. On lui annonce qu'il ne peut pas vivre long-temps ; il reçoit cette nouvelle sans la moindre émotion, & recommande au Roi les personnes qui lui ont été chères. Livré aux plus cruelles douleurs, sa sérénité ordinaire ne l'abandonna pas un seul instant ; il sourioit aux uns ; il plaisantoit encore avec les autres. Sa Mère, son Epouse & ses Sœurs fondoient en larmes auprès de lui ; il cherchoit à les consoler. De la main dont il essuyoit leurs pleurs, il leur donna deux boucles de ses cheveux. Déja sa dernière heure approchoit : il jette un regard sur les Princes ses enfans ; & ses derniers soupirs sont des vœux pour la Patrie.

Eloge de M. Thomas.

Tel fut ce Prince, qui ne fut bien connu que quand l'instant de le regretter arriva. Il mourut à Fontainebleau, le 20 Décembre 1765, âgé de trente-six ans. La Dauphine ne lui survécut que d'une année ; elle mourut le 13 Mars 1767, & fut inhumée à Sens auprès de son Époux.

Le Dauphin avoit eu de son premier mariage une Princesse qui fut nommée

Marie-Thérèse, & qui mourut en 1748. Il eut de la dernière Dauphine huit enfans. Le Duc de Bourgogne, mort en 1761, mérita d'emporter à l'âge de neuf ans les regrets de la France : deux autres furent enlevés dans l'âge le plus tendre. Cinq nous restent, trois Princes & deux Princesses ; leur éloge est dans le cœur des François. L'aîné de tous, actuellement Dauphin, a comblé les vœux de la Nation par son alliance avec l'Archiduchesse Marie-Antoinette d'Autriche.

PHILIPPE D'ORLEANS
REGENT.

Car. Monnet delin. 1771.   Vayer f. sculps.

PHILIPPE DUC D'ORLÉANS,
RÉGENT DU ROYAUME.

Philippe II, Duc d'Orléans, petit-fils de France, naquit à S. Cloud le 2 Août 1674, de Monsieur, frère du Roi, & de Charlotte-Elisabeth de Bavière, fille de l'Electeur Palatin.

Les premières années, sur-tout dans les Princes, décident du reste de la vie. Philippe annonça dès l'enfance un génie ardent, & avide de tout saisir. On lui donna pour Gouverneur le Maréchal Destrades, négociateur célèbre, que la mort lui enleva en 1686, & qui fut remplacé par le Marquis d'Arcis. Son Précepteur fut un de ces hommes dont il est permis de rechercher l'origine, pour montrer ce que peut la souplesse, même avec un esprit ordinaire; l'Abbé du Bois, fils d'un bourgeois de Brive, & depuis Cardinal premier Ministre, fut d'abord Lecteur de Monsieur, qui le plaça bientôt auprès du jeune Duc son fils. Philippe répondit parfaitement aux vues de ses maîtres : « Je me souviens, a dit une Dame célèbre, *Souvenirs de Madame de Caylus.* » que Madame de Maintenon, instruite par ceux qui prenoient soin de son » éducation, se réjouissoit de ce qu'on verroit paroître dans la personne du Duc de » Chartres (car c'est ainsi qu'il s'est appellé jusqu'à la mort de Monsieur) un Prince » plein de mérite, & capable de faire goûter à la Cour la vertu & l'esprit ».

Philippe, à peine âgé de seize ans, fit la campagne de Flandres sous le Maréchal de Luxembourg. A la journée de Steinkerque, en 1692, il commandoit le corps de réserve, & le Général, craignant pour la jeunesse de Philippe, lui refusa d'abord la permission de se trouver à l'action ; le Prince avoit paru céder ; bientôt n'écoutant que son courage, il fit parler son Gouverneur, & obtint la faveur qu'il desiroit. Ce que le Maréchal craignoit arriva ; Philippe fut blessé ; mais on le vit revenir au combat, après un léger pansement. L'action finie, il demanda qu'on plaçât sur les chariots les blessés des deux partis. *Après le combat*, dit-il, *il n'y a plus d'ennemis sur le champ de bataille* : Paroles mémorables, qui devoient être celles d'un petit-fils de Henri IV.

L'année suivante, il fit, près de Nerwinde, de nouveaux prodiges de valeur. Après avoir chargé trois fois à la tête d'un escadron, il se trouva dans un terrein creux, environné d'hommes & de chevaux tués ou blessés. Une troupe d'ennemis lui crioit de se rendre ; déja on l'avoit saisi : Philippe se défendit seul, blessa l'Officier qui le tenoit, & parvint à se dégager.

La paix de Riswick, faite en 1697, parût avoir changé ses inclinations. Le guerrier, devenu homme de lettres, porta tout-à-coup dans l'étude des sciences la même ardeur qui l'avoit entraîné au combat. Sauveur & l'Abbé Couture, tous deux Professeurs Royaux, furent appellés auprès de Philippe, le premier pour lui

enseigner les Mathématiques, l'autre pour travailler avec lui sur les principes de l'Eloquence. Dans le même temps, il parcouroit encore le cercle des autres connoissances; mais il s'appliqua sur-tout à la Chymie, dont les mystères irritoient sa curiosité. L'Abbé du Bois lui avoit donné pour guide le fameux Homberg, de l'Académie des Sçiences. « PHILIPPE le prit auprès de lui en 1702, lui donna une
>> pension, & un laboratoire le mieux fourni & le plus superbe que la Chymie eût
>> jamais eu. Là se rendoit presque tous les jours le Prince philosophe; il recevoit
>> avidement les instructions de son Chymiste, souvent même les prévenoit avec
>> rapidité; il entroit dans tout le détail des opérations, les exécutoit lui-même, en
>> imaginoit de nouvelles. *On ne le connoît pas*, disoit Homberg; *c'est un rude*
>> *travailleur* » (1).

Eloge de Homberg par Fontenelle.

Il vivoit ainsi au milieu des sçavans & des artistes, lorsque Louis XIV l'envoya, en 1706, commander dans le Piémont. Le Duc de Vendôme, qu'il remplaçoit, avoit laissé un libre passage au Prince Eugène, Général des Impériaux. Tout ce que PHILIPPE put faire après cette faute d'un grand homme, ce fut de joindre le Duc de la Feuillade, qui campoit devant Turin. Eugène suivoit de près pour faire lever le siège de cette ville. On proposa deux avis; le premier, ouvert par le Duc D'ORLEANS, & adopté par le plus grand nombre des Lieutenans Généraux, fut de marcher droit à l'ennemi : l'autre avis étoit de l'attendre dans les lignes. Malheureusement pour la France, ce dernier parti avoit été pris à Versailles, & le Maréchal de Marsin, qui seul devoit faire la loi en cas d'action, avoit ordre de ne point présenter la bataille. L'ennemi arriva. Le Duc D'ORLEANS, frappé de deux coups de feu, fut forcé à la retraite : le Maréchal perdit la vie; & un ordre donné par Chamillard causa la déroute de soixante mille hommes, & fit perdre à la France, en moins de quatre heures, le Modénois, le Milanès, le Piémont & le Royaume de Naples.

De l'Italie le Duc D'ORLEANS fut envoyé en Espagne : quelque diligence qu'il eût faite, il n'arriva que le lendemain de la bataille d'Almanza; mais il profita de cette action en grand Capitaine, & les suites de la victoire furent aussi rapides que l'avoient été les revers. Requena, Valence, Saragosse, ouvrirent leurs portes au vainqueur; & PHILIPPE pénétrant bientôt dans la Catalogne, prit en onze jours la ville de Lérida, l'écueil du grand Condé : le fort de cette ville céda lui-même au bout d'un mois.

Tandis que le Duc assuroit ainsi le trône de Philippe V, on sema le bruit que ce Monarque vouloit en descendre. Au défaut des enfans du Dauphin, la couronne d'Espagne appartenoit au Duc D'ORLEANS, comme petit-fils d'Anne d'Autriche,

---

(1) C'est à ces travaux réunis de Homberg & de PHILIPPE que les amateurs des pierres gravées doivent une manière de les imiter, plus expéditive & plus parfaite que celle dont on se servoit en Italie. MARIETTE, *Traité des Pierres gravées*, pag. 93.

Vie de Philippe d'Orléans.

fille aînée de Philippe III; & ses droits, négligés par le testament de Charles II, avoient été maintenus par une protestation de Monsieur, que Philippe V lui-même avoit confirmée par un Décret. Le Duc d'Orleans conçut le dessein de les faire valoir, mais seulement après que le Roi d'Espagne auroit abdiqué. Ce projet, qui ne fut même qu'une idée informe, fut présenté à Louis XIV comme une conspiration contre son petit-fils: deux prétendus agens de Philippe (Regnault & Flotte) furent arrêtés en Espagne, & détenus six ans dans une prison; le père de Philippe V parla même de faire le procès au Duc. Mais Louis XIV fut assez grand pour paroître ignorer un simple desir; il ne crut pas que ce fût un crime d'avoir voulu disputer à l'Archiduc Charles, un sceptre que Philippe V ne devoit déposer qu'entre les mains du Duc de Berri son frère, ou du Duc d'Orleans. Au mois de Novembre 1712, ces deux Princes renoncèrent à leurs droits sur l'Espagne; & par un acte pareil, qui fut reçu aux *las Cortés*, comme l'autre avoit été enregistré au Parlement, le Roi Catholique abandonna ses prétentions sur la couronne de France.

La calomnie poursuivit encore le Duc d'Orleans. Une épidémie cruelle* avoit emporté en peu de jours le Dauphin, sa femme & son fils aîné: dans l'excès de la douleur on forma des soupçons atroces sur la cause de ces morts précipitées. Philippe s'appliquoit à la Chymie, il faisoit des expériences; ce fut aux yeux du peuple une preuve de poison. Homberg & le Duc d'Orleans demandèrent à être mis en prison pour se justifier; l'accusation tomba; elle n'a été répétée depuis que par ces Ecrivains, qui ne savent intéresser qu'en supposant des forfaits.

*C'étoit une rougeole maligne; plus de trois cents personnes en moururent à Paris en deux jours.

Après la mort de Louis XIV, le Parlement assemblé avec les Pairs & les Grands Officiers de la Couronne, déféra au Duc d'Orleans la Régence du Royaume. Elle lui appartenoit par sa naissance; mais Louis XIV l'avoit limitée par son testament; il avoit mis le jeune Roi sous la tutelle d'un Conseil, dont le Duc d'Orleans étoit le chef. Les inconvéniens du partage de l'autorité suprême firent annuller cette disposition. Le Regent déclara néanmoins qu'il ne prendroit aucun parti dans les affaires de l'Etat, qu'avec la délibération d'un Conseil de Régence formé à son choix, & qu'il cédcroit à la pluralité des voix; mais il se réserva la libre distribution de toutes les graces. Ce fut dans cette occasion qu'il prononça cette parole, qui a mérité d'être conservée sur les registres du Parlement: *Je ne veux être indépendant que pour faire le bien, & je consens à être lié tant qu'on voudra pour faire le mal.*

« Vous conserverez à jamais dans vos Annales, disoit M. d'Aguesseau au Parle-
» ment, la mémoire de ce jour glorieux au Sénat, précieux à la France, heureux
» même pour toute l'Europe, où un Prince que sa naissance avoit destiné à être
» l'appui de la jeunesse du Roi, & le génie tutélaire du Royaume, vint recevoir par
» vos suffrages la ratification du choix de la Nature. Vaincre les ennemis de l'Etat
» par la force des armes; ça été le premier essai de son courage: s'attacher tout l'Etat
» par les charmes de son gouvernement; c'est le chef-d'œuvre de sa sagesse ».

M. d'Aguesseau, Mercurial. XIX.

Galerie Françoise.

En effet, la Régence du Duc d'Orleans ne fut point orageuse, comme on pouvoit le craindre; les seize premiers mois sur-tout offrirent l'image du gouvernement le plus heureux. La solde, qui manquoit depuis long-temps, fut payée, & Philippe aliéna ses propres fonds pour acquitter cette dette vraiment sacrée; on proportionna le nombre des troupes aux besoins de la Patrie; le droit de remontrances fut rendu au Parlement; & le peuple vit avec joie la suppression de quelques impôts, & l'opulence des Traitans soumise à l'examen d'une Chambre de Justice. Les premières opérations de la Taille proportionnelle sont dues encore au Regent, qui cherchoit les moyens d'établir une juste égalité. Il protégeoit les cultivateurs: « Vous tiendrez la main, écrivit-il aux Intendans, à ce que les Collecteurs, pro- » cédant par voie d'exécution contre les taillables, n'enlèvent point leurs chevaux » & bœufs servant au labourage, ni les ustenciles & outils avec lesquels les artisans » gagnent leur vie ».

Outre le Conseil de Régence, on avoit établi, en 1716, six Conseils, où toutes les branches de l'administration étoient distribuées. Le premier, consacré aux affaires ecclésiastiques, & dont tous les membres étoient tirés du Clergé, excepté le Procureur général du Parlement, portoit le nom de Conseil de Conscience; les autres avoient pour objet les Affaires Etrangères, la guerre, la marine, la finance & le dedans du Royaume. Ce plan d'administration étoit attribué au feu Duc de Bourgogne. On s'en plaignit; les uns, parcequ'on le croyoit du Régent; d'autres, parce qu'il y avoit quelques inconvéniens dans cette multiplicité de Conseils; presque tous, parceque l'idée étoit nouvelle. L'Abbé de S. Pierre entreprit de la justifier; sa *Polysynodie*, loin de persuader les censeurs, ne servit qu'à le faire exclure des Assemblées de l'Académie. Au bout de deux ans, les nouveaux Conseils furent réduits à deux, qui portoient chacun le titre de *Conseil de Régence*, & qui embrassoient tous les objets des autres. On rendit les Départemens aux Secrétaires d'Etat, qui, dans le premier plan, étoient de simples Conseillers.

Cependant Philippe faisoit respecter le nom François chez les Etrangers. La France n'avoit plus d'ennemis à la mort de Louis XIV, mais elle n'avoit pas d'alliés: le Regent s'en fit un de George, Roi d'Angleterre, & la réunion de ces deux Princes assura la tranquillité de l'Europe, dont le midi alloit être ravagé par la guerre que l'Espagne vouloit faire contre l'Empereur. Il fit en faveur du commerce un traité avec les villes libres de Hambourg, de Lubeck & de Brême, & termina ensuite par un échange les divisions élevées au sujet des limites entre la France & la Lorraine.

Hénault, Abreg. chron. ann. 1714.

L'Eglise se refusoit à la paix: un decret, devenu trop fameux, causoit depuis 1714 des troubles qui ne sont encore que calmés. A peine le Regent fut-il à la tête des affaires, que l'assemblée du Clergé le pria d'exécuter les intentions du feu Roi; c'étoit à ce qu'on croit, de faire déposer le Cardinal de Noailles & quelques

autres

Vie de Philippe d'Orléans.

autres Prélats. Le REGENT répondit avec une adresse qui fut bien remarquée, qu'*on le trouveroit toujours disposé à défendre les intérêts de l'Eglise Gallicane, & à conserver les Evêques dans la dignité de leurs places*. Le jour même de la mort de Louis XIV, il avoit fait appeller à la Cour le Cardinal de Noailles. Lorsque ce Prélat y parut, il s'éleva un murmure qui pénétra jusqu'au cabinet du PRINCE; on lui en apprit la cause: *C'est moi qui le fait venir*, répondit-il; & s'avançant bientôt au-devant du Cardinal, il l'embrassa devant tout le monde, & s'entretint avec lui pendant plus d'une heure. Depuis, il a toujours cherché à garder dans cette affaire une parfaite neutralité; il craignoit de décider par la force, des contestations que la raison seule auroit dû terminer.

Dans une occasion importante il sut résister à la Cour de Rome. Clément XI refusa en 1716 de donner des Bulles à quelques Evêques de France, quoiqu'on eût satisfait aux conditions exigées par le Concordat. Ce refus dura jusqu'en 1718; le REGENT le fit cesser, en nommant pour cet objet des Commissaires du Conseil: ceux-ci demandèrent l'avis des plus habiles Canonistes; on alloit rétablir l'ancien usage, lorsqu'un courier de Rome annonça l'expédition des Bulles. Voy. l'Avis aux Princes Catholiques, 1768, in-12. 2 vol.

L'agitation de l'Eglise avoit passé jusques dans l'Etat. On découvrit la même année une conspiration formée pour enlever le REGENT, & faire donner par les Etats de la Nation la Régence du Royaume à Philippe V. Le Prince de Cellamare, son Ambassadeur en France, avoit été chargé de conduire l'intrigue: une Courtisanne la démêla, en surprenant les papiers du Secrétaire qu'elle avoit endormi, & l'on vit les plus grands noms parmi ceux des complices. Le DUC D'ORLEANS fut tenté d'abdiquer un pouvoir qu'on ne lui pardonnoit pas d'avoir mérité; mais rappellant bientôt la fermeté de son ame, il fit enfermer le Duc du Maine, exila le Cardinal de Polignac, & fit peu après exécuter à Nantes quatre Gentilshommes, chefs des rebelles en Bretagne. On usa de clémence envers tous les autres: Cellamare fut renvoyé en Espagne après qu'on eût mis le scellé sur ses papiers: un seul Gentilhomme ordinaire de la Chambre l'accompagna jusques sur les frontières. La conspiration fut ainsi terminée sans qu'on eût violé le droit des Gens. La Fillon.

C'étoit Albéroni qui avoit formé ce complot. Enfant de la fortune comme du Bois, il avoit encore plus d'ambition que lui: le fils d'un Jardinier, autrefois Curé de village, près de Parme, vouloit être à la fois Ministre d'Espagne & de France. Des Rois le secondoient dans ses desseins; déja Charles XII & le Czar Pierre s'étoient réconciliés pour le servir; malgré ces appuis le REGENT entreprit de le chasser du Ministère; & il y parvint en déclarant la guerre à l'Espagne.

Comme ce Prince craignoit que les nouveaux convertis du Dauphiné, du Poitou, du Languedoc, ne se laissassent entraîner à quelque soulèvement par les émissaires d'Albéroni, il prévint ces troubles en s'adressant à Basnage, Ministre des Réformés en Hollande. Quoique réfugié en pays étranger, Basnage aimoit sa patrie: le REGENT ne le crut point indigne de la servir. Il le fit prier, en 1719, par le Comte de Morville, alors Ambassadeur en Hollande, d'écrire à ceux dont on vouloit séduire la fidélité, & de les affermir dans l'obéissance qu'ils devoient au Roi. Basnage leur adressa une Instruction Pastorale, qui fut réimprimée à Paris par ordre de la Cour: elle eut tout l'effet qu'on s'étoit promis. Les Provinces suspectes demeurèrent fidéles. Le Cardinal Albéroni fut bientôt chassé d'Espagne, & Philippe V accéda au traité de la triple alliance, signé à la Haye en 1717, entre la France, l'Angleterre & la Hollande.

L'année 1718 sembloit être faite pour servir d'époque à tous les événemens ; elle vit naître ce système qui fit tant de maux, & qui pouvoit faire de si grands biens. Il dut son origine aux dettes immenses où Louis XIV s'étoit engagé pour affermir son petit-fils sur le trône d'Espagne. L'Etat devoit deux millards quand le Roi mourut. Dès la première année de la Régence, PHILIPPE établit un *Visa*, c'est-à-dire, un examen de ces dettes, relativement à leur origine, & aux personnes qui portoient les titres de créance. Comme on savoit que le Roi n'en avoit pas entièrement touché le fonds, on fit une réduction dont peu de personnes eurent sujet de se plaindre. Les anciens papiers furent convertis en un autre, qu'on appela *Billets de l'Etat*. Le Roi se trouva libéré de plus de trois cens millions.

La Chambre de Justice établie pour le soulagement du peuple, étoit devenue elle-même une source de maux, lorsqu'un Ecossois, nommé J. Law, demanda le privilège d'une banque générale. Il étoit né calculateur, & s'étoit distingué quelque temps par son jeu chez la Duclos, célèbre Actrice. Revenu à Paris après la mort du Roi, avec dix-neuf mille livres d'argent comptant, acquises en grande partie au *Pharaon*, il établit en son nom la banque, dont le fonds fut de six millions. On le fit presque tout en billets de l'Etat ; ce qui commença à ranimer la circulation. Bientôt on y joignit une Compagnie du Mississipi, & la banque de Law fut déclarée banque du Roi en 1718. La Compagnie d'Occident s'accrut encore par l'union du privilège de celle des Indes orientales, fondée par Colbert, & tombée depuis en décadence. Enfin, elle se chargea des Fermes générales du Royaume.

Les actions qui, dans l'instant où elles furent créées, n'avoient coûté que 500 liv. furent, au mois de Septembre 1719, vendues jusqu'à 8000 liv. Chacun s'empressa de négocier ; les gens de lettres même s'en mêlèrent, &, comme l'a dit un de nos Poëtes, témoin de cette frénésie : *Le sacré vallon fut la place du change.* C'étoit dans la rue Quinquempoix qu'étoit le siège du commerce des Papiers : on fut obligé d'y mettre des gardes.

<small>Volt. Epit. à Boileau.</small>

L'ivresse publique fit presque tout-à-coup place à la défiance. A force de créer des actions, on avoit réduit en papiers toute la fortune des citoyens ; les plus sages, ou pour mieux dire, les plus heureux, réalisèrent cette monnoie fictive ; d'autres l'essayèrent en vain ; il fut défendu d'avoir chez soi plus de 500 liv. d'argent comptant. Mais l'inſtant de la chûte étoit arrivé; le Regent eut beau ſoutenir la Banque par des Arrêts, & par l'aſſurance qu'il montrât, l'Abbé Terraſſon, dont l'opulence paſſagère tomboit avec le ſyſtême, eut beau juſtifier, dans un ouvrage public, un projet qu'il jugeoit en Philoſophe, Law nommé en 1720, Contrôleur général, fut bientôt obligé de s'enfuir à Veniſe, où il n'apporta que de nouveaux plans de fortune, & un diamant qu'il engageoit pour jouer aux jeux de haſard.

Les Billets de la Banque royale furent ſupprimés au mois d'Octobre 1720, & l'on vit qu'il en avoit été fabriqué pour deux millards ſix cens quatre-vingt-ſeize millions quatre cens mille livres. On dit qu'il y eut des billets contrefaits chez l'Etranger, & que ce qui décria le plus le papier, ce furent des numéros doubles qu'on trouva ſur la place.

Au milieu des troubles & de l'agitation du ſyſtême, le Regent s'étoit occupé de l'éducation de la jeuneſſe. Il établit en 1719 l'inſtruction gratuite à Paris: juſqu'alors il n'y avoit eu que le Collège Mazarin & celui des Jéſuites où les étudians ne fuſſent pas obligés de payer leurs maîtres. Le projet de l'inſtitution gratuite, formé par le Cardinal de Richelieu, étoit digne d'être exécuté par Philippe. Dès 1716, ſur les repréſentations de l'Univerſité, il avoit réuni les droits qu'elle avoit ſur les Poſtes, qu'elle a inventées, à ceux des Meſſageries Royales, & lui avoit aſſigné ſur le prix des baux, une ſomme de ſoixante mille livres par an : mais cet arrangement n'étoit que proviſionel. Charles Coffin, Recteur en 1719, & homme d'eſprit; profita de la cérémonie du cierge que l'Univerſité préſente chaque année, pour rappeller au Prince l'eſpèce d'engagement qu'il avoit formé avec elle. Un mot ſuffiſoit au Regent, dès qu'il s'agiſſoit de l'intérêt des Lettres. Au mois d'avril ſuivant, le Recteur reçut des Lettres-Patentes, qui établiſſoient l'Inſtruction gratuite, & aſſuroient aux Profeſſeurs le vingt-huitième effectif du prix du bail général des Poſtes & Meſſageries. Quand l'Univerſité alla remercier l'auteur de ce bienfait, & lui offrir le recueil des Pièces qu'il avoit fait naître, Philippe dit hautement: *Ce n'eſt point une grace que j'ai accordée, c'eſt une juſtice que j'ai rendue; votre application à ſervir le public, me tient lieu de remerciement.* C'étoit le célèbre Rollin qui avoit été chargé d'exprimer la reconnoiſſance de l'Univerſité dans un diſcours ſolemnel; le remerciement du Recteur, alors en place, a été traduit en Anglois, & dépoſé dans les archives de l'Univerſité d'Oxford, comme un monument auſſi glorieux pour les lettres que pour leur Bienfaiteur.

D'autres ſoins auſſi utiles, mais plus preſſans, l'occupèrent en 1720. Un vaiſſeau venu du Levant avoit apporté dans Marſeille une maladie qui fut terrible, même avant d'être connue. Le mal déclaré jetta bientôt la Ville dans la plus affreuſe diſette. Nuls vivres, nul argent, perſonne n'oſoit y aborder pour les proviſions. Le Regent pourvut à tous ces beſoins; des Médecins habiles furent envoyés à Marſeille, & l'on établit autour de la Ville des lignes bien gardées, pour empêcher toute communication au-dehors; précaution sage qu'on ne devoit qu'à Philippe, & qui « préserva de la peste, non-seulement le reste de la Provence, mais peut-être même » tout le Royaume ». Dans le même temps, Andry, Professeur en Médecine au Collège Royal, fut chargé par Philippe de dicter dans ses leçons, un traité sur ce fléau, pour répandre plus sûrement les moyens d'en arrêter les progrès.

Astruc, Hist. de la Facul. de Montpellier.

La Régence du Duc d'Orleans finit en 1722, à la majorité du Roi. Il venoit de faire donner le titre de premier & principal Ministre au Cardinal du Bois, déja nommé en 1720 Archevêque de Cambrai, & deux ans avant, Ministre des Affaires Etrangères. Le jour où le Cardinal entra au Conseil de Régence, les Ducs & les Maréchaux de France ne s'y trouvèrent point. Peu auparavant deux membres du Conseil avoient été députés au Regent, pour lui demander qu'il déclarât que la préséance des Cardinaux du Bois & de Rohan, ne tireroit point à conséquence; ils ajoutoient que Louis XIII l'avoit fait lorsque le Cardinal de la Rochefoucault entra au Conseil. *Volontiers*, dit le Regent, *je vous donnerai un pareil brevet, mais à condition que je le déchirerai le lendemain*. C'étoit ce qu'avoit fait Louis XIII, & ce que les députés n'avoient pas rémarqué.

Le Cardinal mourut au mois d'Août 1723; le Duc d'Orleans lui succéda dans la place du premier Ministre. Le peu de temps que son ministère dura, fut consacré à l'humanité. Chirac, son premier Médecin, qui l'avoit guéri au siège de Turin, où il se trouva sur le point de perdre le bras, lui avoit donné un projet qui, en multipliant les observations sur chaque maladie, auroit établi une pratique plus uniforme dans l'art de guérir. Vingt-quatre Médecins des plus employés de la Faculté de Paris, devoient composer une Académie, dont les correspondans auroient été les Médecins des hôpitaux du Royaume, & même des pays étrangers : tout étoit disposé pour l'exécution de ce projet, lorsque le Regent mourut.

Depuis long-temps on s'appercevoit du dépérissement de sa santé : ce n'étoit que pour lui qu'il négligeoit les avis de la Médecine. Le 2 Décembre 1723, après avoir travaillé, il rentra chez lui entre six & sept heures du soir, & fut tout-à-coup frappé d'une apoplexie violente, qui l'emporta au milieu d'une conversation; ont eut à peine le temps de lui ouvrir la veine. Son père étoit mort de la même maladie.

Le Regent n'avoit pas cinquante ans quand il mourut. Son corps, porté de Versailles à S. Cloud, y resta exposé pendant douze jours; il fut inhumé à S. Denis, & l'on porta son cœur dans l'Abbaye du Val-de-Grace.

Philippe n'étant encore que Duc de Chartres, avoit épousé, le 18 Février 1692, Mademoiselle de Blois, légitimée de France, fille de Louis XIV & de la Marquise de Montespan. Le Roi lui donna alors la qualité de petit-fils de France, avec le titre d'Altesse Royale, & des Gardes. C'étoit l'Abbé du Bois qui avoit fait réussir ce mariage. On rapporte même que Louis XIV demandant à cet Abbé ce qu'il vouloit

pour

Vie de Philippe d'Orléans.

pour ce service, il osa nommer la pourpre Romaine; & que le Roi recula, en disant: *Je ne m'y attendois pas.*

De ce mariage sont nés huit enfans, dont un seul Prince, qui fut nommé Louis d'Orléans. Il est mort en 1752, dans l'Abbaye de Sainte Geneviève de Paris, où il a vécu dans la plus grande piété. C'est ce Prince qui a fondé en Sorbonne une Chaire pour l'Hébreu. L'aînée des Princesses filles du Regent, est morte en 1694, sans avoir été nommée. La seconde, Marie-Louise-Elisabeth d'Orléans, appellée Mademoiselle, épousa en 1710 le Duc de Berri, & mourut en 1719, à l'âge de vingt-quatre ans. Louise-Adélaïde d'Orléans, troisième fille du Regent, fut Abbesse de Chelles, & mourut en 1743, dans la maison de Tresnel, où elle vivoit en simple Religieuse. Des quatre autres filles de Philippe, l'une fut mariée au Duc de Modène; l'autre devint Reine d'Espagne; une autre fut accordée à l'Infant Dom Carlos; & la dernière a épousé en 1732, Louis-François de Bourbon, Prince de Conti.

Le Regent eut aussi quelques enfans naturels. Le seul qui ait été légitimé est Jean-Philippe, Chevalier d'Orléans, mort en 1748, Grand-Prieur de France. Il étoit né en 1702, de Marie-Magdeleine-Victoire le Bel de Serry, fille d'honneur de la Duchesse, mère du Regent, & depuis Comtesse d'Argenton. Cette Dame avoit beaucoup d'esprit. Ce fut elle, qui ayant dit un jour quelque chose de très-fin, qu'on ne sentit pas, s'écria: *Ah! Fontenelle, où es tu?* Le Chevalier d'Orléans avoit hérité des talens agréables de son père, & de son goût pour les sciences.

Quelle idée doit-on se faire des anciens monumens de l'Histoire, puisque dans le siècle même de Philippe, on voit ce Prince présenté tour-à-tour sous les couleurs les plus opposées ? Madame de Caylus, épouse d'un Menin de Monseigneur, & en cette qualité prévenue contre le Regent, en a laissé dans ses *Souvenirs* un portrait où l'on reconnoît les impressions de la calomnie. Presque dans le même temps, un Citoyen, qui ne s'est point nommé, a fait un Panégyrique de Philippe, qu'il a terminé par une suite de Médailles qui expriment quelques-unes de ses plus grandes actions (1). Ce qui est certain, c'est que de tous les descendans de Henri IV, le Regent fut celui qui réunit le plus la valeur, la gaieté & la franchise de ce grand Roi. Il avoit comme lui un esprit facile, capable de grandes vues. Madame de Caylus elle-même lui accorde *une conception aisée, une grande pénétration, beaucoup de discernement, de mémoire & d'éloquence;* mais ce qu'elle devoit ajouter, & ce qu'il est important de remarquer, c'est que Philippe savoit assez, pour sentir le besoin de s'instruire.

---

(1) *Apologie de la louange, son utilité & ses justes bornes, avec des Médailles sur quelques actions de Monseigneur le Duc d'Orléans,* Regent *de France:* Paris, Josse, 1717, in-12.

En 1722, songeant à rétablir la Compagnie des Indes, qui renaissoit des débris du système, il eut soin de s'attacher Melon, auteur de l'*Essai Politique sur le Commerce*, moins pour se décharger sur lui du poids de l'administration, que pour en discuter les objets, avec un Citoyen vraiment éclairé. Il voulut aussi se régler par les avis de Dugay-Trouin, l'un des plus grands hommes de Mer que la France ait eus, & lui accorda une place dans le Conseil des Indes qu'il venoit de former. Quand Dugay-Trouin demanda à se retirer, il n'y consentit que sous la condition que cet homme célèbre viendroit une fois par semaine lui dire librement ce qu'il pensoit sur le Commerce.

Si l'on peut reprocher au REGENT l'élévation du Cardinal du Bois, il eut aussi la gloire de connoître & de placer les deux hommes qui ont peut-être fait le plus d'honneur à notre siècle, Daguesseau & le Comte de Saxe. Après la mort du Chancelier Voisin, arrivée en 1717, PHILIPPE, adressant la parole à quelques Seigneurs, exigea qu'on lui dît qui seroit Chancelier. « Celui que Votre Altesse »Royale voudra, dit le Comte de Belle-Isle; mais tout Paris nomme M. Daguesseau». Sur le champ le vœu de la Nation fut exaucé : on peut dire qu'il avoit été prévenu. Dès le commencement de la Régence, le Duc d'ORLÉANS avoit consulté ce Magistrat sur les affaires du Gouvernement.

Ce fut en 1720 que le Comte de Saxe vint à Paris pour la première fois. PHILIPPE le jugea en Homme d'Etat, & lui proposa dès ce moment de se fixer en France. Maurice ayant répondu qu'il ne pouvoit le faire sans la permission du Roi son père: *Demandez-la*, dit PHILIPPE; *mais montrez-lui un brevet de Maréchal de Camp, que je fais expédier en votre nom.*

Le REGENT né avec un tempérament de feu, avoit pour les femmes une passion plus forte que l'amour. Sur ce point comme sur mille autres, on l'a blâmé avec amertume. Il falloit le plaindre, & remarquer en même temps que jamais ses Maîtresses ne le gouvernèrent. L'une d'elles voulut profiter d'un de ces momens où le PRINCE ne sembloit plus qu'un amant soumis : elle osa le sonder sur une affaire importante; le PRINCE à l'instant la prend par la main, & la conduit devant une glace : *Vois-tu*, lui dit-il, *cette tête charmante ? elle est faite pour les caresses de l'Amour, & non pour les Secrets de l'Etat.*

Une autre Maîtresse lui avoit été enlevée par un Gentilhomme ; c'étoit à ce qu'on croit, par le fameux Comte de Caylus, qui en effet, étoit reçu chez Madame de Parabère. Le PRINCE étoit piqué, & ses Favoris l'excitoient à la vengeane. Punissez, lui disoit-on, un insolent; la vengeance vous est si facile. *Je le fais*, répondit-il ; *un mot me suffit pour me défaire d'un rival, & c'est ce qui m'empêche de le prononcer.* Le REGENT disoit quelquefois : *Quiconque est sans honneur & sans humeur est un Courtisan parfait.* Le trait suivant peut servir de commentaire à cette définition. Il avoit exilé M Daguesseau, mais sans lui ôter son estime, ni son amitié. Un jour

Vie de Philippe d'Orléans.

il dit, en préfence d'une partie de la Cour, qu'il vouloit avoir l'avis de M. le Chancelier fur une affaire importante : tout le monde garda le filence ; M. d'Ormeffon feul, beau-frère du Magiftrat difgracié, prit la parole, & offrit de fe charger de la commiffion du Regent, parcequ'il partoit pour Frefnes, en fortant du Confeil. Les Courtifans fe regardoient : Philippe s'apperçut de leur étonnement ; & après avoir dit à M. d'Ormeffon qu'il lui donneroit fes dépêches, il ajouta, en fe retournant vers les autres : *Meffieurs, j'aime mieux cette noble franchife que votre fauffe prudence & que votre diffimulation.*

On a confervé de lui quelques autres traits qui achèvent de peindre fon ame. Le Chevalier de Menilles, qui avoit été impliqué dans la confpiration de Cellamare, fut mis en prifon ; mais tout fon crime étoit de n'avoir point trahi ceux qui lui avoient donné leur confiance. Un Marquis de Menilles, d'une autre famille, alla trouver le Duc d'Orleans, pour l'affurer qu'il n'étoit ni parent ni ami du Chevalier. *Tant pis pour vous*, répondit le Regent, *le Chevalier de Menilles eft un fort galant homme.*

Dans la même confpiration étoit engagé le Comte de Laval : il fut enfermé à la Baftille ; mais il imagina un expédient pour n'être pas étranger à tout ce qui fe paffoit hors de fa prifon. Il feignit d'avoir befoin, deux fois par jour, d'un Apothicaire : c'étoit fon confident. On le fut, & on parla au Regent pour lui enlever cette reffource. Le Prince répondit : *Puifqu'il ne lui refte que ce plaifir, il faut au moins le lui laiffer.*

Il aimoit à pardonner ; on voit dans toute fa conduite que la haine n'avoit jamais eu d'empire fur lui : il oublia qu'il eût des ennemis, lorfqu'il fut en état de les punir. Madame des Urfins, qui l'avoit perfécuté en Efpagne, revint librement en France du temps de fon adminiftration. Il fe contenta d'avoir mis le Cardinal Alberoni dans l'impoffibilité de lui nuire, & de déranger fes projets pacifiques : il ne fut point du nombre de fes perfécuteurs. Quoique fort maltraité dans les Manifeftes du Roi d'Efpagne, qui l'attaquoient dans ce qu'il avoit de plus cher, fon honneur & fes droits à la Couronne, il ne lui fit la guerre que pour le déterminer à la paix : il fe réconcilia fincèrement avec lui, & refferra, par des Alliances, les nœuds d'une amitié plutôt fufpendue que violée.

Philippe étoit d'un caractère vif & enjoué. En fortant du Confeil, où il avoit donné quelques Bénéfices, il lui échappa ce bon mot, qu'on fait par cœur : *Les Janféniftes ne fe plaindront plus de moi, j'ai tout donné à la grace, rien au mérite.*

Voici un autre trait moins répandu, mais qui prouve qu'il connoiffoit bien le cœur humain. Un homme & une femme de fa Cour s'aimoient éperdument : il forma le projet de les guérir de leur amour en deux fois vingt-quatre heures. Il les fit enfermer enfemble ; au bout de vingt-quatre heures les deux amans demandèrent qu'on les séparât. Cette épreuve, imaginée par le REGENT, a fait le sujet de la jolie fable des *deux Moineaux*, par la Motte.

La réponse que le REGENT fit à Dufresny est encore une de ces saillies qu'on n'oubliera point. Ce Poëte, que Louis XIV ne se croyoit pas en état d'enrichir, se trouvoit sans ressources dans le temps où le système avoit le plus d'éclat. Il imagina de présenter ce placet au REGENT, dont il connoissoit l'esprit : « Monseigneur, il » importe à la gloire de Votre Altesse Royale, qu'il reste un homme assez pauvre » pour retracer à la Nation l'idée de la misère dont vous l'avez tirée ; je vous supplie » de ne point changer mon état, afin que je puisse exercer cet emploi ». Le PRINCE mit *néant* au bas du placet, & Law eut ordre de compter deux cents mille francs à Dufresny. Richelieu avoit répondu de même, par un seul mot, à un placet ingénieux de Maynard ; mais ce mot n'étoit qu'un refus.

PHILIPPE étoit le protecteur des Lettres, sans être le tyran de ceux qui les cultivent. Il avoit donné à Fontenelle un logement au Palais Royal. En 1712, Rémond, qui étoit Introducteur des Ambassadeurs auprès du PRINCE, ayant desiré une place à l'Académie Françoise, le Duc eut la bonté de parler pour lui à Fontenelle. Celui-ci représenta qu'il ne connoissoit du protégé aucun ouvrage qui pût justifier le choix de l'Académie : *Ni moi non plus*, dit le PRINCE ; *encore s'il avoit fait sa Chanson* : c'étoient des couplets ingénieux, mais fort malins, qu'on venoit de faire contre Rémond. Le DUC D'ORLEANS n'insista plus, & n'ordonna rien ; mais Rémond ayant des amis au Palais Royal, l'un d'eux dit au DUC qu'il étoit étrange qu'un homme logé par le Prince, ne se prêtât pas à son desir. *Bon*, dit PHILIPPE en riant, *un homme que je loge dans un galetas !* Fontenelle eut la liberté de donner sa voix. Il n'est pas inutile de remarquer que *Monsieur*, en recommandant l'Abbé Testu de Mauroy, dans une occasion pareille, avoit dit aussi : *Est-ce qu'ils le recevront ?*

Une des plus belles qualités du REGENT, ce fut cette élévation d'ame qui met l'Homme d'Etat au-dessus de la haine. Chacun connoît

<small>Volt. Epit. sur la calomnie.</small>

Ces vers impurs appellés *Philippiques*,
De l'imposture éternelles chroniques.

<small>La Grange-Chancel.</small> Sous un gouvernement sévère, l'auteur de ce chef-d'œuvre d'horreur & d'énergie, auroit été puni de mort. PHILIPPE se contenta de le faire enfermer aux Isles Sainte-Marguerite ; encore lui laissa-t-il dans cette prison une liberté qui facilita son évasion. Mais avant de décerner aucune peine contre lui, il se l'étoit fait amener dans son cabinet, & lui avoit demandé s'il croyoit réellement tout le mal qu'il avoit dit de lui. La Grange répondit, sans hésiter, qu'il le pensoit. *Tu as bien fait de me répondre ainsi*, répliqua le PRINCE, *car si tu m'avois dit que tu avois écrit contre ta conscience, je t'aurois fait pendre.*

Cet outrage, fait au plus aimable des Princes, venoit d'un homme de Lettres ; mais

Vie de Philippe d'Orléans.

mais il paroît certain que c'étoit l'ouvrage d'un ressentiment particulier. La Grange a depuis avoué qu'il n'avoit fait ces Odes affreuses, que parceque le Regent ne lui avoit pas fait gagner un procès qu'il avoit eu contre le Duc de la Force. Dans l'empire des Lettres, toutes les autres voix se sont réunies pour célébrer la bonté de ce Prince, comme elles avoient loué ses talens. C'étoit lui que Boileau désignoit en 1694, dans sa dixième Satyre, lorsqu'il disoit à Perrault, avec une ironie amère, qu'on voyoit le siècle infecté du goût que montroient pour l'antiquité,

> Magistrats, Princes, Ducs, & même Fils de France,
> Qui lisent sans rougir & Virgile & Térence.

On a remarqué avec raison, comme une preuve de son goût, l'ordre qu'il fit donner en 1716 aux Comédiens François, de jouer *Athalie* sur leur Théâtre. Racine, en publiant cette pièce, en 1691, avoit fait insérer dans le privilège une défense de la représenter ; & l'ouvrage le plus parfait de la scène Françoise, fut alors regardé avec mépris. Envain Boileau crioit : *Je m'y connois, Athalie est un chef-d'œuvre.* La prévention étoit si forte, que dans un de ces cercles, où le génie même est jugé par la mode, on infligea à un jeune Officier la peine de lire un acte d'*Athalie*. Il étoit réservé au Regent de changer encore à cet égard, l'opinion publique. En 1720, il avoit rempli, devant Louis XV, le rôle d'Abner dans trois représentations qui avoient été données à la Cour. L'ouvrage de Racine eut sur le Théâtre de Paris un triomphe complet, qui fut encore augmenté par les circonstances du temps, que le Regent choisit pour cet essai. La France, qui voyoit dans son maître un nouveau Joas, ne put entendre sans attendrissement :

> Voilà donc votre Roi, votre unique espérance,
> J'ai pris soin jusqu'ici de vous le conserver, &c.

Le Regent sembloit né pour tous les arts ; il dessinoit très-bien. On connoît les figures dont il a orné l'édition d'un Roman grec, traduit par Amyot. C'est ce Prince qui a formé la collection de Tableaux du Palais Royal, qui passe pour la plus complette, sur-tout pour l'école Flamande. Lui-même manioit le pinceau avec grace ; il composoit de la musique avec une égale facilité ; & l'Académicien célèbre qui lui avoit montré les Mathématiques, le consulta utilement sur toutes les parties d'un système acoustique, dont il étoit l'inventeur. Mais ce qui est à remarquer dans un artiste de son rang, Philippe n'exigeoit point d'éloges ; il croyoit peu à ceux qu'on lui donnoit. Un jour il avoit fait représenter chez lui, devant une société choisie, un Opéra, dont il avoit fait la musique, & dont les paroles étoient du Marquis de la Fare. Campra, en sortant, dit au Prince : *La musique est bonne, mais les vers ne sont pas du même prix.* Le Regent appella aussi-tôt le Marquis de la Fare : *Parles*, lui dit-il, *à Campra en particulier, il trouvera les vers bons*

[margin: Sauveur.]
[margin: La mort d'Orphée.]

& la musique mauvaise. Sais-tu à quoi il faut s'en tenir ? c'est que le tout ne vaut rien.

Une seule chose a manqué au REGENT; c'étoit de savoir s'arrêter; trop d'ardeur pour ces talens agréables l'a empêché d'être parfait dans le genre qui devoit être le sien : la nouveauté eut aussi trop de charmes pour lui. Mais ces défauts doivent-ils affoiblir notre reconnoissance ? Louons un grand Prince des biens qu'il a faits ; ne lui imputons pas des maux qu'il vouloit ne pas faire : & s'il est vrai que la Nation Françoise respire dans son Roi, quel service plus grand PHILIPPE pouvoit-il nous rendre, que d'affermir le trône de notre auguste Monarque.

LOUIS XIV,
DIT LE GRAND.

Louis XIV naquit à Saint-Germain-en-Laye, le 5 Septembre 1638 ; il monta sur le Trône le 14 Mai 1643, dans la cinquième année de son âge. Ce fut dans les troubles d'une minorité orageuse que commença ce règne qui devoit porter au plus haut degré la gloire de la Nation Françoise. Louis XIII, qui pendant sa vie n'avoit jamais eu la force de vouloir, se flatta vainement, en mourant, que ses dernières volontés seroient plus respectées. Anne d'Autriche, dont les vues ambitieuses ne pouvoient s'accorder avec les longueurs d'une procédure réglée, força le Parlement à casser le testament de son mari, & à lui conférer la Régence avec un pouvoir illimité. Le même Arrêt donna à Gaston Duc d'Orléans, frère du Roi, le titre de Lieutenant-Général du Royaume.

Le premier soin de la Régente fut de choisir un Ministre qui méritât sa confiance ; elle jetta les yeux sur le Cardinal Mazarin, quoiqu'étranger. Richelieu l'avoit connu dans les guerres d'Italie, où Mazarin négocia pour le Duc de Savoie ; il l'avoit ensuite fixé en France, & l'avoit toujours employé comme un homme dont la souplesse & l'art de manier habilement les affaires, pouvoient seconder ses desseins politiques. Ce fut un titre de plus auprès de la Reine ; elle lui confia le gouvernement de l'Etat, & la Surintendance de l'éducation du Roi.

La France & l'Espagne étoient pour lors en guerre ; elle se faisoit plus vivement que jamais. La Flandre en étoit le théâtre. Les troupes Espagnoles, au nombre de vingt-six mille hommes, après avoir ravagé les frontières, s'étoient avancées jusques sous Rocroi. La mort de Louis XIII, un enfant sur le Trône, le gouvernement de l'Etat entre les mains d'un Ministre étranger & nouveau, des Princes du Sang inquiets & remuans, tout concouroit à flater l'espérance des ennemis. La France n'avoit à leur opposer qu'une armée peu nombreuse, & un Général de vingt-un ans ; mais ce jeune homme étoit le Duc d'Enguien, si connu sous le nom du grand Condé. La France lui dut alors sa conservation.

Condé livra bataille aux Espagnols, malgré les ordres de la Cour, le 19 Mai 1643. La victoire fut complette. Rocroi fut le tombeau de ces vieilles Bandes Espagnoles, jusqu'alors regardées comme invincibles. Le Comte de Fuentes leur Général, percé de coups, périt à leur tête. Condé, en apprenant sa mort, dit, qu'*il voudroit être mort comme lui, s'il n'avoit pas vaincu.*

Cette journée fut l'époque de la gloire du Prince. Mercy, Général Espagnol, venoit de s'emparer de Fribourg : Condé y vole, & secondé du Vicomte de Turenne, livre & gagne la fameuse bataille de Fribourg. Le succès de la victoire fut de se rendre maître de tout le cours du Rhin.

Au-delà des Pyrénées le sort des armes Françoises étoit bien différent. La défaite du Maréchal de la Mothe, la perte de la bataille de Mariendal, tout demandoit la présence de Condé. Il quitte aussi-tôt l'armée de Champagne, & joint à la gloire de commander encore Turenne, celle de réparer sa défaite : il gagne la bataille de Nortlingue, où Mercy fut tué. Les conquêtes des François n'étoient pas moins rapides en Flandre ; les ennemis ne s'apperçurent pas de l'absence du vainqueur de Rocroi.

Sur ces entrefaites la Hollande, malgré les promesses authentiques de ne point traiter sans les François, fit la paix avec le Roi d'Espagne, Philippe IV, qui abandonna tous ses droits sur les Provinces-Unies, & reconnut leur souveraineté. On négocioit depuis long-temps pour la paix générale, en continuant la guerre avec beaucoup de chaleur. Le Prince de Condé fut choisi pour combattre en Flandre les Espagnols, qui commençoient à se faire craindre : il gagna sur eux la célèbre bataille de Lens. Turenne, qui commandoit sous Condé, quoique ce Prince fût moins âgé que lui, contribua beaucoup au succès de la bataille. Le grand homme, quelque rang qu'il occupe, ne se croit jamais déplacé, lorsqu'il peut être utile à la Patrie.

La paix de Munster, signée le 30 Janvier 1648, sembloit devoir rétablir le calme désiré depuis si long-temps, si la France, respectée au-dehors par la splendeur de ses armes, n'eût trouvé dans son sein des ennemis plus dangereux que ceux dont elle venoit de triompher. Mazarin étoit devenu l'objet de la haine & du mépris : les François ne pouvoient pardonner à un étranger de s'être emparé du gouvernement & de l'esprit de la Reine. Ils attendoient en silence l'occasion de faire éclater leur haine contre le Cardinal : elle ne tarda pas à se présenter. Ce Ministre fut forcé, pour subvenir aux besoins de l'Etat, de lever quelques impôts, légers dans tout autre temps, mais onéreux pour un peuple qui venoit de supporter les charges d'une longue guerre, sans en ressentir les avantages. Des édits bursaux envoyés au Parlement, excitèrent un murmure général. Le Président Blancmenil, & Broussel Conseiller au Parlement, furent arrêtés par Lettre de cachet, pour s'être opposés avec trop de chaleur aux ordres de la Cour, dont ils croyoient avoir droit de se plaindre. Cet événement souleva le peuple, qui n'apperçut en eux que les défenseurs de ses privilèges. La Capitale fut en proie aux horreurs d'une guerre civile. On vit le Parlement lever des troupes contre son jeune Souverain ; & le Cardinal de Retz, Prélat destiné par son ministère à faire parler un Dieu de paix, fomenter la discorde, & armer les citoyens les uns contre les autres. Ce qu'il y a de remarquable, c'est qu'au sein de ces désordres, le François ne perdoit pas son caractère enjoué ; on plaisantoit les armes à la main. Le moindre événement étoit pour le peuple une source de railleries & de bons mots. Chaque parti comptoit parmi les siens des Seigneurs de la première distinction, & des Généraux expérimentés. A la tête des Frondeurs étoient le Duc de Beaufort, sauvé du château de Vincennes où il étoit prisonnier, le Cardinal de Retz, la Duchesse de Longueville, le Prince de Conti, le Duc de Bouillon, l'ame de ce parti ; mais Condé étoit pour la Cour. Le Duc d'Orléans n'étoit d'aucun parti ; son esprit foible & irrésolu suivoit indifféremment les diverses impulsions des personnes qui l'environnoient. La France n'étoit pas le seul pays où régnât cet

Vie de Louis XIV.

esprit de vertige : « On eût dit que la contagion de la révolte avoit gagné toute Hénault,
Abr. chronol l'Europe. L'Angleterre faisoit le procès à son Roi, la fidélité du Parlement de Paris se trouvoit ébranlée, tandis que les Janissaires étrangloient le Sultan Ibrahim ».

Condé, qui jusqu'alors avoit été le défenseur de ses Maîtres, en devint l'oppresseur. Mécontent du ministère, ne croyant pas ses services assez payés, il bravoit ouvertement la Reine & le Cardinal. Il avoit entraîné dans son parti le Prince de Conti son frère, & le Duc de Longueville son beau-frère. Ces trois Princes sont arrêtés & mis en prison ; mais bientôt après, ce même peuple qui avoit fait des feux de joie lors de leur détention, forma des partis pour les arracher des fers. Mazarin, pour plaire à la multitude, voulut se faire honneur de la délivrance des Princes : il alla lui-même les remettre en liberté ; mais n'en ayant reçu que des mépris, il crut qu'il étoit de sa prudence de céder pour un temps à l'orage. Il quitta le Royaume, se retira à Cologne, sans rien perdre de son crédit sur l'esprit de la Reine. Turenne se rangea du côté des Princes, & la guerre civile se ralluma avec plus de fureur que jamais.

Au premier signal de la guerre, Mazarin rentra en France avec sept mille hommes de troupes. Sa tête n'en fut pas moins mise à prix. Le Prince de Condé s'étoit ligué avec les Espagnols, que Turenne avoit tout-à-coup abandonnés pour la Cour. Ces deux habiles Généraux mesurèrent leurs forces d'abord à Gien, où Turenne sauva le Roi & la Famille Royale, ensuite sous les murs de Paris, au combat de S. Antoine, célèbre par la valeur des combattans, par l'habileté des Généraux, & par la démarche hardie de Mademoiselle fille de Gaston, qui pour sauver Condé qu'elle aimoit, fit tirer le canon de la Bastille sur les troupes du Roi.

Louis XIV venoit d'entrer dans sa quatorzième année : il tint son lit de Justice & fut déclaré majeur : néanmoins le Parlement nomma Lieutenant-Général du Royaume ce même Gaston, qu'on a vu jusqu'ici trop foible pour être chef de parti, trop indécis pour en embrasser aucun.

Le calme n'étoit pas encore absolument rétabli ; le Roi se vit obligé de sacrifier de nouveau son Ministre au bien de la paix. Le départ de Mazarin fit cesser les troubles. Paris rentra dans l'obéissance, & Condé fut obligé de mendier un asyle chez des peuples dont il avoit été le fléau. Les esprits étant appaisés, le Cardinal revint à Paris, cinq mois après sa première sortie. Son entrée dans cette capitale fut moins celle d'un exilé que d'un conquérant ; il fut reçu au milieu des acclamations du peuple ; les Cours souveraines s'empressèrent de le féliciter, & le Parlement complimenta, par députés, ce même homme, que cinq mois auparavant il avoit proscrit, par un arrêt aussi peu mérité que le triomphe actuel. L'ambition du Cardinal n'étoit pas encore satisfaite : il crut pouvoir faire épouser à Louis XIV une de ses Nièces, qu'il venoit de refuser au Roi d'Angleterre ; mais la réponse qu'il reçut de la Reine, lorsqu'il pressentit ses intentions, lui fit perdre toute espérance. *Si le Roi*, lui dit-elle, *étoit capable de cette indignité, je me mettrois avec mon second Fils à la tête de toute la Nation, contre le Roi & contre vous.* Les Espagnols voulurent profiter des troubles de la France : ils se mirent en campagne, ayant Condé à leur tête, & ravagèrent la Flandre. Turenne toujours sûr de vaincre, lorsqu'il combattoit pour son Roi, arrêta leur impétuosité : il fit lever le siège d'Arras au grand Condé, qui, avec le malheur de porter les armes contre sa Patrie, avoit à essuyer de la fierté Espagnole mille désagrémens. La présence du Roi & du Ministre encouragèrent les troupes Françoises ; elles gagnèrent la fameuse bataille des Dunes : la prise de Dunkerque fut la suite de la victoire ; le Roi y fit son entrée le 26 Juin, & la remit ensuite entre les mains des Anglois, suivant le traité fait avec Cromwel.

La France, après tant de victoires, commençoit à renaître, lorsqu'un événement aussi terrible qu'imprévu la replongea dans la consternation. Le Roi tomba malade à Calais ; le danger étoit pressant : l'État en allarme alloit voir périr avec son Roi toutes ses espérances ; mais un Médecin d'Amiens, nommé Dussausoi, qui fut appellé, guérit le Roi avec du vin émétique, dont l'usage étoit alors peu connu.

Enfin, la France & l'Espagne, également épuisées, desirèrent finir une guerre funeste aux deux nations. Le Cardinal Mazarin & Dom Louis de Haro, Ministre d'Espagne, ouvrirent leurs conférences dans l'Isle des Faisans, sur les confins des deux Royaumes ; ces habiles négociateurs déployèrent tous les ressorts de la politique, aidée d'un côté de la souplesse Italienne, éclairée de l'autre par la défiance Espagnole. Après une négociation, qui dura plusieurs mois, ils signèrent, le 7 Novembre 1659, ce fameux traité des Pyrénées, qui procura le calme à l'Europe, & donna à la France une Reine illustre, en la personne de Marie-Thérèse d'Autriche. Le rétablissement de Condé fut une des principales conditions de la paix. La mort du Cardinal de Mazarin suivit de près le mariage du Roi. La Cour porta son deuil par une suite de l'inconséquence qui avoit déterminé toutes ses démarches pendant la guerre civile.

On étoit loin de s'imaginer qu'un Monarque, dont on avoit, pour ainsi dire, éternisé l'enfance, élevé dans la molesse & les plaisirs, voulût porter un Sceptre que Louis XIII avoit toujours laissé entre les mains d'un premier Ministre. *A qui nous adresserons-nous*, demandèrent au Roi ceux qui étoient chargés des affaires ? *A Moi*, dit LOUIS XIV. C'est le propre des génies supérieurs de se développer & de s'agrandir dans les occasions. Le Roi prouva par une conduite ferme, noble & suivie, que c'étoit moins l'indolence ou les plaisirs qui l'avoient éloigné du travail, que la politique du Prélat ambitieux, & le respect pour un homme auquel il croyoit avoir de grandes obligations, dont le joug cependant commençoit à lui peser. *Je ne sais*, dit-il, après la mort du Cardinal, *ce que j'aurois fait, s'il eût vécu plus long-temps*. Au premier Conseil qui se tint, le Roi défendit de rien faire sans ses ordres. *La scène du théâtre change*, ajouta-t-il ; *j'aurai d'autres principes dans le gouvernement de mon Etat, dans la régie de mes Finances, & dans les négociations au-dehors, que n'avoit Monsieur le Cardinal : vous savez mes volontés, c'est à vous maintenant de les exécuter*. Dès ce moment le Conseil prit une forme plus respectable ;

Vie de Louis XIV.

la disgrace de Fouquet, dont le luxe faisoit honte à la magnificence Royale, mit les Finances entre les mains de Colbert, à qui la France doit son commerce. « La discipline fut rétablie dans les troupes ; des fêtes superbes & brillantes annonçoient le goût du Souverain : les plaisirs mêmes avoient de l'éclat & de la grandeur ».

Siècle de Louis XIV.

Louis XIV, l'idole de son peuple, n'étoit pas moins jaloux du respect des Etrangers, que de l'amour de ses sujets. Un Ambassadeur envoyé par l'Espagne, déclara publiquement au Roi, à Fontainebleau, que les Ministres Espagnols ne concourroient plus dorénavant avec ceux de France. Le Cardinal Chigi, neveu du Pape Alexandre, vint demander pardon au Roi de l'insulte faite aux gens de son Ambassadeur, & Rome vit élever dans ses murs une Pyramide, monument de l'injure & de la vengeance. Les Finances que Colbert avoit rétablies, mettoient Louis XIV en état d'exécuter les plus grands desseins. Ce nouveau Mécène faisoit revivre le siècle d'Auguste. Des bienfaits prodigués aux Sçavans des Pays même les plus éloignés, annonçoient aux Etrangers la libéralité du Maître & le discernement du Ministre ; tandis que l'établissement d'une Académie, qui devoit compter un jour au nombre de ses Membres un Souverain du Nord, fixoit à Paris le séjour des Sciences & des beaux Arts. L'Académie de Peinture & de Sculpture établie à Paris, de jeunes Artistes entretenus à Rome aux dépens de Sa Majesté, pour y prendre le goût des grands Maîtres, alloient rendre la France l'émule de l'Italie. La fondation de la Compagnie des Indes, & de quantité de Manufactures de toute espèce, ouvroient aux François une source abondante de richesses, dont Louis XIV assuroit la jouissance, par la création d'une nouvelle Marine. L'Amérique voyoit de nouvelles Colonies se former & s'élever à l'ombre du Pavillon François.

La politique du Roi veilloit en même temps sur les affaires de l'Europe, & n'attendoit que l'occasion de se signaler par des entreprises éclatantes : la mort de Philippe IV, la lui présenta bientôt. Le Conseil de Louis XIV prétendit que la Couronne de France avoit des droits sur la Flandre & sur la Franche-Comté ; que ces deux Provinces devoient revenir à Marie-Thérèse d'Autriche, malgré la renonciation qui en fut faite, lors du mariage. Le desir de faire des conquêtes fit plus d'impression sur l'esprit du Roi que toutes les raisons des Jurisconsultes. Il se mit en campagne au printemps 1667, ayant sous ses ordres le Maréchal de Turenne, & marcha vers la Flandre, pour obtenir par la voie des armes ce que l'Espagne ne vouloit pas lui accorder autrement. La Flandre fut soumise avant la fin de l'été. La Franche-Comté ne coûta pas au Prince de Condé plus de trois semaines à conquérir, au cœur même de l'hyver ; l'argent du Roi pénétroit où les armes ne pouvoient rien.

Des succès aussi marqués excitèrent l'attention de l'Europe. Les Souverains voisins ne virent pas d'un œil tranquille un jeune Monarque victorieux, à qui l'amour de la gloire faisoit oublier la rigueur des saisons. La Suède, l'Espagne, l'Angleterre, alloient former une triple alliance : le Roi les prévint ; il offrit la paix à l'Espagne : le traité fut signé à Aix-la-Chapelle, le 2 Mai 1668. Les conquêtes que Louis XIV avoit faites dans les Pays-Bas lui restèrent ; la Franche-Comté fut rendue contre l'avis du Maréchal de Turenne.

Le Roi, de retour dans sa capitale, travailloit sans relâche à rendre son Royaume plus florissant. Paris devint un séjour délicieux & magnifique ; une police exacte, & auparavant inconnue, pourvut à la sûreté des habitans. La raison & le bon goût avoient chassé de l'Université l'ignorance & la barbarie des premiers siècles. Aristote avoit perdu le privilège exclusif d'être enseigné dans les écoles de Philosophie. L'Observatoire, monument élevé à la gloire de l'Astronomie, favorisoit les progrès de cette science. L'Hôpital-Général ouvroit un asyle à l'indigence & à la pauvreté. L'Hôtel-Royal des Invalides assuroit à l'Etat des défenseurs zélés, en procurant à la vieillesse militaire une retraite honorable. Tout prenoit une nouvelle forme ; Versailles n'étoit plus indigne de la Majesté Royale : l'art y avoit embelli des lieux trop négligés par la nature.

Au milieu des fêtes & des plaisirs d'une Cour brillante, le Roi ne perdoit point de vue la conquête des Pays-bas, & le projet d'abaisser la fierté Hollandoise. Quelques propos injurieux qu'on disoit avoir été tenus par l'envoyé de la République ; des médailles où la gloire de Louis XIV paroissoit avoir été méconnue, servirent de prétexte à la guerre, dont la véritable cause étoit la nouvelle élévation de la Hollande, & les richesses immenses de cet Etat. Le Roi, qui ménageoit depuis long-temps cette entreprise, avoit commencé par détacher de l'alliance de la République, le Roi d'Angleterre, Charles II, Prince voluptueux & prodigue, plus avide d'argent que de gloire. La Suède avoit aussi renoncé à la triple alliance. Tout étant ainsi disposé, le Roi, suivi de son frère, de Condé, de Turenne, de Luxembourg, de Vauban & de Louvois, partit avec plus de deux cens mille soldats, pour conquérir un Pays qui n'avoit pas vingt mille hommes à lui opposer, mais qui combattoit pour sa liberté. Le Prince d'Orange avoit été proclamé Généralissime, malgré l'opposition du grand pensionnaire Jean de With. Les François ouvrirent la Campagne par le fameux passage du Rhin, entreprise hardie, peut-être trop célébrée, qu'un peu plus de résistance de la part des ennemis, auroit pu rendre funeste aux François : ils ne perdirent que quelques soldats. L'imprudence du Duc de Longueville lui coûta la vie. Le Grand Condé reçut une blessure au poignet.

La rapidité des succès de cette Campagne tint du prodige. Dans l'espace de quelques mois tout le pays fut au pouvoir des François : Amsterdam attendoit le vainqueur pour lui ouvrir ses portes. La consternation étoit générale ; les habitans effrayés songeoient à s'embarquer pour Batavia, & à aller dans le nouveau monde chercher des climats plus heureux. Le Prince d'Orange seul conservoit sa fermeté au milieu des périls, & nourrissoit encore quelques espérances. Mais le parti de With prévalut ; on demanda la paix : la Cour de France proposa des conditions onéreuses, que la fierté des Ministres & la dureté de Louvois rendirent intolérables. Elles furent rejettées par les Hollandois ; ces généreux Républicains trouvèrent, dans un courage réduit au désespoir, des secours puissans. Ils inondèrent leur pays pour le sauver, tandis que l'Amiral Ruyter, avec cent vaisseaux, tenoit tête à la flotte des Rois de France & d'Angleterre, & mettoit en sûreté les côtes de la Hollande, par la bataille de Solbaie, qui dura un jour entier.

Le système politique de l'Europe, qui tend toujours à tenir la balance égale entre les Souverains, ne devoit pas souffrir que Louis XIV devînt aussi puissant. L'Empereur Léopold, Charles II, la plûpart des Princes de l'Empire, une grande partie de l'Europe, s'unirent contre lui. Ce fut pour lui un nouveau sujet de triomphe; il sçut se défendre & faire encore des conquêtes. La Franche-Comté, soumise une seconde fois, fut enlevée sans retour à la domination Espagnole. Turenne dans l'Allemagne, Condé dans les Pays-Bas, soutenoient la gloire des armes Françoises. La sanglante bataille de Senef, fut la dernière que gagna le Prince de Condé; il quitta le commandement des troupes peu de temps après, pour jouir d'un repos qu'il avoit si bien mérité. La France venoit de perdre, en la personne de Turenne, l'émule & le rival du Grand Condé. Le Roi fit deux campagnes en Flandre aussi glorieuses que les premières : celle de 1677 surprit par la rapidité des conquêtes ; Louis étoit de retour à Versailles dès le mois de Mai : *Je suis fâché*, dit-il à Racine & à Despreaux, *que vous ne soyez pas venus à cette dernière Campagne ; vous auriez vu la guerre, & le voyage n'eût pas été long. Votre Majesté*, répondit Racine, *ne nous a pas donné le temps de faire faire nos habits.*

Louis étoit alors au plus haut degré de sa gloire ; arbitre des Souverains, il leur prescrivit des loix par le traité de Nimégue, dont il régla les conditions. On lui donna le surnom de GRAND : l'Europe ne réclama pas contre ce titre. Gènes, Alger & Tunis bombardées par l'Amiral Duquesne, éprouvèrent combien Louis XIV étoit jaloux de ses droits. Le Doge fut forcé de faire des excuses à Versailles, où il ne trouva rien de singulier que de s'y voir. La Cour de Rome fut humiliée : ce n'étoit plus le temps où le Souverain Pontife pouvoit d'un seul mot dépouiller un Roi de ses Etats.

Cette année 1686, vit porter au Calvinisme le coup mortel : Louis XIV triomphant de tous côtés par ses armes, se flatta qu'il triompheroit aisément de l'opinion de ses peuples : peut-être aussi s'étoit-il laissé séduire par la vanité de se montrer plus grand que le Pape, en servant la Religion, malgré ses démêlés avec lui. Malheureusement pour l'État, le Chancelier le Tellier, & Louvois son fils, étoient naturellement portés aux voies dangereuses du despotisme : le Roi ne fut que trop obéi ; on employa la violence au défaut de la persuasion, trop lente pour des esprits échauffés, comme ceux des Ministres : la liberté de conscience fut ôtée aux Protestans ; leurs temples furent démolis ; les enfans arrachés des bras de leurs pères, pour être élevés dans la Religion Catholique. Tant de cruautés réduisirent bientôt au désespoir des hommes qui n'étoient d'abord qu'enthousiastes. Les ordres les plus sévères, les gardes placées sur les frontières ne purent les retenir : on vit huit cens mille François persécutés par leurs compatriotes, abandonner furtivement leurs foyers, & se réfugier dans les Royaumes voisins, où ils portèrent des richesses immenses, le goût des arts, le secret des manufactures, & la haine de la domination Françoise.

Les ennemis de Louis XIV se multiplioient de tous côtés. L'Empereur, le Roi d'Espagne & les autres Puissances qui s'étoient liguées dans la dernière guerre, se réunirent dans celle-ci, qui commença vers la fin de l'année 1688. Ils formèrent la ligue d'Ausbourg ; le Prince d'Orange en étoit le principal moteur. Innocent XI, qui n'avoit pas oublié ses démêlés avec la Cour de France, secondoit par ses intrigues les vues du Prince Hollandois. Louis XIV ne se laissa pas prévenir : le Dauphin partit pour aller faire le siège de Philisbourg. *Mon Fils*, dit le Roi lors de son départ, *en vous envoyant commander mes armées, je vous donne les occasions de faire connoître votre mérite : allez le montrer à toute l'Europe, afin que quand je viendrai à mourir, on ne s'apperçoive pas que le Roi soit mort.* Le Dauphin se montra digne de la confiance du Roi son Père : cette Campagne, qui s'ouvrit par la prise de Philisbourg, lui donna lieu de développer & de mettre au grand jour des vertus, qui jusqu'alors avoient été éclipsées par l'éclat du Trône. Les ennemis trouvèrent en lui le courage & la valeur de son Aïeul Henri-le-Grand ; & les François admirèrent la douceur, l'humanité que nous voyons revivre dans son petit-fils, & qui lui ont acquis le titre flatteur de *Bien-Aimé*.

L'année suivante, Jacques II, chassé d'Angleterre, vint avec sa famille chercher un asyle en France, & demander des troupes pour reprendre une Couronne qu'il n'avoit pu conserver. La Marine Françoise, qui pour lors étoit dans l'état le plus florissant, mettoit le Roi à portée de faire les plus grands efforts pour rétablir sur le Trône ce Prince malheureux. Les Escadres Françoises battirent à plusieurs reprises celles des ennemis : Tourville, Vice-Amiral, remporta en 1690 une victoire, qui rendit Louis XIV maître de la mer pendant plus de deux ans ; mais le malheur, ou plutôt la foiblesse de Jacques II, rendit inutiles tous les secours qu'il avoit reçus de Louis ; il fut défait par le Prince d'Orange son Gendre, à la bataille décisive de la Boine, où les seuls François disputèrent la victoire. Cet échec ne rebuta point Louis XIV : il voulut tenter encore de vaincre la mauvaise fortune de Jacques II, quoiqu'il fût en guerre avec une grande partie de l'Europe ; la fortune ne seconda point ses projets. La malheureuse journée de la Hogue ne servit qu'à porter une rude atteinte à la Marine Françoise, & à faire perdre à Jacques II, le peu de ressources qui lui restoient. Il revint en France finir pieusement dans un Couvent, une vie qu'il auroit dû perdre en combattant à la tête de ses armées.

Les armées Françoises soutenoient avec éclat, sur terre, la réputation qu'elles s'étoient acquises. Le Maréchal de Luxembourg, héritier du génie & du courage du grand Condé, dont il avoit été l'élève, marchoit de victoire en victoire dans les Pays-Bas. Il gagna la bataille de Fleurus. Surpris à Steinkerque en 1691, par une ruse du Roi Guillaume, il vint à bout, quoique malade, de le repousser & de le vaincre.

Vie de Louis XIV.

vaincre. Le Duc de Chartres, depuis Régent du Royaume, M. le Duc, le Prince de Conti & le Duc de Vendôme, firent dans cette occasion des prodiges de valeur. L'année suivante, Luxembourg, avec ces mêmes Héros, surprit Guillaume à Nerwinde, & gagna une nouvelle bataille. Dans cet intervalle de temps, le Roi prit en personne Mons & Namur. Le Maréchal de Catinat, aussi grand Philosophe que grand Capitaine, défit le Duc de Savoie à la Stafarde & à la Marsaille. Le Maréchal de Noailles fut vainqueur en Catalogne; le Maréchal de Lorges l'avoit été en Allemagne. Jamais les succès n'avoient été plus prompts & plus brillans; on eût dit que la fortune vouloit faire oublier au Roi le revers qu'il venoit d'essuyer sur mer. Les François, après avoir été vainqueurs pendant si long-temps, s'affoiblirent par leurs succès: ils combattoient dans les Alliés une hydre toujours renaissante, & l'Etat commençoit à s'épuiser de Soldats; les recrues étoient plus difficiles. L'armée venoit de perdre le Maréchal de Luxembourg; & le Ministère, M. de Louvois. On desira la paix de part & d'autre. Quatre armées que la France avoit encore sur pied, ne servirent pas peu à accélérer les conclusions du traité, qui fut signé à Riswick, au mois de Septembre 1697. Le Roi y donna des preuves de la plus grande modération; il sacrifia toutes ses conquêtes pour avoir la paix: exemple que nous avons vu depuis renouveller par notre auguste Monarque.

Cette année fut célèbre par l'élection du Prince de Conti à la Couronne de Pologne. Ce n'étoit pas le premier Roi qu'un peuple étranger fût venu demander à la France. Naples, en 1647, avoit appellé le Duc de Guise, mais il eut le même sort que le Prince de Conti; ils ne reçurent l'un & l'autre aucuns secours de la France. Peut-être étoit-ce une politique du Ministère, de ne pas permettre que les Princes devinssent si puissans.

Charles II, Roi d'Espagne, mort sans postérité en 1700, venoit par son testament de laisser la Couronne au Duc d'Anjou, petit-fils de Louis XIV. Il fut déclaré Roi d'Espagne, sous le nom de Philippe V. Le Roi lui dit, lorsqu'il partit: *Il n'y a plus de Pyrénées.* Parole qui exprimoit d'une manière aussi spirituelle que concise, l'union de deux peuples divisés depuis si long-temps. L'Europe ne vit pas sans jalousie l'agrandissement de la Maison de Bourbon. L'Angleterre, la Hollande & l'Empire, se réunirent pour enlever ce qu'elles pourroient de la succession d'Espagne. Les succès accrurent les prétentions des Alliés. Ils se flattèrent de détrôner Philippe V. L'Empereur avoit commencé la guerre en Italie, au printemps 1701, avant même que l'alliance contre la France fût signée. Ses troupes étoient commandées par le célèbre Prince Eugène. La Cour de France lui opposa le Maréchal de Catinat; mais ce Général gêné par des ordres supérieurs, ne réussit pas. Villeroi, favori de Louis XIV, se flatta de mieux faire. La faveur de son maître n'étoit pas un titre pour bien commander: il se laissa surprendre dans Crémone par le Prince Eugène, & tomba même entre les mains des ennemis. Vendôme fut envoyé pour remplacer le Général prisonnier. La présence d'un petit-fils de Henri le Grand, adoré des Soldats, rétablit un peu les affaires.

La guerre se faisoit dans les Pays-Bas, moins heureusement encore qu'en Italie. Les Généraux François ne profitèrent pas des succès que Villars avoit eus à la bataille de Fredlingue. Les Maréchaux de Tallard & de Marsin, joints à l'Electeur de Bavière, se firent battre dans ces mêmes plaines d'Hochstet, où Villars un an auparavant avoit vaincu. Ce Général, qui devoit un jour sauver la France, étoit pour lors employé dans les Cévennes à soumettre des paysans rébelles. Ces revers en amenèrent d'autres : Villeroi sorti de prison, perdit en Flandre la bataille de Ramilly. Ce fut au retour de cette Campagne que le Roi, lorsqu'il auroit pu témoigner son mécontentement à son favori, lui dit avec cette grandeur d'ame qui n'appartient qu'aux Héros : *Monsieur le Maréchal, on n'est plus heureux à notre âge.*

Louis XIV, n'avoit perdu jusqu'alors que des conquêtes ; la France n'étoit pas encore entamée. Le Prince Eugène & le Duc de Savoie y pénétrèrent enfin, & mirent le siège devant Toulon. La perte de cette place importante fut suivie de la prise de Marseille. Tant de disgraces n'avoient point abattu le courage de Louis : il faisoit voir dans l'adversité qu'il étoit digne du surnom de Grand, & conservoit au milieu de ses revers cette élévation de caractère qui l'avoit porté aux plus grandes choses. Déja le Royaume étoit ouvert de toutes parts. L'enlevement de M. le Premier, surpris par les Hollandois sous les fenêtres de Versailles, faisoit trembler pour Sa Majesté & la Famille Royale. Dans ces extrêmités le Roi demanda la paix. Les conditions que proposèrent les ennemis, révoltèrent un Prince accoutumé à faire la loi. Il résolut de tenter de nouveau le sort des armes ; il ne fut pas favorable. La bataille de Malplaquet perdue par Bouflers & Villars, l'épuisement de l'Etat, la misère des peuples, rendirent la paix indispensable. Le Roi, vivement pénétré des malheurs de la France, s'humilioit de nouveau devant les vainqueurs, & alloit signer un traité honteux. Un seul homme fait changer la face des choses. Vendôme, par la victoire qu'il remporte à Villaviciosa, sauve l'Espagne, & fait suspendre les hostilités entre la France & l'Angleterre.

Cependant le Prince Eugène faisoit de nouveaux progrès en Flandre. Les malheurs domestiques du Roi mettoient le comble à la désolation. La mort de son fils unique, le Duc de Bourgogne, la Duchesse, leur fils aîné enlevés rapidement, l'héritier de la Couronne en danger de mort, faisoient payer bien cher à Louis XIV la gloire de ses premières années. Toujours ferme dans l'adversité, il dit : *qu'en cas d'un nouveau malheur, il convoqueroit toute la Noblesse de son Royaume, qu'il la conduiroit à l'ennemi, malgré son âge de soixante-quatorze ans, & qu'il périroit à la tête.* Villars tira Louis & la France de ce péril extrême. Il força les lignes devant Denain, & battit complettement le Prince Eugène. La paix fut le prix de la victoire : elle fut enfin signée à Utrecht, au mois de Mars 1713, & l'année suivante à Radstat. Philippe V renonça à la succession de la Couronne de France, & resta paisible possesseur de celle d'Espagne.

Louis XIV fut attaqué vers le milieu d'Août 1715, au retour de Marly, de la maladie qui termina ses jours. Ce Prince vit approcher la mort avec cette grandeur

Vie de Louis XIV.

d'ame & cette fermeté qui l'avoient soutenu au milieu de ses revers. Les sentimens de religion dont il avoit toujours été pénétré, & qui redoubloient en ce moment terrible, lui donnèrent une nouvelle force. *Pourquoi pleurez-vous*, dit-il à ceux qui l'environnoient ? *m'avez-vous cru immortel ?* Ce fut dans ces dispositions, qu'après un règne de soixante-treize ans, le plus long qu'il y ait eu dans cette Monarchie, ce grand Prince mourut le premier Septembre, dans la soixante & dix-septième année de son âge.

Louis XIV avoit nommé, par son testament, un Conseil de Régence, dont le Duc d'Orléans devoit occuper la première place : le Parlement cassa ce testament, & nomma le Duc d'Orléans seul Régent.

La vie privée de Louis XIV ne démentit point le surnom de Grand que ses conquêtes lui avoient fait donner. Ses vertus étoient de lui ; ses défauts étoient de ses flatteurs. Politique profond, il lisoit à travers le masque dont le courtisan cherche toujours à se couvrir ; aussi disoit-il : *Toutes les fois que je donne une place, je fais cent mécontens & un ingrat*. Il savoit honorer le mérite, moins par la magnificence de ses bienfaits, que par la manière dont il les accordoit. Il avoit donné une pension de 6000 liv. à M. Talon, Avocat Général : M. de Lamoignon, qui possédoit la même Charge, lui demanda la même faveur ; le Roi la lui promit. Six mois se passèrent, pendant lesquels M. de Lamoignon se présenta plusieurs fois devant le Roi sans qu'il fût question de rien. *M. de Lamoignon*, lui dit un jour Sa Majesté, *vous ne me parlez plus de votre pension. Sire*, répondit ce Magistrat, *j'attends que je l'aie méritée. Si cela est*, repartit le Roi, *je vous dois des arrérages*. La pension fut accordée avec les intérêts, depuis le jour où M. de Lamoignon l'avoit demandée.

Ce Prince avoit dans l'esprit beaucoup de précision, de justesse & d'affabilité. Il ne perdoit aucune occasion de dire à ceux qui l'environnoient des choses agréables. Du Guai-Trouin lui faisoit le détail d'un combat naval ; & parlant d'un vaisseau qu'on appelloit la Gloire, disoit : *J'ai ordonné à la Gloire de me suivre. Elle vous fut fidèle*, reprit Sa Majesté.

Le Duc de la Rochefoucault paroissant un jour inquiet au sujet de ses dettes : *Que ne parlez-vous à vos amis*, lui dit le Roi : ce mot fut accompagné d'une gratification de cinquante mille écus.

Le Comte de Marivaux, Lieutenant Général, dont le caractère altier n'avoit pu être fléchi dans la Cour de Louis XIV, avoit perdu un bras dans une action, & se plaignoit hautement au Roi, qui l'avoit pourtant récompensé : *Je voudrois*, dit-il avec humeur, *avoir aussi perdu l'autre bras, & ne plus servir Votre Majesté. J'en serois bien fâché pour vous & pour moi*, dit Louis XIV. Ces paroles furent suivies d'une grace qu'il lui accorda.

C'est par de semblables traits de douceur & d'affabilité qu'un Souverain, digne de l'être, doit tempérer l'éclat de la Majesté royale, & faire disparoître en quelque sorte l'intervalle immense qui se trouve entre le Sujet & le Maître. Louis aimoit les louanges, & les méritoit vraiment, puisqu'il savoit les rejetter quand elles étoient trop fortes. Lorsque l'Académie Françoise, qui lui rendoit toujours compte des sujets qu'elle proposoit pour ses prix, lui fit voir celui-ci : *Quelle est de toutes les vertus du Roi celle qui mérite la préférence?* Le Roi rougit, & ne voulut point qu'on agitât une pareille question.

A tant de vertus, digne de l'estime du sage, il joignoit les qualités les plus capables d'enchanter le peuple. La richesse de sa taille, la beauté majestueuse de ses traits, un son de voix noble & touchant, une démarche pleine de dignité le faisoient aisément remarquer au milieu de la foule des courtisans qui l'environnoient. C'étoit lui que Racine avoit eu en vue dans ces deux vers de Bérénice :

En quelqu'obscurité que le ciel l'eût fait naître,
Le monde en le voyant eût reconnu son Maître.

Dans la conquête qu'il fit de la Franche-Comté, en 1668, sa présence acheva de lui gagner les cœurs de ceux que ses armes lui avoient soumis. Un païsan, qui étoit accouru pour le voir, s'écria dans cette extase qu'opère le charme de la séduction : *Je ne m'en étonne plus.*

Louis XIV, jeune, plein de charmes, triomphant, environné de beautés qui se disputoient son cœur, eut le foible de beaucoup de héros séduits par les attraits du plaisir. Il fut sensible à l'amour, mais n'en fut point l'esclave. Mesdames de la Vallière, de Montespan & de Maintenon furent les Maîtresses de son cœur, sans jamais gouverner son esprit ; & si quelque chose peut rendre ses foiblesses excusables, c'est la décence qu'il conservoit au milieu des erreurs de l'amour. Il honora toujours la Reine, & quand il apprit sa mort, en 1683, il dit : *Voilà le premier chagrin qu'elle m'ait jamais donné.*

On a reproché à Louis XIV son goût pour les dépenses fastueuses : mais son luxe n'insulta jamais à la misère des peuples ; & peut-être ce luxe devenoit-il nécessaire dans un Etat où les arts étoient dans leur enfance, & où les manufactures naissantes demandoient à être encouragées.

Louis XIV eut de Marie-Thérèse d'Autriche, Louis Dauphin, mort le 14 Avril 1711, deux autres fils & trois filles, morts jeunes.

Il eut de Madame la Duchesse de la Vallière : Louis de Bourbon, Comte de Vermandois, mort en 1683. Marie-Anne, dite Mademoiselle de Blois, Princesse de Conti, morte en 1739. De Madame la Marquise de Montespan : Louis-Auguste de Bourbon, Duc du Maine, mort en 1736. Louis César, Abbé de Saint-Denis, mort en 1683. Louis-Alexandre de Bourbon, Comte de Toulouse, mort en 1737. Louise-Françoise de Bourbon, dite Mademoiselle de Nantes, Duchesse de Bourbon, morte en 1743. Louise-Marie de Bourbon, dite Mademoiselle de Tours, morte en 1681. Françoise-Marie de Bourbon, dite Mademoiselle de Blois, mariée au Régent, morte en 1749 : Et deux autres fils morts jeunes.

LOUIS XIII.

Champagne pinx.   De Lorraine sculp.

LOUIS XIII,
DIT LE JUSTE.

Louis XIII, né à Fontainebleau le 27 Septembre 1601, monta sur le Trône le 15 Mai 1610, à l'âge de huit ans & demi.

Les premières années de son règne, qui devoit affermir pour toujours l'autorité royale, ne présentent qu'une suite d'intrigues, de factions & de traités également propres à l'anéantir.

Le Duc d'Epernon, après la mort de Henri, avoit fait déférer par le Parlement la Régence à Marie de Médicis. Cette Princesse, aussi ambitieuse qu'incapable de gouverner, livrée entièrement à deux Étrangers qui se partageoient les dépouilles de la France, vit bientôt mépriser une autorité qu'elle avilissoit en la leur confiant. La foiblesse du Gouvernement réveilla cet esprit de révolte, que Henri avoit eu tant de peine à contenir; il éclata enfin. Le Prince de Condé, le duc de Vendôme & quelques autres Seigneurs, quittèrent la Cour: la Régente trop foible pour les punir, acheta, par le traité de Sainte-Menehould, une paix honteuse & momentanée.

Une des conditions de ce traité étoit la convocation des États généraux: la Reine, qui n'en redoutoit point l'événement, les assembla à Paris; il n'en résulta que de vaines disputes entre les trois Ordres, des remontrances infructueuses & une conviction de leur inutilité: ce sont les derniers qui aient été tenus en France.

Cependant, les motifs ou les prétextes des plaintes des mécontens subsistoient toujours: le Roi avoit été déclaré majeur; mais cette cérémonie n'avoit diminué, ni l'autorité de la Reine, ni le crédit excessif de Concini. Le Prince de Condé se révolte une seconde fois, & entraîne dans son parti les Protestans. Louis, à la tête d'une armée, marche contre les rebelles, & va recevoir à Bordeaux Anne d'Autriche, Infante d'Espagne, dont le mariage arrêté depuis long-temps avec lui étoit l'ouvrage de la mauvaise politique de Marie de Médicis.

Une paix trompeuse parut calmer ces nouveaux troubles: la Reine crut en étouffer le germe, en faisant arrêter au milieu de sa Cour le Prince de Condé, qui s'y étoit rendu sur la foi d'un traité. Jeannin & Villeroy osèrent blamer sa conduite; ils furent privés de leurs places. On donna celle de Secrétaire d'État, dont le dernier étoit revêtu, à Richelieu, Évêque de Luçon, que la Reine-mère comptoit alors parmi ses créatures, & qu'elle regarda quelque temps après comme son plus cruel ennemi.

Son triomphe ne fut pas de longue durée: le jeune Luines, devenu par degrés le favori du Roi, souffroit impatiemment qu'elle conservât sur l'esprit de son Fils un empire qu'il vouloit usurper. Il parvint à faire rougir ce Prince de l'espèce de tutelle sous laquelle on le retenoit: la perte du Maréchal d'Ancre fut résolue.

Vitry, chargé de l'arrêter, profita d'une ombre de résistance pour le tuer dans la cour du Louvre. Le peuple toujours extrême, lui insulta après sa mort, avec une inhumanité barbare. Le Parlement flétrit sa mémoire par un arrêt, & condamna à la mort Léonore Galigaï sa veuve, dont le plus grand crime étoit peut-être, comme elle le dit elle-même, d'avoir abusé de l'*ascendant qu'un esprit supérieur a toujours sur un esprit foible.*

La disgrace de la Reine suivit de près la mort de son favori; elle fut d'abord prisonnière au Louvre, & ensuite reléguée à Blois. Richelieu, qui l'y accompagna, devint suspect au Duc de Luines, qui le fit exiler à Avignon.

Ces révolutions dans le Ministère ne dissipèrent point les factions qui divisoient la Cour; la haine des mécontens n'avoit fait que changer d'objet. Luines, qui avoit succédé aux places & aux biens immenses de Concini, excita la même envie. Le Duc d'Épernon, trop fier pour plier sous un favori, quitta la Cour, enleva la Reine du château de Blois, & la conduisit à Angoulême. Un accommodement négocié par Richelieu, suspendit encore pour quelque temps la guerre civile.

Elle ne tarda pas à se rallumer; la Reine ne voyoit qu'avec désespoir son autorité passée entre les mains du favori. Angers, où elle avoit fixé sa Cour, étoit devenu le rendez-vous de ceux qui avoient à se plaindre de lui, ou qui envioient sa fortune: ils la déterminèrent sans peine à reprendre les armes. Richelieu, devenu tout puissant dans son Conseil, fut encore le médiateur entre elle & le Roi, qui paya ce service par la promesse d'un Chapeau de Cardinal. « Ainsi, l'Évêque de Luçon, qui avoit » commencé sa fortune par le Maréchal d'Ancre, la continua par le Duc de » Luines ».

<small>Hénault, Abreg. chron.</small>

Louis avoit à peine calmé ces troubles, qu'une affaire plus sérieuse & plus importante attira toute son attention. Les Protestans mécontens du Gouvernement, commençoient à remuer. Leurs assemblées séditieuses annonçoient une révolte prochaine. Il crut devoir la prévenir: il marcha contre eux en personne, & s'empara de Saint-Jean-d'Angely, défendu par Soubise, un de leurs Chefs. Rohan plus heureux, força l'armée Royale à lever le siège de Montauban. Luines, qui avoit accompagné le Roi dans cette campagne, mourut de maladie au siège de Monheur, & laissa l'épée de Connétable à Lesdiguières, devenu Catholique.

La Campagne suivante fournit au Roi des occasions de signaler ce courage intrépide qu'il avoit hérité de Henri. Il passa au milieu de la nuit dans l'Isle de Riez, à la tête de ses gardes, & en chassa Soubise. Au siège de Royan on le vit plusieurs fois exposer sa vie pour reconnoître la place, qu'il força enfin à capituler. Mais son armée victorieuse vint échouer devant Montpellier. La résistance des assiégés fit enfin songer à la paix. Elle se conclut à l'avantage des Protestans, auxquels le Roi accorda la confirmation de l'Édit de Nantes & de leurs privilèges. Rohan obtint même une gratification de huit cents mille livres. Telle étoit alors la foiblesse du

Gouvernement, que la révolte devenoit un titre pour demander des graces & pour les obtenir.

Richelieu seul étoit capable de prévenir les effets de cette funeste politique, qui alloit perdre l'État; il força enfin tous les obstacles que ses ennemis lui opposoient, & entra au Conseil, où la supériorité de son génie lui assigna bientôt la première place.

Le système du Gouvernement parut changer. On forma de plus grands desseins. On prit pour leur exécution de plus sages mesures. Le mariage de Henriette, sœur du Roi, avec le Prince de Galles, fut arrêté. L'affaire de la Valteline commença à abaisser la fierté Espagnole. Philippe IV s'étoit emparé de cette Province, pour en fermer, disoit-il, l'entrée à l'héréfie; mais en effet, pour s'assurer un passage en Italie. Les troupes du Roi commandées par le Marquis de Cœuvres, chassèrent les Espagnols: le traité de Monçon, conclu quelques années après, termina cette guerre.

On voyoit déja naître entre le Roi & le Duc d'Orléans, son frère, ces divisions devenues si funestes à tous les partisans de ce Prince. La haine contre le Ministre étoit le lien qui réunissoit tous les factieux: ils formèrent le dessein de l'assassiner. Chalais, grand Maître de la Garde-robe, périt sur un échaffaut, le Maréchal d'Ornano & MM. de Vendôme furent arrêtés. Le Cardinal devenu plus puissant que jamais, fit éloigner Baradas, favori du Roi, & lui donna Saint-Simon pour successeur.

Délivré de ces troubles, il se livra entièrement à l'exécution du projet qu'il méditoit depuis long-temps, pour la ruine du parti Calviniste. La première révolte des Huguenots lui avoit offert une occasion que des circonstances l'empêchèrent de saisir. Elle se représenta: les Rochellois excités par Bouckingam, se soulevèrent de nouveau. Toiras chassa les Anglois de l'Isle de Rhé, & les força de s'éloigner de nos côtes. Le Roi en personne vint mettre le siège devant la Rochelle; une digue immense, dont le projet avoit paru chimérique, fut construite au milieu de l'Océan, & ferma toute communication du côté de la mer. En vain l'Amiral Anglois tenta de la rompre, il fut obligé d'abandonner son entreprise, & de se retirer dans ses Ports. Les Rochellois livrés aux horreurs de la plus cruelle famine, se soutenoient encore par le fanatisme & par l'espérance de nouveaux secours. La flotte Angloise reparut en effet devant la Rochelle; mais cette seconde tentative n'eut pas plus de succès que la première, & la Ville fut obligée de se rendre au Roi, qui détruisit ses fortifications, & lui ôta ses privilèges. Ce fut un coup mortel pour le Calvinisme, & l'événement le plus utile du ministère de Richelieu.

Le Roi, vainqueur des Rochellois, vola au secours du Duc de Mantoue, que l'Empereur & le Roi d'Espagne vouloient dépouiller de ses États. Il força, à la tête de son armée, les barricades du Pas de Suze, secourut Casal, & finit cette guerre quelques années après, par une paix avantageuse à son Allié, & honorable pour la France.

Le succès des entreprises du Cardinal ne faisoit qu'aigrir ses ennemis. La Reine-mère avoit juré sa perte. LOUIS, fatigué par ses plaintes continuelles, parut céder: elle crut un instant qu'elle alloit reprendre sur l'esprit de son fils son ancien empire; mais Richelieu averti par Saint-Simon, que le Roi veut encore le voir, vole à Versailles, & fixe par sa présence les incertitudes de son Maître: « *Continuez à me servir comme vous avez fait*, lui dit ce Prince, *Je vous maintiendrai contre toutes les intrigues de vos ennemis*».

Ce jour, si célèbre pour le Cardinal, fut appellé la journée des *dupes*. Les deux frères Marillac, ses ennemis, furent sacrifiés à son ressentiment. Le Maréchal eut la tête tranchée; le Garde des Sceaux, moins haï, en fut quitte pour la perte de sa place.

La Reine-mère céda enfin à la fortune du Cardinal. Retirée à Bruxelles, elle excitoit encore le foible Gaston à la révolte. Ce Prince, factieux par caprice, livré à des favoris sans mérite, passoit sa vie à faire la guerre pour leur plaire, & à les sacrifier pour obtenir la paix. Soutenu par le Duc de Lorraine, dont il avoit épousé la sœur, il commença une nouvelle guerre civile. Le Duc en fut le premier puni; il perdit ses meilleures places, & n'obtint la paix qu'en se détachant de son allié. Montmorency, que Gaston avoit entraîné dans son parti, abandonné lâchement à la bataille de Castelnaudary, paya de sa tête son imprudence, & la foiblesse de Monsieur.

Envain ce Prince & toute la Cour se réunirent pour obtenir sa grace, ni sa jeunesse, ni ses talens militaires, ni les larmes d'une épouse aussi intéressante par ses vertus que par sa beauté, ne purent fléchir le Roi en sa faveur. Affermi dans sa résolution par les conseils de son Ministre, & peut-être par la sévérité naturelle de son caractère, il fut inébranlable; & lorsque le père Arnoult, en lui rendant compte des circonstances touchantes de la mort de ce Seigneur, lui ajouta, que Dieu par sa grace en avoit fait un grand Saint dans le ciel: il l'écouta sans émotion, & se contenta de lui répondre: *Mon Père, je voudrois avoir contribué à son salut par des voies plus douces*.

Gaston, qui n'avoit pas sçu défendre son Allié, reprit les armes pour le venger. Le Duc de Lorraine, soit par attachement pour lui, soit par inconstance, viola ses promesses; & cette nouvelle infraction lui coûta Nancy, que le Roi résolut de garder jusqu'à ce qu'il lui eût remis entre les mains Marguerite sa sœur, que Gaston avoit épousée secrètement. Ce mariage, contracté sans le consentement du Roi, fut déclaré nul par les Docteurs, & cassé par le Parlement de Paris.

Un traité fait avec le Duc d'Orléans mit fin à cette guerre. Puilaurens, son favori, qui en fut le négociateur, épousa une des nièces du Cardinal, & obtint la qualité de Duc & Pair. Il ne jouit pas long-temps de sa fortune: infidèle à ses engagemens, il chercha bientôt à exciter de nouveaux troubles. Le Roi les prévint en le faisant

mettre

Vie de Louis XIII.

mettre à la Baſtille, où il mourut peu de temps après : également oublié de Gaſton, qu'il avoit ſervi, & de Richelieu qu'il avoit offenſé.

Au milieu de ces cabales & de ces factions, le Cardinal préparoit l'exécution des projets qu'il avoit formé depuis long-temps contre la maiſon d'Autriche. Par un traité fait avec la Hollande, le Roi s'engageoit à faire la guerre au Roi d'Eſpagne, & partageoit déja les Pays-Bas, qu'il projettoit de conquérir. Il y envoya en effet une armée ; une autre, commandée par le Cardinal de la Valette, entra en Allemagne. Elles eurent l'une & l'autre peu de ſuccès : ceux du Duc de Rohan dans la Valteline conſolèrent le Cardinal.

Il fit l'année ſuivante un nouveau plan, qui manqua également dans l'exécution. Le Prince de Condé entra en Franche-Comté, & fit le ſiège de Dôle, qu'il fut obligé de lever, pour envoyer une partie de ſon armée au ſecours de la Picardie. Les Eſpagnols avoient pénétré dans cette Province: la Capelle, Corbie, le Catelet, avoient ouvert leurs portes aux vainqueurs. En vain le Cardinal, en faiſant faire le procès aux Commandans de ces Places, chercha-t-il à les rendre reſponſables d'un événement que l'on attribuoit hautement à ſa négligence ; l'épouvante s'empara de la Cour & de la capitale, qui croyoit à tous momens voir les ennemis à ſes portes. Lui-même, conſterné des ſuites d'une guerre qu'il avoit conſeillée, en butte aux traits de la haine, auroit abandonné le miniſtère, ſi le P. Joſeph n'eût calmé ſes inquiétudes & ranimé ſon courage.

Les affaires parurent enfin changer de face. Le Comte de Soiſſons, ſous les ordres de Monſieur, reprit Corbie ſur les Eſpagnols, & forma, pendant le ſiège de cette place, un nouveau complot, dont le Cardinal devoit être la victime. Les aſſaſſins n'attendoient que le ſignal : la foibleſſe ou la religion de Gaſton empêcha l'exécution. Ce Prince craignant que ſon projet n'eût tranſpiré, quitta bruſquement la Cour avec le Comte de Soiſſons, & y revint bientôt ſur la promeſſe que lui fit le Roi d'approuver ſon mariage.

Cependant la guerre, allumée par la politique de Richelieu, embrâſoit depuis long-temps l'Europe, ſans avoir produit aucun événement déciſif, lorſque Weimar fixa la fortune par la victoire de Reinfelds, où quatre Généraux de l'Empereur furent faits priſonniers ; Condé, moins heureux, échoua au ſiège de Fontarabie, comme à celui de Dôle. Le Cardinal ſavoit profiter des revers mêmes, pour ſervir ſa vengeance & affermir ſon autorité. La Valette, qu'il vouloit perdre, fut à ſes yeux la ſeule cauſe de ce mauvais ſuccès ; il lui fit nommer des commiſſaires : en vain le Parlement voulut réclamer, Louis, auſſi ſévère que ſon Miniſtre, rejetta ſes remontrances. *Ceux qui diſent*, répondit-il, *que je ne puis pas donner les juges qu'il me plaît à mes ſujets qui m'ont offenſé, ſont des ignorans indignes de poſſéder leur charge.* La Valette fut condamné & exécuté en effigie ; mais il fit annuller, dès les premières années de Louis XIV, ce jugement irrégulier.

Le Cardinal, pour subvenir aux frais d'une guerre coûteuse, avoit augmenté des impôts déja excessifs : ils arrachèrent des murmures à cette partie du peuple, qui prend souvent sur son nécessaire pour fournir aux besoins de l'État. Une révolte assez considérable éclata en Normandie : le Parlement, accusé de ne l'avoir pas réprimée avec assez de vigueur, fut interdit par le Chancelier Seguier. La modération devenoit un crime sous un Ministre accoutumé à être obéi.

La fortune continuoit à se déclarer en faveur de ses projets. Le Comte de Harcourt prit Turin à la vue d'une armée ennemie qui l'assiégeoit lui-même dans ses lignes. Arras emporté par l'armée françoise, perdit son titre d'imprenable. Cette conquête ne fut pas le coup le plus funeste pour la Monarchie Espagnole : la mauvaise politique d'Olivarès & les intrigues de Richelieu, lui firent perdre la Catalogne, qui se révolta & se donna au Roi.

Pendant que la France triomphoit ainsi de ses ennemis, de nouveaux troubles déchiroient son sein. Le Comte de Soissons, retiré à Sedan, avoit formé, avec les Ducs de Bouillon & de Guise, un parti considérable ; déja ils étoient à la tête d'une armée nombreuse. Châtillon, qui commandoit celle du Roi, leur livre la bataille & la perd : la mort du Comte de Soissons, qui périt au milieu de sa victoire, ruina son parti. Le Duc de Bouillon, pour conserver Sedan, se hâta de faire un accommodement, & jura la paix au Cardinal, en signant une nouvelle ligue contre lui.

Cinq-Mars, Grand Ecuyer de France, en étoit le principal auteur : ce jeune ambitieux, élevé par le crédit de Richelieu à la plus haute faveur, ne vit bientôt plus dans son bienfaiteur qu'un rival incommode. Séduit par l'espérance de le supplanter, il excita le Duc de Bouillon à la révolte, & attira dans son parti le Duc d'Orléans, toujours prêt à se liguer, sans intérêt, contre la Cour. Ils envoyèrent un émissaire en Espagne, & conclurent, au nom du frère du Roi, un traité qui livroit la France à ses ennemis. Jamais conspiration n'avoit été conduite avec plus de secret & de prudence. Cinq-Mars, qui accompagnoit le Roi à la conquête du Roussillon, triomphoit déja, & demandoit hautement la retraite du Cardinal : elle paroissoit résolue ; & peu s'en fallut qu'une intrigue, tramée par un jeune favori de vingt-deux ans, ne détruisît la puissance d'un Ministre que les brigues de la Reine & des Princes n'avoient pu ébranler.

La fortune de Richelieu le sauva encore. On lui apporta à Tarascon, où il étoit malade, une copie du traité d'Espagne ; il en donna avis au Roi, & tout changea en un instant : Cinq-Mars fut arrêté à Narbonne ; Bouillon au milieu de son armée, de Thou, leur ami & leur confident, subit le même sort : Monsieur demanda grace à son ordinaire, en abandonnant ses complices. Le Duc de Bouillon perdit sa place de Sedan, dont il reçut depuis un dédommagement considérable. Cinq-Mars, victime de son ambition, eut la tête tranchée à Lyon ; de Thou subit la même peine pour n'avoir pas révélé le traité dont il avoit connoissance.

Vie de Louis XIII.

Ce furent les dernières victimes que Richelieu immola à sa sûreté personnelle, autant qu'à celle de l'État. Accablé par la maladie, il reprit le chemin de la Cour, & mourut à Paris, âgé de cinquante-sept ans, tout occupé du projet de s'assurer la Régence après le trépas de Louis XIII.

Ce Prince parut peu sensible à la perte de son Ministre. Quelques importans que fussent les services qu'il lui avoit rendus, quelque besoin qu'il eût de ses conseils & de sa fermeté, pour fixer l'irrésolution qui lui étoit naturelle, la conviction même qu'il en avoit, lui faisoit supporter impatiemment l'ascendant qu'il avoit pris sur son esprit. Il ne manquoit guères les occasions de le lui faire sentir. Un jour, entre autres, sortant avec lui d'un Conseil, où il avoit été obligé de déférer à la sagesse de ses avis, le Cardinal se rangea pour le laisser passer. « *N'êtes-vous pas le maître ici*, lui dit ce Prince, en le poussant avec humeur ? *Passez, passez le premier* ». *Je ne le puis*, répondit l'adroit Courtisan, en prenant un flambeau des mains d'un Page, *qu'en remplissant auprès de Votre Majesté les fonctions du plus humble de vos Serviteurs*. C'est par de pareils traits que son amour-propre cherchoit à se venger de l'hommage importun qu'il étoit forcé de rendre à la supériorité de son génie. Aussi ne témoigna-t-il aucun regret, quand on lui apporta la nouvelle de sa mort. *Voilà un grand Politique de mort*, dit-il froidement : éloge bien foible pour un Ministre qui avoit affermi dans ses mains l'autorité royale, & qui, pour emprunter les expressions d'un grand homme, « tira du cahos les règles de la Monarchie ; apprit à la France le secret de ses forces, à l'Espagne celui de sa foiblesse ; ôta à l'Allemagne ses chaînes, lui en donna de nouvelles, & destina, pour ainsi dire, Louis le Grand aux grandes choses qu'il a faites depuis ». <small>Montesquieu, Disc. de récep. à l'Acad. Fr.</small>

Louis XIII ne survécut pas long-temps à son Ministre. Il y avoit plus de quatre ans que sa santé peu robuste s'affoiblissoit par degrés. Les fatigues de la guerre, celles du voyage de Perpignan, où il avoit cru sa présence nécessaire, augmentèrent encore ses infirmités. Au mois d'Avril 1643, il fut attaqué à S. Germain d'une fièvre lente & d'un flux hépatique, dont il jugea lui-même qu'il n'en reviendroit point. Il se prépara à la mort, avec cette intrépidité qui la lui avoit fait braver au milieu des combats, & cette piété solide dont il avoit fait profession pendant toute sa vie. Pendant les premiers jours de sa maladie, il fit ouvrir plusieurs fois les fenêtres de son appartement, d'où l'on découvroit Saint Denis, pour contempler, disoit-il, sa dernière demeure. Enfin, après avoir pris les mesures nécessaires pour le bien de son État, & avoir assuré, par une Déclaration, la Régence à la Reine son épouse, il expira le 14 Mai 1643. Anne d'Autriche, après vingt-trois ans de stérilité, lui avoit donné deux fils, Louis, qui lui succéda, & Philippe, mort en 1701, père de Philippe d'Orléans, qui fut depuis Régent du Royaume.

Louis XIII étoit d'un caractère sérieux & sévère jusqu'à l'excès ; aimant la retraite ; attaché à ses favoris, moins par goût que par le besoin d'avoir quelqu'un qui partageât sa solitude. Ses vues étoient droites; son esprit foible mais éclairé, ne se laissoit gouverner que par la persuasion. Moins affable que Henri, il n'aimoit pas moins ses peuples. *Je voudrois*, disoit-il, *qu'il n'y eût de places fortifiées que sur les frontières de mon Royaume, afin que le cœur & la fidélité de mes sujets servissent de citadelle & de garde à ma Personne.* Intrépide dans les dangers, il étonna plusieurs fois par son courage. Au siège de Royan un boulet passe près de lui : *Mon Dieu, Sire*, s'écrie Bassompierre, *ce boulet a failli vous tuer. Non pas moi*, répond tranquillement le Roi, *mais M. d'Epernon*. Les gens de sa suite s'écartoient pour éviter le coup : *Comment*, dit-il, *vous avez peur que cette pièce ne tire; ne savez-vous pas qu'il faut qu'on la recharge.*

Mais ces grandes qualités furent sans éclat; il manquoit de cette vigueur d'ame, & de cette force d'esprit qui font les grands hommes & les héros. « La Providence
Hérault, » l'avoit fait naître dans le moment qui lui étoit propre : plutôt, il auroit été trop
Abr. chronol. » foible; plus tard, trop circonspect. Fils & Père de nos deux plus grands Rois,
» il affermit le trône encore chancelant de Henri IV, & prépara les merveilles de
» Louis XIV ».

Louis XIII institua l'Académie Françoise. Cet établissement, dû au goût de Richelieu pour les Lettres, est celui qui a le plus contribué peut-être, sous le siècle suivant, à la gloire de la Nation.

HENRI IV.

HENRI IV,
DIT LE GRAND.

Henri IV naquit à Pau en Béarn, le 13 Décembre 1553, d'Antoine de Bourbon, Duc de Vendôme, & de Jeanne d'Albret, Reine de Navarre. Il descendoit en ligne directe de Robert de France, Comte de Clermont, cinquième fils de S. Louis. Celui-ci avoit épousé l'héritière de Bourbon, dont les descendans prirent le nom.

Jeanne d'Albret étant grosse de ce Prince, Henri d'Albret son grand-père, fit promettre à sa fille, qu'elle chanteroit pendant son enfantement, *afin*, lui disoit-il, *que tu ne me fasses pas un enfant pleureux & rechigné*. La Princesse tint parole à son grand-père, & malgré les douleurs qu'elle souffroit, elle eut le courage de commencer une chanson en langage Béarnois, aussi-tôt qu'elle l'entendit entrer dans sa chambre. L'Enfant vint au monde sans pleurer ni crier. Son grand-père l'emporta dans sa chambre, lui frotta les lèvres d'une gousse d'ail, & lui fit sucer une goutte de vin dans sa coupe d'or. Il se servit de ce moyen dans le dessein de lui rendre le tempérament plus mâle & plus vigoureux.

<small>Perefixe, Histoire de Henri IV, tom. I.</small>

Ce fut dans le château de Coaraze, situé au milieu des rochers, entre le Bigorre & le Béarn, que le jeune Henri reçut sa première éducation. Il y avoit été transporté par les ordres de son aïeul, qui mourut dix-sept mois après la naissance de son petit-fils. La mollesse ne présida point à cette éducation. La nourriture ordinaire de ce Prince étoit du pain bis, du fromage & du bœuf. Il n'étoit habillé, comme les autres enfans du pays, que des étoffes les plus grossières. On l'accoutumoit à monter & à courir sur les rochers : souvent même on le faisoit marcher nuds pieds & nue tête. C'est ainsi qu'en habituant de bonne heure son corps à l'exercice & aux travaux, il prépara son ame à supporter avec courage toutes les vicissitudes que le sort lui fit essuyer.

On ne s'appliqua pas seulement à former le corps du Prince de Béarn (on appelloit alors de ce nom le jeune Henri). Antoine de Bourbon son père ayant, à la mort de François II, été nommé Lieutenant Général du Royaume, l'amena à la Cour de France, en 1560, & le remit entre les mains de la Gaucherie, homme sage & éclairé, des instructions duquel le jeune Prince n'eut pas beaucoup le temps de profiter. Il n'avoit que treize ans lorsque ce Précepteur mourut. La Reine de Navarre fit alors revenir Henri dans le Béarn. Depuis la mort de son mari, arrivée au siège de Rouen, en 1562, elle y faisoit profession ouverte de la nouvelle Religion dont elle s'étoit déclarée Protectrice. Florent Chrétien, zélé Protestant, fut chargé d'élever son fils. Ce nouveau Gouverneur ne fut pas le seul que la Princesse lui donna; elle appella auprès de lui ceux d'entre les Huguenots qui avoient le plus de réputation. Le jeune Henri, qui joignoit à l'esprit le plus vif le jugement le plus solide, fit bientôt de rapides progrès. La lecture des Œuvres de Plutarque, dont Amyot venoit de donner une excellente Traduction, ne lui fut pas moins utile que les leçons de ses Maîtres; c'est sur-tout en relisant souvent l'Histoire des Hommes Illustres de cet Auteur, qu'il apprit à devenir au moins leur égal.

Déja le Prince de Béarn avoit atteint la seizième année de son âge; déja son ame guerrière l'appelloit aux combats. L'Amiral de Coligni lui fournit bientôt l'occasion de satisfaire son zèle. Louis I, Prince de Condé, son oncle, & chef du parti protestant, venoit de perdre la vie à la bataille de Jarnac. Le jeune HENRI fut nommé à sa place, par les conseils de Coligni. Il reçut de cet habile Général les principes de l'Art Militaire. Les premiers pas qu'il fit dans la carrière des armes ne furent pas heureux. Il fut en commençant témoin de la bataille de Moncontour, où Henri III, pour lors Duc d'Anjou, triompha de l'Amiral. Cette bataille sanglante, qui se donna le 3 Octobre 1569, fut la quatrième du règne de Charles IX. Elle avoit été précédée le 13 Mars de la même année, de celle de Jarnac, où le Duc d'Anjou fut également vainqueur de Coligni; en 1567, de celle de S. Denis, & de celle de Dreux en 1562. Les Huguenots furent défaits à toutes les quatre.

La bataille de Moncontour auroit pu devenir plus funeste au parti qu'elle ne le fut, si le Duc d'Anjou eût sçu profiter de ses avantages. Au lieu de poursuivre l'Amiral, il s'attacha à faire le siège de Saint-Jean d'Angéli qu'il prit; mais où il perdit beaucoup de monde. Pendant ce temps-là, Coligni accompagné du Prince de Béarn & du Prince de Condé son cousin, sous les ordres desquels il servoit, eut la hardiesse de traverser tout le Royaume, pour aller au-devant des troupes Allemandes : il les joignit, après avoir battu, sous Arnai-le-Duc, le Maréchal de Cossé, qui vouloit s'opposer à ses desseins.

Le jeune HENRI, toujours accompagné de l'Amiral, fit différentes expéditions dans le Languedoc & la Guyenne; de-là il se rendit dans le voisinage de Paris, où les Huguenots furent sur le point d'en venir aux mains avec les troupes du Roi. La Paix, qui se fit alors à S. Germain, le 11 Août 1570, suspendit pour quelque temps toute espèce d'hostilités. « On la nomma *la Paix boiteuse & mal assise*, » parcequ'elle avoit été conclue par les soins de Biron & de Mesmes, dont le premier » étoit boiteux, & l'autre portoit le nom de la Seigneurie de Malassise ».

M. le Président Hénault, pag. 540.

Le jeune HENRI profita de cette Paix pour aller se reposer dans le Béarn des fatigues qu'il venoit d'essuyer. Quelques mois après, Charles IX épousa la Princesse Élisabeth d'Autriche. Pour écarter les soupçons des Huguenots qui, malgré les avantages qu'on venoit de leur accorder, avoient toujours la plus grande méfiance des Catholiques, on s'occupa du mariage de Marguerite de Valois, sœur de Charles IX, avec le Prince de Béarn. Ce mariage attira à Paris, en 1572, la Reine de Navarre sa mère, qui mourut peu de temps après son arrivée. Elle vécut, « n'ayant des femmes que le sexe, l'ame entière aux choses viriles, l'esprit puissant

» aux grandes affaires, le cœur invincible aux grandes adverſités.» Pluſieurs perſonnes ont cru qu'elle avoit été empoiſonnée par les Catholiques.

A la nouvelle de ſa mort, ſon fils ſe rendit dans la Capitale, où il prit le titre de Roi de Navarre. Deux mois après, ſes noces avec Marguerite furent célébrées avec la plus grande magnificence: il étoit pour lors âgé de dix-neuf ans. Le deuil & la conſternation ſuccédèrent bientôt aux plaiſirs & à la joie que ces fêtes avoient fait naître. Le jour de la Saint Barthélemi arriva; jour affreux, qu'on ne peut ſe rappeller qu'avec horreur, qui métamorphoſa des hommes en animaux féroces, qui vit tomber tant d'illuſtres victimes ſous le glaive de la ſuperſtition, où Coligni fut lâchement aſſaſſiné par Beſmes, & qui penſa coûter la vie au Roi de Navarre & à Sulli.

Ce ne fut qu'en paroiſſant embraſſer la Religion Catholique que le jeune Henri put ſe ſouſtraire à la mort; mais avec la vie, il n'obtint pas la liberté; il fut retenu dans une eſpèce de captivité, où il demeura même pendant le ſiège de la Rochelle, auquel il aſſiſta, & qui fut fait & levé par le Duc d'Anjou, en 1573. Il reſta priſonnier à la Cour de France, juſqu'en 1576, qu'il trouva le moyen de s'échapper à la ſuite d'une partie de chaſſe. Il y avoit alors deux ans que Henri III avoit quitté le Trône de Pologne, pour ſuccéder à celui de Charles IX.

Peu de perſonnes accompagnèrent le Roi de Navarre dans ſa fuite: il fut ſuivi de cinq ou ſix Seigneurs, du nombre deſquels étoit le Baron de Roſni. Il prit d'abord la route de Normandie: il ſe rendit enſuite à Tours, où il rentra de nouveau dans la Religion Proteſtante, qu'il avoit feint d'abjurer. Depuis ce temps, juſqu'en 1589, ſa vie fut un mêlange continuel de combats, de pacifications & de ruptures avec la Cour de France. Une des entrepriſes les plus brillantes de ce Prince, pendant cet intervalle, fut l'attaque de Cahors, en 1580. Ce fut auſſi ſa première action d'éclat. Il s'empara lui-même de la Ville, à la tête de ſes Gardes, après cinq jours entiers de réſiſtance de la part des aſſiégés. Cette expédition, en le couvrant de gloire, ſaiſit d'étonnement toute la France.

Quelques années après, Henri III lui envoya d'Épernon, pour l'engager à changer de religion. Il répondit qu'il n'étoit point opiniâtre ſur cet article, & qu'il ne balanceroit point à changer, ſi l'on parvenoit à le convaincre qu'il fût dans l'erreur. Preſque dans le même temps, Sixte V, nouvellement élu Pape, ayant lancé contre lui une Bulle d'excommunication, il s'en vengea par un écrit qu'il fit afficher dans Rome, & juſques aux portes du Vatican. Il y appelloit de cette Bulle comme d'abus au Parlement & au Concile Général. Le Pontife, loin de paroître mécontent d'une démarche auſſi hardie, fut aſſez juſte pour l'admirer.

Ce fut alors que la Ligue ſe porta aux plus violens excès. On vit ſe former la *Faction des Seize*, eſpèce d'aſſociation particulière, pour Paris ſeulement; elle étoit compoſée de pluſieurs hommes, qui s'étoient diſtribués dans les ſeize quartiers de cette Ville. Personne n'ignore l'origine de la Ligue. L'Édit de pacification donné par Henri III, au mois de Mai 1576, par lequel on accordoit aux Huguenots l'exercice public de leur religion, révolta les Catholiques, & fut la cause de cette confédération étrange, appellée la *Sainte-Union*. On peut la regarder comme la cinquième des guerres civiles qui eurent lieu depuis le massacre de Vassi. Il arriva, en 1562, entre les domestiques du Duc de Guise & les Huguenots, & donna le signal aux événemens affreux, qui tinrent si long-temps le Royaume dans les plus horribles convulsions.

Hors la guerre dite *des trois Henris*, il ne se passa rien d'important pendant l'année 1586. Henri III se mit à la tête des Royalistes ; HENRI, Roi de Navarre, à la tête des Huguenots ; & Henri, Duc de Guise, fut déclaré le Chef de la Ligue. L'année suivante fut plus féconde en événemens. Ce fut le 20 Octobre de cette année que se livra la fameuse bataille de Coutras, où le Roi de Navarre remporta la victoire la plus complette contre le Duc de Joyeuse, qui commandoit les troupes du Roi, & qui y laissa la vie.

Lorsque les deux armées furent en présence, le Roi de Navarre se tournant vers les Princes de Condé, de Soissons & de Conti, leur dit : *Souvenez-vous que vous êtes du sang de Bourbon : & vive Dieu, je vous ferai voir que je suis votre aîné. Et nous*, lui répondirent-ils, *nous vous montrerons que vous avez de bons cadets*. Il donna pendant l'action des preuves de bravoure incroyables. Il saisit de sa main Château-Regnard, en lui criant, *Rends-toi Philistin* ; dans le même temps il reçut sur son casque plusieurs coups de la lance d'un Gendarme. Ce danger ne l'empêcha pas de s'exposer encore. Ses Soldats vouloient se mettre devant lui pour le garantir : *A quartier, je vous prie*, leur disoit-il, *ne m'offusquez pas ; Je veux paroître*. Après l'action, quelques fuyards s'étant ralliés, on vint lui dire que l'armée du Maréchal de Matignon paroissoit : *Allons*, dit-il, *mes amis, ce sera ce qu'on n'a jamais vu ; deux batailles en un jour*. Il répondit aussi à quelqu'un qui lui apporta quelques bijoux du Duc de Joyeuse ; « Qu'il ne convenoit qu'à des Comédiens, de tirer vanité
» des riches habits qu'ils portent : le véritable ornement d'un Général, ajouta-t-il,
» est le courage & la présence d'esprit dans une bataille, & la clémence après la
» victoire ».

<small>Le Grain, Déc. de Henri le Grand.</small>

Pendant que le Roi de Navarre s'ouvroit le chemin de la gloire, par des succès rapides, Henri III étoit en proie aux plus vives allarmes. Quelle journée que celle des barricades, où ses sujets l'obligent de prendre la fuite ! Cette scene se passa le 12 Mai 1588. Ce fut le 23 Décembre de la même année, que le Duc de Guise fut assassiné à Blois, par les ordres du Roi. Le lendemain le Cardinal son frère éprouva le même sort. Le Roi de Navarre dit, en apprenant cet événement : « Qu'il avoit
» toujours bien prévu que MM. de Guise n'étoient pas capables de remuer l'entreprise
» qu'ils avoient mise en leur entendement, & en venir à bout sans péril de leur vie ».

Vie de Henri IV.

La mort du Chef de la Ligue, loin de décourager les factieux, ne fit que renouveller leur audace. Ils la portèrent si loin, que le Roi se vit obligé d'implorer le secours du Roi de Navarre, & de se joindre à lui. Ce fut près de Plessis-lès-Tours que se fit l'entrevue des deux Princes. Il n'est point de marques d'amitié qu'ils ne se donnassent mutuellement. Henri III appelloit le Roi de Navarre son cher frère; & le Roi de Navarre le nommoit le premier son Seigneur. *Courage*, lui dit-il en l'embrassant, *courage, mon Seigneur : deux Henris valent mieux qu'un Carolus.* Il vouloit faire allusion au Duc de Mayenne, qui s'appelloit Charles, & qui à la mort du Duc de Guise son frère, étoit devenu le chef de la Ligue.

Aussi-tôt que les deux Rois eurent uni leurs armes contre les Ligueurs, ils remportèrent des avantages considérables. Bientôt les Parisiens battus près de Senlis, n'eurent plus d'autre ressource que de fuir, & de venir se renfermer dans Paris, avec le Duc de Mayenne. Déja ce sujet rebelle assiégé, étoit sur le point de succomber sous les efforts des assaillans. Déja Paris alloit rouvrir ses portes à son Roi, lorsqu'il devint la victime d'un Moine fanatique. Henri III fut assassiné, le premier Août 1589, par Jacques Clément, & mourut le lendemain.

Henri IV lui succéda; sa naissance & ses qualités l'appelloient au Trône. Le fanatisme & la mauvaise foi pouvoient seules le lui disputer. La plupart des Seigneurs Catholiques ou Protestans qui se trouvèrent alors à la Cour, le reconnurent pour leur Souverain légitime. Le Cardinal de Bourbon, son oncle, & celui que les Ligueurs se choisirent pour Roi, sous le nom de Charles X, le reconnut lui-même.

Henri ne tarda pas à abandonner le siège de Paris. Il fit au Duc de Mayenne des propositions d'accommodement: celui-ci, loin de vouloir les accepter, se disposoit à une guerre ouverte contre le Roi. Déja marchant à la tête de vingt-cinq mille hommes, *il publioit qu'il alloit prendre le Béarnois.* (C'étoit le nom que la Ligue donnoit au Monarque.) La bataille d'Arques, qui se livra près de Dieppe, le 22 Septembre 1589, lui apprit que le courage, joint à l'habileté, peut souvent davantage que la force mal dirigée. Henri, avec une armée de beaucoup inférieure à la sienne, en triompha.

Il disoit, avant cette journée, qu'il étoit *Roi sans Royaume, Mari sans femme, Guerrier sans argent.* Il écrivoit à Crillon, après l'action : *Pends-toi, brave Crillon, nous avons combattu à Arques, & tu n'y étois pas.* Comme la perte de la bataille venoit en partie de la faute du Duc de Mayenne, qui passoit beaucoup de temps au lit & à la table, Henri IV disoit de lui : *S'il n'y va pas d'une autre façon, je suis assuré de le battre toujours à la campagne.*

La victoire qu'il remporta sur lui, dans les plaines d'Ivri, le 14 Mars de l'année suivante, fut une preuve qu'il avoit raison de ne le pas craindre. Le Duc étoit encore supérieur en nombre. Le Roi, dans cette journée, qui suffisoit pour l'immortaliser, ne se montra pas moins grand, par des traits de bon cœur & de générosité, que par des actions de bravoure.

Quelqu'un, avant la bataille, lui représentoit que dans les dispositions qu'il faisoit, il ne prenoit point de précautions, en cas de retraite: *Point d'autre retraite*, répondit-il, *que le champ de bataille*. Parcourant ensuite les rangs, avec cet air de bonté qui lui gagnoit tous les cœurs: *Mes amis*, disoit-il aux troupes, *si les cornettes vous manquent, ralliez-vous à mon panache blanc; vous le trouverez toujours au chemin de l'honneur & de la gloire.*

Schomberg, Général des Allemands, lui avoit demandé le paiement de ses troupes: le Roi, qui se trouvoit sans finances, lui répondit, *Jamais homme de courage n'a demandé de l'argent la veille d'une bataille.* Ce mot trop vif lui revint dans la mémoire, au moment du combat. *Colonel*, dit-il alors au Général, *je vous ai offensé, cette journée, peut-être la dernière de ma vie: je ne veux point emporter l'honneur d'un Gentilhomme; je sais votre valeur & votre mérite: je vous prie de me pardonner; embrassez-moi.* Il est vrai, répondit Schomberg, que *Votre Majesté me blessa l'autre jour, mais aujourd'hui elle me tue; car l'honneur qu'Elle me fait m'oblige de mourir pour son service.* Il fut tué dans ce combat à côté du Roi.

La clémence du Vainqueur releva la gloire de son triomphe: *Sauvez les François*, s'écrioit-il, en poursuivant les fuyards. Comme il s'étoit beaucoup plus exposé, pendant l'action, qu'il n'avoit dû; le Maréchal de Biron, qui avoit eu beaucoup de part à la victoire, sans s'être trouvé au fort de la mêlée, lui dit: *Sire, vous avez fait aujourd'hui ce que Biron devoit faire, & Biron ce que le Roi devoit faire.*

Il combla de caresses tous les Officiers. Le Maréchal d'Aumont étant venu le soir de cette journée le trouver à Rosni, où il soupoit, dans le dessein de prendre ses ordres; il fut au-devant de lui, dès qu'il l'apperçut, l'embrassa tendrement, & le fit asseoir à ses côtés pendant le repas. *Il est bien juste*, lui dit-il, *que vous soyez du festin, puisque vous m'avez si bien servi le jour de mes nôces.*

Si dès plaines d'Ivri, HENRI se fût aussi-tôt transporté devant Paris, il n'auroit pas tardé de s'en rendre le maître: il n'en forma le blocus qu'après s'être emparé de Corbeil, Melun, & d'autres petites Villes. Il est impossible d'exprimer toutes les extravagances auxquelles le fanatisme se porta pendant ce siège. Il y eut des décrets, pour déclarer HENRI IV incapable du Trône, & ces décrets ne furent point contredits par des Tribunaux. On vit aussi, pour comble de démence, les Prêtres & les Moines parcourir les rues en procession, le mousquet sur l'épaule, le casque en tête & la cuirasse sur le dos. Un pareil spectacle n'étoit que ridicule; mais les extrêmités auxquelles la famine réduisit la Ville, excitèrent bientôt l'horreur & la pitié; tout alors servit de nourriture. On chercha du pain jusques dans les ossemens des morts.

Une misère aussi affreuse, commençoit à rendre les Parisiens plus traitables. Ils offrirent même de se soumettre, pourvu que le Roi renonçât au Calvinisme. Ce

Vie de Henri IV.

Prince étoit presque sûr du succès ; il voulut imposer des conditions : sa lenteur lui fut préjudiciable ; elle donna le temps au Duc de Parme, que le Roi d'Espagne envoyoit, de venir au secours de Paris. Son arrivée força Henri de lever le siège de cette Ville.

Ce n'étoit pas assez que le Royaume fût déchiré par ses propres habitans ; un ennemi étranger s'y introduisit bientôt, après le départ du Duc de Parme. Le Duc de Savoie vouloit envahir le Dauphiné & la Provence. Lesdiguières mit à couvert le premier de ces pays ; mais la Provence se rendit au Duc. Le Parlement d'Aix l'en déclara Gouverneur & Lieutenant-Général, *sous la Couronne de France*. Sur ces entrefaites, Gregoire XIV excommunie Henri IV, & fait publier des Lettres monitoriales contre ceux qui seront fidèles à son parti. Le Roi, de son côté, renouvella les Édits de pacification en faveur des Protestans. Il se porta ensuite vers Paris, du côté de la porte S. Honoré : douze Capitaines, déguisés & chargés d'un sac de farine, devoient, en se faisant ouvrir la porte, l'embarrasser, & donner le temps d'arriver aux troupes du Roi qui suivoient. La tentative fut sans succès. On appella cette journée, *la Journée des Farines*.

Il est rare que l'union règne long-temps dans les partis que le crime a formés ; les Seize commençoient à secouer le joug du Duc de Mayenne ; ils firent en son absence pendre le Président Brisson, & plusieurs personnes qui leur étoient devenues suspectes. A son retour, quatre d'entre eux furent payés de leur audace, en éprouvant le même sort : il n'en fallut pas davantage pour porter à leur tyrannie le plus grand coup.

Henri ne fut pas plus heureux en faisant le siège de Rouen, l'un des boulevards de la Ligue, qu'il ne l'avoit été en formant le Blocus de Paris. Le Duc de Parme, à la tête des Espagnols, le contraignit encore de lever ce siège. Peu s'en fallut qu'il ne perdît la vie près d'Aumale ; il fut blessé dans une action, où, suivi de quarante chevaux seulement, il eut la témérité de vouloir lutter contre trente mille hommes.

Cependant les affaires prenoient en Provence une meilleure tournure ; le Duc de Savoie venoit d'y perdre toutes ses conquêtes ; Lesdiguières avoit mis en déroute les troupes du Pape ; & la mort, en enlevant le Chevalier d'Aumale, avoit ôté à la Ligue son premier soutien. Mais les troubles de Paris faisoient tous les jours de nouveaux progrès. « Il y avoit alors deux factions : celle des Seize, considérablement
» déchue, vouée aux Espagnols, irritée contre Mayenne, vouloit pour Roi le jeune
» Duc de Guise, qui venoit de s'échapper de la prison où il avoit été mis après le
» massacre de son père. Celle des politiques, composée de Gentilshommes, de
» Magistrats & des meilleurs Bourgeois, ne demandoit, pour reconnoître Henri IV,
» que de le voir soumis à l'Eglise ».

Le Duc de Mayenne inclinoit aussi pour la paix ; il engagea les États Généraux qui s'assemblèrent alors, à consentir à des Conférences entre les Catholiques des deux Partis : ces Conférences commencèrent à Surenne, le 29 Avril 1593 ; & le

25 Juillet suivant, le Roi sollicité par Rosni & les plus sages d'entre les Huguenots, qui lui disoient que le *Canon* de la Messe étoit le meilleur pour réduire les Rebelles, fit son abjuration dans l'Église de S. Denis, entre les mains de l'Archevêque de Bourges. Cette abjuration qui, malgré la résistance de Rome, acheva de porter le dernier coup à la Ligue, fut suivie d'une trève de trois mois entre les Ligueurs.

Les cris de *vive le Roi*, qu'on entendit alors de tous côtés, prouvèrent combien la conversion de Henri lui avoit soumis de cœurs. Il lui restoit pourtant encore des ennemis ; ce furent ceux sans doute qui firent concevoir à Pierre Barrière le dessein de l'assassiner. Ce projet abominable fut découvert par un nommé Séraphin Barchi, de l'Ordre des Dominicains. A peu près dans le même temps parut la Satyre Menippée : cette Satyre piquante, par le ridicule qu'elle répandit sur la Ligue, ne lui fut peut-être pas moins funeste que toutes les conquêtes de Henri IV ; tant la plaisanterie a de force sur l'esprit des François !

La Trève que le Roi venoit de faire avec les Ligueurs étant expirée, les hostilités recommencèrent ; cependant on vit les factieux rentrer insensiblement dans le devoir. Meaux, Pontoise, Orléans, Bourges, Lyon, ouvrirent bientôt leurs portes à Henri, qui fut sacré à Chartres le 27 Février 1594. Paris suivit leur exemple, le 22 Mars suivant. Rouen, par l'entremise de Sully, ne tarda pas à en faire autant. Enfin, toutes les Villes du Royaume s'empressèrent de se ranger sous l'obéissance du meilleur des Maîtres. Les Espagnols, qui se trouvoient alors dans la Capitale, furent réduits à capituler : on les laissa sortir avec les honneurs de la guerre. Henri IV les regardant défiler par une fenêtre, adressa la parole aux Officiers, & leur dit avec un air de bonté qui ne le quitta jamais : *Messieurs, recommandez-moi à votre Maître, mais n'y revenez plus.* Il reçut aussi les soumissions du Parlement, qui avoit à sa tête Achilles de Harlay, sans lui témoigner le moindre sujet de mécontentement. Enfin, ce fut par la clémence qu'il voulut se venger de ses Sujets rebelles.

Ce Prince signala son entrée dans Paris par un trait non moins rempli de grandeur d'ame que d'équité. Des Sergens ayant arrêté le bagage de la Noue, pour dettes que son père avoit contractées au service de l'État, ce Gentilhomme se plaignit au Roi de cette violence ; Henri lui répondit publiquement : La Noue, *il faut payer ses dettes, je paie bien les miennes.* L'ayant ensuite pris à part, il lui donna des pierreries à engager, pour le bagage dont les créanciers s'étoient emparés.

Il n'est point de moyens que ce Roi n'essayât pour ramener à leur devoir les plus opiniâtres des Ligueurs ; argent, caresses, il prodigua tout. Sa générosité n'empêcha pas le fils d'un Marchand de Paris d'attenter à la vie de ce Prince. Le coup que Jean Châtel lui porta, le frappa à la lèvre, & lui rompit une dent. Le parricide reçut deux jours après la punition de son crime. Les dépositions de Jean Châtel précipitèrent la disgrace des Jésuites. Leur bannissement suivit de près sa mort ; mais ils furent rappellés en 1603.

Tels

Vie de Henri IV.

Tels furent les événemens qui se passèrent pendant l'année 1594. L'année suivante Clément VIII accorda l'absolution à HENRI IV, & la France déclara la guerre à l'Espagne. Dans le combat qui se donna le 5 Juin à Fontainebleau, le Roi ne montra pas moins de valeur que dans les plaines d'Ivri; avec une Cavalerie peu nombreuse, il mit en déroute dix-huit mille hommes que commandoient Ferdinand Velasco & le Duc de Mayenne. Il écrivit à sa sœur après cette journée, où il fut exposé: *Peu s'en faut que vous n'ayez été mon héritière.*

Le Duc de Mayenne, qui ne sçut jamais faire à propos la guerre ni la paix, eut le bonheur de se réconcilier avec son Roi, en 1596. Comblé de caresses quand il vint lui rendre ses hommages, il assura que c'étoit alors seulement que son Souverain l'avoit vaincu. Mayenne étoit extrêmement replet: HENRI IV l'ayant lassé dans une partie de chasse: *Mon cousin*, lui dit-il en riant, *voilà le seul mal que je vous ferai de ma vie.*

Cette année on pendit à Paris un nommé la Ramée, jeune homme âgé de 23 ans, qui se disant fils de Charles IX, avoit été à Reims en cette qualité, pour se faire sacrer Roi. La France fit aussi une Ligue offensive & défensive avec l'Angleterre & la Hollande; & le Roi, obligé de sortir de Paris, qui étoit affligé de la peste, se retira à Rouen, où il convoqua une assemblée de Notables, pour subvenir aux besoins de l'État; car les malheurs de la guerre les avoient rendus fort urgens. Le discours qu'il leur tint excita les larmes, comme ses succès avoient excité l'admiration.

Les Espagnols, en s'emparant d'Amiens, en 1597, pendant que les habitans assistoient au Sermon, jettèrent dans le Royaume l'épouvante & la consternation. *Allons*, dit HENRI IV, en apprenant cette triste nouvelle, *c'est assez faire le Roi de France, il est temps de faire le Roi de Navarre.* En reprenant cette Ville, il s'ouvrit une nouvelle route à la gloire. Le Maréchal de Biron, fils de celui qui s'étoit distingué à la bataille d'Ivri, se montra dans cette journée, digne de son nom. HENRI, qui ne laissoit jamais échapper l'occasion de dire des choses flatteuses, le fit cette fois de la manière la plus agréable. A son retour d'Amiens, les Échevins de Paris étant venus le complimenter: *Messieurs*, leur dit le Roi, *voilà le Maréchal de Biron que je présente volontiers à mes amis & à mes ennemis.* HENRI ne prévoyoit pas alors que celui qu'il traitoit avec tant d'amitié, seroit bientôt coupable de trahison envers son Maître: mais tel fut le sort de ce Prince, que ses bienfaits firent presque toujours des ingrats. Cette année vit naître une nouvelle conspiration contre ses jours. Le nommé Pierre Outin osa former le projet de l'assassiner.

Le Roi n'étoit pas encore entré en Bretagne: il n'y parut que pour en faire la conquête. Le Duc de Mercœur, un des partisans le plus zélé de la Ligue, se soumit avec elle en 1598. HENRI profita de ce voyage pour donner l'Édit de Nantes; il fut utile aux Protestans; il le fut également au Prince, qui en fit autant de Sujets fidèles. Le traité de Vervins avec Philippe II, Roi d'Espagne, qu'on appelloit le *Démon du Midi*, acheva de rétablir la tranquillité dans le Royaume; ce traité fut très-glorieux pour Henri, qui ne rendoit rien, & rentroit en poffeffion de toutes les places de fon Royaume. Depuis ce moment jufqu'à la mort du Roi, l'État fut exempt de guerres civiles & étrangères, fi l'on en excepte pourtant l'expédition de 1600, contre le Duc de Savoie, au fujet du Marquifat de Saluces, qui tourna entièrement à l'avantage de la France. L'année de cette expédition, Henri vint époufer à Lyon Marie de Médicis. Il avoit, l'année précédente, fait déclarer nul fon mariage avec Marguerite de Valois, & vu mourir la belle Gabrielle d'Eftrées.

Il fit en 1602 le renouvellement de l'alliance des Suiffes, qui avoit commencé fous Charles VII, & que plufieurs de fes prédéceffeurs avoient depuis renouvellée de temps en temps. Cette cérémonie fut fuivie d'un repas préparé pour les Députés. Henri vint les trouver pendant qu'ils étoient à table, & but à la fanté de fes bons compères, amis & alliés. Ceux-ci lui firent raifon fur le champ.

Après avoir foumis fes peuples par les armes, Henri ne s'occupa plus que du foin de les rendre heureux. Les circonftances dans lefquelles il s'étoit trouvé, le rendoient propre à bien remplir ce projet, fi digne de la bonté de fon cœur, & qui devroit être celui de tous les Souverains. Il avoit été malheureux, & jamais la flatterie n'étoit parvenue jufqu'à lui. Mais il lui falloit un Miniftre qui pût feconder fes vues. Il eut le mérite de jetter les yeux fur Sulli, fon ancien ami.

Sous ce Miniftre, non moins intelligent que défintéreffé, & qui fçut affez aimer fa patrie pour fe faire haïr des Courtifans, Henri vit bientôt l'État parvenir au plus haut degré de fplendeur. Il fut encore affez puiffant pour donner du fecours aux Hollandois, & fe rendre médiateur entre le Pape & les Vénitiens. Sulli trouva non-feulement le moyen d'acquitter en peu de temps les dettes exceffives du Royaume, mais il remplit encore d'épargnes confidérables, les coffres de fon maître; & cependant le peuple ne fut point vexé.

Ce fut fur ces épargnes que Henri fit élever de fuperbes édifices. La Galerie du Louvre, le Pont-neuf & le commencement du canal de Briare font fes ouvrages. La profpérité de fes fujets fut également le fien. Il les aimoit au point de dire qu'il vouloit que le moins riche d'entr'eux *eût une poule à mettre le dimanche dans fon pot*. Auroit-on pu penfer qu'il fe trouvât encore un monftre affez abominable pour attenter à la vie d'un fi bon Prince? Il fut tué par Ravaillac, le 14 Mai 1610, âgé de 57 ans. En lui commença le règne des Bourbons.

Quelque temps avant de mourir, il étoit prêt de porter la guerre en Allemagne, au fujet de la fucceffion de Juliers & de Clèves, que la Maifon d'Autriche difputoit à celle de Brandebourg & de Neubourg. On a prétendu qu'en voulant abaiffer la Maifon Autrichienne, il avoit le deffein de former de quinze dominations de l'Europe, un Corps appellé *la République Chrétienne*, qui auroit eu fes loix, fon confeil,

Vie de Henri IV.

ses armées, & dans lequel on auroit maintenu l'équilibre, en s'unissant contre ceux qui feroient des tentatives pour le rompre. Mais la difficulté d'exécuter un si vaste projet, doit le faire regarder comme absolument chimérique.

Henri IV n'eut point d'enfans de sa première femme. Il en eut six de Marie de Médicis, dont cinq lui survécurent : sçavoir Louis XIII, qui lui succéda ; Anonyme de Bourbon, mort jeune ; Jean-Baptiste Gaston, Duc d'Orléans ; Élisabeth, mariée à Philippe IV, Roi d'Espagne ; Christine, mariée à Victor Amédée, Prince de Piémont, depuis Duc de Savoie ; & Henriette-Marie, femme de Charles I, Roi de la Grande-Bretagne.

Il laissa aussi trois enfans naturels. Gabrielle d'Estrées, Duchesse de Beaufort, lui donna César, Duc de Vendôme ; le Chevalier de Vendôme, Grand-Prieur de France ; & Catherine-Henriette, mariée à Charles de Lorraine, Duc d'Elbeuf.

Il eut de Henriette de Balsac d'Entragues, Marquise de Verneuil, Henri Duc de Verneuil, & Gabrielle-Angélique, femme du Duc d'Épernon ; de Jacqueline de Bouillon Comtesse de Morat, Antoine de Bourbon Comte de Morat ; & de Charlotte des Essarts Comtesse de Romorantin, Jeanne-Baptiste de Bourbon, Abbesse de Fontevrault ; & Marie-Henriette de Bourbon, Abesse de Chelles.

Jamais Prince ne fut plus digne que Henri IV du surnom de Grand qu'on lui donna ; « il unit à son extrême franchise la plus droite politique ; aux sentimens les plus élevés une simplicité de mœurs charmante ; & à un courage de soldat un fond d'humanité inépuisable. Il rencontra ce qui forme & ce qui déclare les grands Hommes, des obstacles à vaincre, des périls à essuyer, & sur-tout des adversaires dignes de lui. Enfin, il *fut de ses sujets le vainqueur & le père* ». *Hénault, Abreg. chron.*

Aux qualités de l'esprit & du cœur, Henri réunissoit encore une heureuse physionomie, qui inspiroit en même temps le respect & l'amour. Sa taille étoit médiocre : il avoit le teint vermeil, le front large, les yeux vifs, le nez aquilin & le poil brun : & son tempérament formé par une éducation mâle, étoit devenu des plus robustes. Ses cheveux commencèrent à blanchir dès l'âge de trente-trois ans, parceque, disoit-il, *le vent de ses adversités avoit commencé de bonne heure à souffler contre lui*.

Les plus grandes vertus sont presque toujours accompagnées de quelques défauts. Henri IV eut les siens. Il poussa beaucoup trop loin sa passion pour le jeu & pour les femmes. Celle des femmes, qu'il auroit peut-être subjuguée, sans les excès honteux de Marguerite de Valois, l'emportoit encore sur la première ; mais elle ne le domina jamais au point de lui faire oublier l'honneur & ses devoirs. Il disoit quelquefois *qu'il aimeroit mieux avoir perdu dix maîtresses, qu'un serviteur comme Sulli, qui lui étoit nécessaire pour les choses honorables & utiles*.

Parmi le grand nombre de maîtresses qui partagèrent le cœur de Henri IV, il préféra la belle Gabrielle d'Estrées, & Mademoiselle d'Entragues qui, joignant la noirceur à l'ingratitude, osa conspirer contre lui. Cette dernière eut l'adresse de faire signer à ce Prince une promesse de mariage. Le Roi ayant montré cette promesse à Sulli, pour lui demander conseil, ce Ministre courageux prend le papier, & le déchire pour toute réponse. *Comment morbleu*, s'écrie le Monarque en colère, *je crois que vous êtes fou*. Sulli répond froidement: *Il est vrai, Sire, je suis fou, & je voudrois l'être si fort que je fusse le seul en France*. Une pareille réponse, loin d'entraîner la disgrace de Sulli, lui mérita de nouveaux bienfaits. Il fut peu de jours après nommé Grand-Maître de l'Artillerie.

HENRI avoit encore un défaut qui provenoit de la trop grande vivacité de son esprit: c'étoit de se laisser prévenir contre ceux que la malignité des Courtisans attaquoit. Mais comme il étoit bon & juste, la réflexion le faisoit aisément revenir sur lui-même; s'il cessa de voir Sulli, quand il le crut coupable, il s'empressa de le rappeller, quand il eut découvert son innocence. Rien de plus sublime que les paroles qu'il lui adressa, lorsqu'à son retour ce Ministre se précipita à ses genoux, en présence de plusieurs Courtisans. *Relevez-vous*, dit le Prince, en lui donnant la main, *relevez-vous, ils vont croire que je vous pardonne*.

On peut encore reprocher à ce Prince l'introduction de la *Paulette*, sorte d'imposition qui perpétua dans les familles des charges qui devroient être la récompense du mérite: ce fut un Secrétaire du Roi, nommé *Paulet*, qui en donna l'idée.

On ne peut pas non plus s'empêcher de trouver extraordinaire, qu'un Roi si guerrier, & qui avoit des obligations infinies à beaucoup de braves Capitaines, supprimât la noblesse acquise par les armes; il reconnut très-mal les services militaires. Louis XV, par son Édit de la Noblesse de 1750, a prouvé le cas qu'il en fait, & éternisé son règne par l'établissement de l'École Militaire.

C'est à tort qu'on a reproché à HENRI d'être trop ménager; il ne fut qu'économe. La disette d'argent où il s'étoit trouvé lui apprit à le devenir. *On m'accuse*, disoit-il un jour, *d'être chiche, je fais trois choses bien éloignées d'avarice: je fais la guerre, je fais l'amour, & je bâtis*.

La bonté de HENRI ne dégénéroit point en une molle complaisance: un homme de condition lui demandant grace, un jour, pour son neveu coupable d'un meurtre: *Je suis bien marri*, lui dit-il, *de ne pouvoir pas accorder ce que vous me demandez; il vous sied bien de faire l'oncle, & à moi de faire le Roi: j'excuse votre requête, excusez mon refus*.

Ce fut sous son règne que l'on vit naître le commerce en France. Ses discours & la simplicité de ses habits étoient la plus forte censure du luxe: en habile politique il estimoit l'agriculture, & la regardoit, avec raison, comme le nerf de l'État. Il invitoit les Seigneurs à faire valoir leurs terres par eux-mêmes, & à s'y retirer, leur apprenant *que le meilleur fonds qu'on puisse faire, est le bon ménage*, & railloit ceux *qui venoient à la Cour porter leurs moulins & leurs bois sur leur dos*.

Ami

Vie de Henri IV.

Ami des Lettres, qu'il cultiva toujours, il aimoit aussi ceux qui en faisoient leur occupation, & leur donnoit souvent des preuves de sa générosité. Mais il disoit, avec Charles IX, qu'il falloit traiter les Auteurs comme les excellens chevaux, qu'il faut bien entretenir, mais ne pas trop engraisser, parcequ'après ils ne pouvoient, ou ne vouloient plus travailler. Un jour un Poëte, pour se décharger de la taille à laquelle il étoit imposé, lui présenta un placet qui contenoit ces quatre vers :

<blockquote>
Ce Poëte n'a pas la maille :
Plaise, Sire, à Ta Majesté,
Au lieu de le mettre à la taille,
De le mettre à la Charité.
</blockquote>

Le Roi lui fit donner une gratification.

HENRI étoit d'un caractère fort enjoué : il aimoit les bons mots, & en trouvoit très-facilement. Etant à la campagne avec plusieurs Seigneurs, il vit une femme qui menoit paître sa vache : « Bonne femme, lui dit le Roi, vendez-moi votre vache; combien en voulez-vous? Monsieur, répondit-elle, j'en veux tant : c'est trop cher, dit le Roi ; je n'en veux donner que tant. Ce n'est pas assez, reprit-elle ; je vois bien que vous n'êtes pas un bon marchand de vaches. A quoi le connoissez-vous, répliqua le Roi? *Vous vous trompez, voyez tous ces veaux qui me suivent* ».

Un Président du Parlement de Rouen étoit resté court en le haranguant : *Il n'y a rien d'extraordinaire*, dit le Roi ; *les Normands sont sujets à manquer de parole*.

Un Député d'une Ville de province s'étant présenté devant lui pour le complimenter, à l'heure de son dîner, il commença sa harangue ainsi : *Agésilaüs, Roi de Lacédémone, Sire....* Ventre-saint-gris, lui dit le Roi, en l'interrompant, *j'ai bien ouï parler de cet Agésilaüs ; mais il avoit dîné, & je n'ai pas dîné, moi*.

HENRI allant à Amiens, fit beaucoup de chemin en poste, & se fatigua. Arrivé dans la Ville, les Habitans vinrent le trouver pour le complimenter. *Roi très-bénin, très-grand & très-clément*, lui dit en commençant celui qui portoit la parole : *Ajoutez*, répondit le Roi, *& très-las. Je vais me reposer, j'écouterai le reste une autre fois*.

Son Tailleur ayant fait imprimer un livre renfermant des Réglemens sur les affaires de l'État, vint un jour le lui présenter : *Allez*, dit-il à un de ses Pages, *chercher mon Chancelier, pour qu'il me prenne la mesure d'un habit : voici mon Tailleur qui fait des Réglemens*.

Ce Prince s'amusoit quelquefois de Poësie. On a conservé de lui des vers & un sonnet, qu'il fit pour Madame de Montaigu. Ses adieux à la belle Gabrielle sont encore plus connus. Voici un autre couplet qu'il fit à table sur la Duchesse de Sulli.

>Je bois à toi Sulli,
>Mais j'ai failli ;
>Je devois dire à vous, adorable Duchesse,
>Pour boire à vos appas,
>Faut mettre chapeau bas.

Le Préſident Fauchet, dont on a un ouvrage ſur les Antiquités de la France, étoit allé à Saint-Germain pour ſaluer le Roi, dont il attendoit une récompenſe ; Henri lui fit voir dans une niche une figure de pierre, qui reſſembloit aſſez à l'auteur ; *Monſieur le Préſident*, lui dit-il, *j'ai fait mettre là votre effigie pour perpétuelle memoire*. Fauchet, loin de rire de la plaiſanterie, ſe vengea par les vers ſuivans :

>J'ai trouvé dedans Saint-Germain
>De mes longs travaux le ſalaire ;
>Le Roi, de pierre m'a fait faire,
>Tant il eſt courtois & humain.
>S'il pouvoit auſſi bien de faim
>Me garantir que mon image ;
>Ah ! que j'aurois fait bon voyage,
>J'y retournerois dès demain.
>Viens Tacite, Salluſte, & toi
>Qui a tant honoré Padoue,
>Venez ici faire la moue,
>En quelque coin, ainſi que moi.

Ces vers ayant été préſentés à Henri IV, ce Prince donna à Fauchet le titre de ſon Hiſtoriographe, avec ſix cens écus de gages.

Henri aimoit avec paſſion tous les exercices du corps ; il n'y montroit pas moins de force que de graces & d'agilité. La chaſſe lui plaiſoit ſur tout : il lui arriva ſouvent de s'y égarer, & fit pluſieurs fois des rencontres plaiſantes, dont il ſe divertit beaucoup.

Un jour s'étant égaré dans le Vendômois, il rencontra un payſan aſſis au pied d'un arbre. Que fais-tu là, lui dit Henri ? *Ma finte, Monſieur, j'étions là pour voir paſſer le Roi.* « Si tu veux, ajouta ce Prince, monter ſur la croupe de mon » cheval, je te conduirai dans un endroit où tu le verras à ton aiſe ». Le payſan monte, & chemin faiſant, demande comment il pourra reconnoître le Roi. « Tu » n'auras qu'à regarder celui qui aura ſon chapeau, pendant que tous les autres » auront la tête nue ». Le Roi joint la chaſſe, & tous les Seigneurs le ſaluent. « Eh » bien, dit-il au payſan, qui eſt le Roi ? *Ma finte*, répondit le ruſtre, *il faut que* » *ce ſoit vous ou moi ; car il n'y a que nous deux qui avons notre chapeau ſur la tête.* »

Dans ſes diſcours comme dans ſes lettres, Henri avoit une éloquence auſſi noble que ſimple. Rien de plus beau que la harangue qu'il prononça dans une Aſſemblée

Vie de Henri IV.

des Nobles du Royaume, convoquée à Rouen dans les commencemens de son règne. « Déja, leur dit-il, par la faveur du ciel, par les conseils des bons serviteurs, & par » l'épée de ma brave Noblesse, dont je ne distingue point mes Princes, la qualité » de Gentilhomme étant notre plus beau titre, j'ai tiré cet État de la servitude & de » la ruine. Je veux lui rendre sa force & sa splendeur; participez à cette seconde gloire, » comme vous avez eu part à la première. Je ne vous ai point appellés, comme fai- » soient mes Prédécesseurs, pour vous obliger d'approuver aveuglément mes vo- » lontés, mais pour recevoir vos conseils, pour les croire, pour les suivre, pour me » mettre en tutele entre vos mains; c'est une envie qui ne prend guères aux Rois, » aux victorieux & aux barbes grises, mais l'amour que je porte à mes Sujets, me » rend tout possible & honorable ».

Lorsque ce Prince donnoit sa parole, il ajoutoit: *Foi de Gentilhomme*: il disoit que les grands hommes étoient toujours les derniers à conseiller la guerre, & les premiers à l'exécuter.

Un Ambassadeur Turc, qui exagéroit devant Henri les forces de son Maître, paroissoit étonné que ce Prince n'eût qu'une petite armée: *Où règne la justice*, répond Henri, *la force n'est guères nécessaire*.

On avoit fait contre Henri une Satyre sanglante, intitulée: L'Isle des Herma- phrodites: *Je ferois conscience*, dit-il, *de fâcher un homme pour avoir dit la vérité*: sublime conduite, qui a trouvé beaucoup d'admirateurs, & peu d'imitateurs.

On disoit à ce Prince de sévir contre plusieurs places que la force lui avoit fait enlever sur les Ligueurs: *La satisfaction que l'on tire de la vengeance*, répondit-il alors, *ne dure qu'un moment; mais celle que donne la clémence, est éternelle*. Quel modèle pour les Conquérans & les Souverains, qu'un Prince qui ne sçut trouver de plaisir dans la victoire, que parcequ'elle lui fournit les occasions de pardonner!

STANISLAS,
LE BIENFAISANT.

Stanislas Leszczinski, Roi de Pologne, grand Duc de Lithuanie, Duc de Lorraine & de Bar, naquit à Léopold, le 20 Octobre 1677, de Raphaël Leszczinski, Palatin de Russie, & d'Anne Jablonowska, fille d'un des plus grands hommes qu'ait eu la Pologne.

Il est inutile, pour la gloire de ce Prince, de répéter qu'il tiroit son origine d'une des plus anciennes & des plus illustres Maisons de ce Royaume; ses vertus seules, sans le souvenir de celles de ses Ancêtres, l'auroient élevé sur le Trône d'une Nation qui compte parmi ses droits celui de choisir ses Souverains.

L'éducation de ce petit nombre d'hommes privilégiés, que le ciel destine à commander aux autres, décide presque toujours de la félicité ou du malheur des peuples qui doivent être soumis à leur empire.

Stanislas sut se préserver des défauts qu'on reproche trop souvent à l'éducation des Grands. Élevé au milieu du luxe & de la magnificence ordinaire aux grands Seigneurs Polonois, il éloigna de lui cette mollesse dangereuse, qui, en énervant le corps, fait passer sa foiblesse jusqu'à l'ame. Une vie sobre & frugale, des exercices fréquens, lui préparèrent de bonne heure un tempérament robuste & vigoureux, qui entre pour plus qu'on ne pense dans la constitution d'un Héros. A l'étude de la Religion, de l'Histoire & du Droit Public, il joignit celle des Lettres & des Arts, trop négligée par les Grands, & qui peut ajouter tant d'avantages à ceux que la fortune leur donne déja sur les autres hommes.

Les voyages de Stanislas achevèrent cette excellente éducation; il voulut rectifier ou confirmer, sur le tableau que présentent les différentes Nations, l'idée que l'Histoire lui avoit donnée de leurs mœurs, de leur génie & de leurs gouvernemens: c'est dans cette vue qu'il parcourut l'Allemagne & l'Italie. Après avoir étudié ces États en Philosophe qui cherche à s'instruire, Stanislas retourna dans sa Patrie, qu'il trouva agitée par ces divisions intestines qui troublèrent si long-temps son repos.

L'affoiblissement de la santé de Sobieski annonçoit sa perte prochaine, & la Pologne se partageoit déja sur le choix de son Successeur. A sa mort, les différens Partis éclatèrent; les qualités brillantes du Prince de Conti, soutenues par l'éloquence du Cardinal de Polignac, fixèrent les vœux de presque toute la Nation, que le Cardinal Radjouski, Primat du Royaume, lui disputoit en faveur du Prince Jacques Sobieski; mais Auguste, Électeur de Saxe, écarta bien-tôt ces deux concurrens. Ses largesses, ses qualités aimables, lui gagnèrent la moitié des Polonois; la présence d'une armée, moyen trop souvent employé dans les gouvernemens électifs, força les autres au silence. Auguste, monté sur le Trône, sentit bien qu'il ne pourroit contenir le Parti opposé à son élection, que par les mêmes moyens qui lui avoient assuré la Couronne. Mais il falloit un motif pour retenir les troupes Saxonnes en Pologne : la conquête de la Livonie lui en fournit un. Cette Province révoltée contre le Roi de Suède, son Souverain, étoit prête de se donner à quiconque voudroit la soustraire à sa domination. Auguste crut pouvoir l'entreprendre ; ligué avec l'Empereur de Russie, ce Pierre Alexiowitz, dont le génie créateur avoit changé la face de sa Nation, & pouvoit changer celle de l'Europe, il forma le projet d'enlever la Livonie à Charles XII, qui venoit de monter sur le Trône de son Père.

Ce jeune Prince, qui à dix-huit ans ne connoissoit d'autre passion que la gloire, plus grand peut-être qu'Alexandre, dont il n'eut ni les vices ni la fortune, vit sans effroi tout le Nord s'ébranler contre lui. En vain son Conseil voulut lui persuader de conjurer l'orage en demandant la paix. « J'ai résolu, dit-il, de ne jamais faire une guerre injuste ; mais de n'en finir une légitime que par la perte de mes ennemis ; ma résolution est prise ; j'irai attaquer le premier qui se déclarera, & quand je l'aurai vaincu, j'espère faire quelque peur aux autres ».

Le Roi de Danemarck fut le premier qui ressentit l'effet de cette menace. Il étoit entré dans le Holstein, dont il vouloit dépouiller le Duc, beau-frère & allié de Charles XII. Ce Prince, à la tête de son armée, passe dans l'Isle de Séeland, met le siége devant Copenhague, abandonnée par la flotte Danoise, & force, par cette diversion, son ennemi à demander la paix, en restituant au Duc les conquêtes qu'il avoit faites sur lui.

Après cette expédition, il vola au secours de Narva, assiégée par les Russes. En vain le Czar se flatta de l'écraser par le nombre de ses troupes. Charles, à la tête de huit mille Suédois, tous animés de son esprit, força cent mille Moscovites dans un camp retranché, les dispersa, & leur fit trente mille prisonniers ; événement qu'on auroit peine à croire, si l'on ne savoit l'avantage prodigieux que donne à une armée la discipline & la confiance inspirée par une première Victoire.

Des succès aussi rapides, resserrèrent les liens qui unissoient le Czar & le Roi de Pologne. Ils se virent à Birsen, petite ville de Lithuanie, & conclurent au milieu des fêtes & des plaisirs, un traité qui devoit leur assurer la conquête de la Suède, & pouvoit préparer des fers à une partie de l'Europe.

Charles qui en fut instruit les prévint ; il alla chercher en Livonie les troupes d'Auguste : les deux armées se rencontrèrent sur les bords de la Duna : les Suédois commandés par leur Roi, passent la rivière à la nage, chargent les troupes Saxonnes, les mettent en fuite, & entrent en triomphe dans Birsen.

Ce fut dans cette ville où, quelques mois auparavant, Auguste & le Czar avoient juré la perte de Charles, qu'il forma le dessein de détrôner le Roi de Pologne. Ce Prince, accoutumé dans ses États héréditaires au pouvoir despotique, s'étoit persuadé trop aisément qu'il pourroit gouverner ses nouveaux Sujets comme les Saxons. Il s'apperçut bien-tôt qu'on n'en impose pas long-temps à une Nation libre sur ses véritables intérêts, & qu'elle sait tôt ou tard les distinguer de ceux du Maître qu'elle s'est donné. Les Polonois murmuroient hautement contre une guerre dont la République ne retiroit aucun fruit. Radjouski, qui n'avoit pas renoncé au projet d'élever Sobieski sur le Trône, animoit contre Auguste le Parti qui s'étoit opposé à son élection. Les Sapieha, les Lubomirski, le jeune Leszczinski, devenu Palatin de Posnanie, attachés au Roi de Suède, le regardoient moins comme l'ennemi de la Nation, que comme celui d'un Prince qui n'en avoit pas assez respecté les droits.

Dans cette situation, Auguste, obligé de se défendre également contre ses Sujets & contre le Roi de Suède, demanda une armée à la République. On convoqua une Diète générale, dont les Sessions se passèrent en intrigues & en factions. Elle se dissipa sans rien faire, & laissa toute son autorité entre les mains du Sénat.

Ce Corps résolut d'envoyer une Ambassade à Charles XII : il la reçut auprès de Grodno, & se contenta de dire aux Ambassadeurs, qu'il leur rendroit réponse à Varsovie, en annonçant qu'il ne donneroit la paix à la Pologne, que lorsqu'elle auroit fait choix d'un nouveau Roi. Il ne restoit de ressource à Auguste, que dans le succès incertain d'une bataille : il la risqua dans les plaines de Clissau; mais la fortune de Charles l'emporta encore. L'armée Polonoise dispersée, fuyoit devant le Vainqueur, qui ne cessoit de la poursuivre. Les Villes lui ouvrirent leurs portes; celles qui osèrent résister furent punies de leur témérité par de fortes contributions. Le Cardinal de Radjouski crut le Parti d'Auguste absolument ruiné. Il leva enfin le masque, & se rendit à la tête de trois mille soldats à Varsovie; là, il fit déclarer par l'Assemblée, Auguste incapable de regner. A peine la Session étoit-elle finie, qu'un Courier du Roi de Suède apporta l'ordre d'élire pour Roi, le Prince Jacques, fils du grand Sobieski; mais dans le même temps Auguste, qui connoissoit l'amour des Polonois pour ce jeune Prince, venoit de le faire enlever en Silésie, où il s'étoit retiré. Charles, qui ne vouloit conquérir des Royaumes que pour les donner, offrit en vain la Couronne à Alexandre Sobieski, qui s'en montra digne, en refusant constamment de profiter du malheur de son frère aîné.

Parmi les Palatins que l'Assemblée de Varsovie avoit député vers le Roi de Suède, ce Prince remarqua Stanislas; sa physionomie noble & heureuse, sa modération, sa sagesse le frappèrent; il prolongea exprès la conférence pour le mieux connoître. Il apprit que ce jeune homme, dont il admiroit l'éloquence vive & impétueuse, étoit en même temps plein de bravoure, endurci à la fatigue, sobre, tempérant, adoré de ses vassaux. Un caractère qui avoit tant de ressemblance avec le sien, ne pouvoit manquer de lui plaire. « Voilà, dit-il, en le montrant à deux de ses Généraux, le Roi qu'auront les Polonois ».

La résolution étoit prise, & Stanislas ne le savoit pas encore. Peut-être étoit-il le seul qui ignorât les droits que ses grandes qualités lui donnoient à la Couronne. Le

Primat effrayé d'un choix qui ne s'accordoit pas avec ses vues ambitieuses, fit ce qu'il put pour en détourner Charles XII. « Mais qu'avez-vous à alléguer contre « STANISLAS, lui dit ce Prince? — Il est trop jeune : — Il est à-peu-près de mon âge », répliqua séchement le Roi. Il envoya en même temps signifier à l'Assemblée de Varsovie, qu'il falloit élire dans cinq jours STANISLAS, Roi de Pologne.

Il se rendit lui-même à l'Assemblée, pour jouir en secret de sa gloire; à neuf heures du soir l'Évêque de Posnanie, qui y présidoit à la place du Primat, proclama, au nom de la Diète, STANISLAS, Roi de Pologne. Charles, caché dans la foule des Partisans de ce Prince, fut le premier à crier *vivat* : leurs acclamations réitérées étouffèrent les cris des opposans.

C'est ainsi que STANISLAS obtint la Couronne de Pologne, avant d'avoir songé qu'il pouvoit y prétendre. Ce rang, si souvent l'écueil des grands Hommes, ne changea rien à son caractère : il conserva toujours sur le Trône les vertus qui l'y avoient élevé.

Il y étoit à peine monté, qu'un événement imprévu pensa l'en faire descendre, & le mettre entre les mains de son rival. Retenu à Varsovie par quelques affaires, pendant que Charles XII étoit allé faire le siége de Léopold, il n'avoit avec lui que six mille Polonois & quinze cents Suédois : Auguste paroît tout-à-coup aux portes de cette Ville, à la tête d'une armée de vingt mille hommes. STANISLAS n'eut que le temps d'en sortir pour aller rejoindre le Roi de Suède, pendant que sa famille, sous l'escorte des six mille Polonois, se retira en Posnanie.

Ce succès passager, loin de rétablir les affaires d'Auguste, ne fit qu'irriter contre lui son vainqueur. Les deux Rois réunis le poursuivirent sans relâche. Schullembourg, un des plus habiles Généraux de son temps, à qui il avoit donné le commandement de son armée, ne la sauva que par une de ces retraites savantes qui font souvent plus d'honneur que des victoires.

Elle ouvrit à STANISLAS le chemin de sa Capitale. Il ne s'y occupa plus que de son Sacre, traversé par les intrigues de Radjouski, & par la politique de la Cour de Rome. Il se fit tranquillement à Varsovie, où STANISLAS LESZCZINSKY & CATHERINE OPALINSKA, son épouse, furent sacrés Roi & Reine de Pologne, par l'Evêque de Posnanie, le 4 Octobre 1705 : le Roi de Suède assista *incognito* à cette cérémonie, comme à l'élection. C'étoit le seul fruit qu'il voulût retirer de ses victoires.

Cependant l'Électeur de Saxe, soutenu par cent mille Moscovites que le Czar avoit envoyés à son secours, n'avoit point encore perdu l'espérance de ranimer son parti. Il fit de nouveaux efforts; mais le courage & l'activité de Charles & de STANISLAS les rendirent inutiles. Les Moscovites accoutumés à fuir devant les Suédois, furent battus dans toutes les rencontres. Schullembourg vit son armée dispersée sans presque rendre de combat. Auguste fut enfin obligé de demander la paix. Charles inflexible ne la lui accorda qu'aux conditions les plus dures; il l'obligea de renoncer pour

toujours

toujours au Trône de Pologne, de reconnoître Stanislas pour légitime Roi, & de lui remettre toutes les pierreries de la Couronne.

Telles furent les principales conditions de ce fameux Traité d'Altranztad, qui sembloit devoir affermir pour toujours Stanislas sur le Trône. Ce Prince, accompagné de Renchild, & de seize Régimens Suédois, chassa de la Pologne le Czar qui y étoit rentré pour s'opposer à l'exécution de ce Traité : il se fit reconnoître par la plus grande partie du Royaume, & les Polonois se flattoient enfin de voir succéder le calme de la paix aux horreurs d'une guerre longue & cruelle.

De nouveaux événemens la rallumèrent. Charles XII emporté par la passion des conquêtes, avoit formé le projet de détrôner le Czar : une première victoire qu'il remporta auprès de Berezine, lui fit rejetter les propositions de son ennemi. Il s'enfonça à la tête de ses troupes victorieuses dans l'Ukraine, Pays dévasté par les Russes, & vint mettre le siége devant Pultawa ; c'est-là que se donna cette bataille décisive entre les deux Princes les plus dignes de fixer les regards de l'Europe. L'armée du Roi de Suède affoiblie par les fatigues & la disette, fut presqu'entièrement détruite, & ce Prince fugitif devant un ennemi qu'il avoit trop méprisé, se vit obligé d'aller presque seul chercher une retraite en Turquie.

La fortune de Stanislas changea avec celle de Charles XII. Auguste n'attendoit, pour rompre un Traité qu'il avoit signé par nécessité, que l'occasion de le violer impunément. Il rentra en Pologne à la tête d'une armée de Saxons. Stanislas ne pouvant défendre ses propres États, voulut au moins couvrir ceux de son Allié ; il se retira en Poméranie, & secourut cette Province contre les Saxons, les Danois & les Moscovites réunis : il fit des prodiges de valeur à Stetin, à Stralsund, à Rostroch & à Gustrow ; mais accablé par des troupes supérieures, auxquelles il ne pouvoit opposer qu'un courage inutile, gémissant des malheurs qui désoloient sa Patrie, il voulut enfin lui donner la paix par une abdication volontaire.

Il s'étoit flatté de faire approuver au Roi de Suède cette résolution devenue nécessaire. Les malheurs de ce Prince n'avoient rien diminué de son inflexibilité naturelle. Il ne voulut jamais consentir à laisser remonter sur le Trône Auguste qu'il avoit forcé d'en descendre : « Si mon ami ne veut plus être Roi, répondit-il, j'en » ferai un autre ».

Stanislas prit enfin le parti d'aller lui-même le persuader. Il quitta la Poméranie & parvint, sous le nom d'un Officier François, jusqu'aux Frontières de Turquie ; mais il fut reconnu à Yassi, & conduit prisonnier auprès de Bender, où l'opiniâtreté de Charles avoit pensé lui coûter la vie, & lui avoit fait perdre la liberté.

On la rendit bien-tôt à Stanislas. Il partit au mois de Mai 1714, avec le Comte Poniatowski, & après avoir essuyé les plus cruelles fatigues, il arriva dans le Duché des Deux-Ponts que Charles lui avoit donné pour sa retraite.

Echappé à mille dangers, ce Prince trouva dans le sein de sa famille réunie, cette félicité pure qu'on goûte rarement fur le Trône. L'étude des Sciences & des Lettres, les exercices d'une piété folide & éclairée, rempliffoient des momens qu'il ne pouvoit plus confacrer au bonheur de fes Sujets. C'eft ainfi qu'il fe confoloit de la perte d'une Couronne qu'il n'avoit jamais briguée, lorfqu'un nouveau malheur vint encore troubler fon repos. Charles XII prêt à conclure un Traité, dont la première condition étoit le rétabliffement de fon Allié, fut tué au fiége de Fredericfall, & fa mort en privant STANISLAS d'un ami puiffant, le força de quitter un afyle qu'il devoit à fa générofité.

Le Duc d'Orléans Régent, inftruit de fa fituation, lui fit offrir une retraite dans le Royaume. Il choifit Weiffembourg, Ville de l'Alface, où il tranfporta fa famille & fa Cour. Augufte qui ne ceffoit de le pourfuivre, chargea M. Sulm, fon Miniftre en France, de fe plaindre de la protection qu'on accordoit à ce Prince infortuné. « Mandez à votre Maître, lui dit le Régent, que la France a toujours été l'afyle des » Rois malheureux ».

C'eft dans ce nouvel afyle que fut conclu le mariage entre la Princeffe Marie Lefzczinska fa fille & le Roi de France. Cet événement qui fit oublier à STANISLAS tous fes malheurs, & qu'il regarda toujours comme le plus glorieux de fa vie, fembloit devoir lui affurer enfin une vie plus tranquille & moins agitée. Il vint avec la Reine fon époufe habiter le Château de Chambord, où les bienfaits du Roi fon gendre le mirent en état de foutenir avec éclat la Majefté Royale.

Il y vivoit en Philofophe couronné, au milieu d'une Cour peu nombreufe, mais choifie, & de quelques fujets fidèles, que fes vertus avoient attachés à fa fortune, lorfqu'un nouvel événement ranima leurs efpérances, & lui ouvrit encore une fois le chemin du Trône.

Augufte venoit de mourir : le Prince Royal fon fils prétendoit fuccéder à la Couronne de Pologne comme aux États héréditaires de fon père. Les vœux de prefque toute la Nation appelloient STANISLAS. Plus de cent mille Polonois l'élurent une feconde fois pour leur Roi ; mais fa préfence étoit néceffaire pour foutenir des droits qu'Augufte III n'étoit pas difpofé à reconnoître. Pendant qu'on équipoit à Breft une Efcadre que toute l'Europe croyoit deftinée à le tranfporter en Pologne, il partit déguifé en Marchand, avec un feul Officier, traverfa une partie de l'Allemagne fans être reconnu, & arriva enfin à Dantzic avant qu'on foupçonnât qu'il eût quitté la France.

Il alla defcendre au Palais du Marquis de Monti, Ambaffadeur du Roi auprès de la République, & tandis que fes Sujets fe plaignoient de ce que la France retenoit trop long-temps leur Maître, il parut tout-à-coup habillé à la Polonoife, & alla au milieu des acclamations de toute la ville rendre grace à Dieu de fon Élection.

Quelques Palatins gagnés par les libéralités d'Augufte, avoient réfolu de s'y oppofer par la force des armes, & s'étoient retirés de l'autre côté de Varfovie : on

lui conseilloit de disperser ces rebelles, ou de les ramener au vœu général : « Je ne
» veux, répondit-il, ni m'assurer la Couronne aux dépens de la vie de mes Sujets,
» ni me mettre dans le cas de me reprocher d'avoir marqué mon avènement au
» Trône par l'effusion de leur sang ».

 Tant de générosité, tant de douceur auroit dû désarmer les opposans, & lui
soumettre tous les cœurs; mais ces mêmes Palatins que sa bonté épargnoit, concer-
tèrent une nouvelle élection : le grand nombre qui avoit choisi Stanislas, céda
bien-tôt au petit nombre qui lui étoit contraire. Une armée de trente mille Russes
fit disparoître en un moment tout ce qui s'étoit assemblé pour le défendre, & ce
» Prince assiégé dans Dantzic, dont les habitans lui étoient restés fidèles, vit mettre   <small>Volt. Siècle
de Louis XIV.</small>
» sa tête à prix dans sa patrie, dans ses Etats, au milieu d'une Nation libre qui
» venoit de le choisir suivant les Loix ».

 Dantzic, ville à jamais mémorable par sa fidélité, soutint, pour défendre celui
qu'elle avoit élu pour la protéger, un siège des plus longs & des plus meurtriers. Le
Comte de Plelo, Ambassadeur de France en Danemarck, tenta en vain d'y pénétrer
à la tête de quinze cens hommes. Ce jeune Héros, que ses vertus, ses qualités
aimables & son courage rendoient digne d'un sort plus heureux, périt sur les glacis
de la ville, avec la douleur de n'avoir pu y jetter du secours.

 Dans ces mêmes circonstances, une flotte Moscovite, composée de vingt-sept
vaisseaux de guerre, vint couper toute communication du côté de la mer: le Duc de
Weissemfels, avec dix mille Saxons, se joignit au Comte de Munich, Général des
Russes. Leurs troupes réunies resserrèrent la ville de plus près; l'artillerie des assié-
geans foudroyoit les remparts & les maisons. Dantzic n'étoit bien-tôt plus qu'un
monceau de ruines; mais ces ruines étoient défendues par des Sujets fidèles, dont le
zèle & l'attachement pour leur Maître faisoient autant de Héros.

 Stanislas ne voulut pas prolonger plus long-temps les malheurs d'une Ville qui
sembloit n'en redouter d'autre que celui de le perdre. Il avoit déja renoncé une fois
à la Couronne pour donner la paix à la Pologne : il fit plus ; il ne craignit point
d'exposer sa vie aux plus grands dangers pour épargner le sang de tant de braves
Citoyens, qui le prodiguoient avec joie pour un Maître si digne de leur amour. C'est
dans cette vue qu'il députa au Sénat le Prince Czartorinski & le Comte Poniatowski,
pour annoncer à ce Corps & aux Habitans qu'il les tenoit quittes des sermens qu'ils
lui avoient faits, & qu'il leur ordonnoit de ne s'occuper plus que de leur propre
sûreté.

 La perte d'un père tendre & justement chéri, ne jette pas dans sa Famille une
consternation plus vive que celle que répandit dans le Sénat le discours du Comte
Poniatowski. Hiinniiber, un des Centumvirs, vivement frappé de l'idée des périls
qui menaçoient Stanislas, l'interrompit en s'écriant : « Eh! Monsieur, que

« deviendra donc notre bon Roi ». Il n'eut que la force de prononcer ces paroles, & alla tomber expirant fur les genoux de Poniatowski.

Cependant le Marquis de Monti avoit tout préparé pour l'évafion du Roi. Ce Prince, au milieu des allarmes & des inquiétudes de ceux qui l'environnoient, ne perdit rien de cette préfence d'efprit, & de cette gaieté qui faifoient difparoître à fes yeux les plus grands dangers. Il prit en riant les habits de Payfan qui devoient le déguifer dans fa fuite. « Vous avez oublié le plus effentiel, dit-il au Marquis de Monti; vous ne me donnez pas mon Cordon Bleu ». Il embraffa tendrement ce Miniftre, & partit au milieu de la nuit avec le Général Steinflict, guidé par trois Payfans, chargés de le conduire par-delà la Viftule & le Nogat. Il faut voir dans la Relation même qu'il a faite de cette évafion, le tableau des fatigues incroyables, des dangers de toute efpèce auxquels il fut expofé, & dont l'idée feule effrayeroit le plus hardi voyageur. Enfin, après avoir échappé, par une efpèce de miracle continuel, à la recherche des Ruffes & des Cofaques envoyés à fa pourfuite, il arriva à Marienwerder, Ville des États de Pruffe, où fes guides avoient promis de le conduire.

STANISLAS féjourna quelque temps dans cette Ville & à Konifberg, d'où il revint en France, lorfque la paix conclue le 31 Octobre 1735 entre ce Royaume, l'Empire, l'Efpagne & la Sardaigne, le mit en poffeffion paifible des Duchés de Lorraine & de Bar.

C'eft à cette époque que commence, fi l'on peut s'exprimer ainfi, l'Hiftoire de la vie privée de ce PRINCE. Tranquille après tant d'orages, n'ayant plus rien à redouter de l'inconftance de la fortune, dont il avoit été tour à tour le jouet & le favori, il put enfin fatisfaire la feule paffion à laquelle fa grande ame fut fenfible, celle de faire des heureux.

La fageffe & la douceur de fon Gouvernement confola bien-tôt les Lorrains de la perte du Prince auquel il fuccédoit, & dont les vertus avoient mérité leurs regrets. Uniquement occupé du bonheur de fes nouveaux Sujets, il avoit renoncé au droit de lever fur eux des impofitions, en ne fe réfervant pour l'entretien de fa Maifon, qu'une penfion de deux millions. C'eft avec cette fomme, modique aux yeux de la cupidité, qu'il entreprit & exécuta tant d'établiffemens utiles. Une fage économie, jointe au defir conftant de faire du bien, paffion fi féconde en reffources, fembloit avoir triplé fes revenus.

Le goût qu'il avoit toujours eu pour les Arts, en multiplia les monumens dans fes États : Nancy, Lunéville, Commercy, furent embellies par des places & des édifices également deftinés à la décoration & à l'utilité publique. Les Artiftes naiffoient en foule autour d'un Prince qui favoit fi bien les employer. Ses récompenfes alloient au-devant des grands talens, en tout genre; il encourageoit même avec bonté ceux qui ne donnoient encore que des efpérances, & favoit leur infpirer cette confiance modefte, fi néceffaire pour s'élever au-deffus de la médiocrité.

Un

Vie de Staniſlas.

Un Peintre de Lunéville vint lui préſenter un jour un tableau qu'il croyoit digne des regards de ſon Maître. Les Seigneurs de ſa Cour le critiquèrent, peut-être avec juſtice, mais ſans ménagement. Ce Prince, plus connoiſſeur qu'aucun d'eux, raſſura par ſes éloges l'Artiſte, que les Critiques avoient déconcerté. « Ne voyez-vous pas, dit-il à ſes Courtiſans, que cet homme a beſoin de ſon talent pour ſoutenir ſa famille; ſi vous le découragez, il eſt perdu. Il faut toujours aider les hommes, jamais on ne gagne rien à leur nuire ».

Les dépenſes qu'il faiſoit pour le progrès des Arts, ne lui firent point négliger des objets d'adminiſtration plus intéreſſans & plus utiles. Il ſavoit à combien de maux eſt expoſée cette partie du peuple, qui ne ſubſiſte que d'un travail pénible & peu fructueux. La miſère qui multiplie pour elle les maladies, en écarte ſouvent les ſecours. La charité de Stanislas lui en fit trouver dans les Hôpitaux qu'il établit dans preſque toutes les villes de ſes États. Il inſtitua des Apoticaireries où les pauvres recevoient gratuitement des remèdes: il fonda auſſi pour eux douze lits dans l'Hôpital de Plombières, afin qu'ils puſſent en tout temps profiter, comme les gens aiſés, des eaux ſalutaires de cette Ville.

Ses vues bienfaiſantes ſe portoient également ſur tout ce qui peut intéreſſer l'humanité. L'animoſité que les procès excitent entre les plaideurs, la ruine de leur fortune qui n'en eſt que trop ſouvent la ſuite, exigeoient des précautions capables de prévenir au moins une partie de ces maux qu'entraînent après elles les conteſtations trop fréquentes. C'eſt dans cette vue qu'il créa une Chambre des Conſultations, compoſée de cinq Avocats deſtinés à aider gratuitement de leurs conſeils tous ceux qui y auroient recours. Il défendit en même temps aux Cours ſupérieures d'admettre aucun appel, à moins qu'il ne fût autoriſé par une Conſultation de cette Chambre.

Les bornes de cet Ouvrage ne permettent pas de rappeller en détail toutes les fondations utiles, que ſa bienfaiſance ingénieuſe a multipliées dans ſes États. Ces Écoles gratuites, ces fonds deſtinés à ſoutenir le commerce, ceux employés à former des magaſins pour prévenir la diſette; chaque année de ſon règne étoit marquée par un nouveau bienfait, & lui acquéroit de nouveaux droits ſur la reconnoiſſance de ſes peuples.

Parmi ces établiſſemens de tout genre, il devoit s'en trouver un pour les Lettres, ſous un Prince qui les avoit cultivées lui-même avec tant de ſuccès. Il les croyoit trop néceſſaires au bonheur des hommes, pour ne pas contribuer de tout ſon pouvoir à leurs progrès. Il érigea à Nancy, le 28 Septembre 1750, une Académie, dont il dreſſa lui-même les Statuts, & nomma les premiers Membres. L'ouverture de ſes aſſemblées ſe fit par un diſcours, dans lequel M. le Cardinal de Choiſeul, Directeur de l'Académie, expoſa avec une éloquence ſimple & naturelle, la reconnoiſſance & l'amour dont tous ſes Membres étoient pénétrés. STANISLAS y répondit par ces paroles, qu'on a conservées comme un monument de sa sensibilité. « Vous m'ouvrez le cœur, Monsieur, mais vous me fermez la bouche ».

Montesquieu, qui avoit connu STANISLAS à Lunéville, fut un des premiers à briguer une place dans son Académie. Ce Prince, fait pour juger & pour admirer ce grand homme, sentit tout le prix d'une pareille acquisition. Il lui écrivit lui-même, pour le remercier, une lettre aussi honorable pour lui, que pour le Philosophe qui la recevoit.

Cet établissement n'est pas le seul service que STANISLAS ait rendu à la Littérature & à la Philosophie. Elles lui doivent plusieurs ouvrages, qui seuls auroient suffi pour immortaliser son nom. Entre ces différens Traités qu'on a recueillis sous le titre d'*Œuvres du Philosophe Bienfaisant*, la postérité distinguera sur-tout, les *Observations sur la Pologne*, ouvrage dicté par l'amour de la Religion & de la Patrie, dans lequel on voit avec admiration un Souverain uniquement occupé d'assurer le bonheur de l'État & les droits des Citoyens. On trouve aussi dans ce Recueil une réfutation du fameux Discours de J. J. Rousseau, couronné à l'Académie de Dijon. Personne n'étoit plus fait que STANISLAS pour croire & pour démontrer que les Sciences & les Lettres contribuent à rendre les hommes plus sages & plus heureux : il en trouvoit tout à la fois la preuve dans son cœur & dans ses ouvrages.

Les honneurs littéraires qu'il avoit si bien mérités, vinrent le chercher sur le Trône. En 1753, les Arcades de Rome le choisirent pour un de leurs Membres, & placèrent son Portrait dans la Salle de l'Académie, où il fut représenté la Couronne de laurier sur la tête, & l'olive à la main.

Quel que fut le terme d'une vie qu'il avoit entièrement consacrée au bonheur de l'humanité, elle devoit toujours paroître trop courte. Un sentiment naturel feroit desirer à tous les hommes que ces Princes, dont les vertus retracent sur la terre l'image d'un Dieu bienfaisant, partageassent son immortalité. La mort de STANISLAS, âgé de 89 ans, parut prématurée à ses peuples, & l'accident cruel qui termina ses jours, augmenta encore les regrets de sa perte.

Le 5 Février 1766, ce Prince se penchant sur sa cheminée, pour voir l'heure à une pendule, le feu prit à sa robe-de-chambre, & se communiqua rapidement à ses autres vêtemens. Malheureusement il étoit seul dans cet instant, & lorsqu'on vint à son secours, la flamme avoit déja fait de grands progrès. Après l'avoir dépouillé avec beaucoup de peine de ses habits, on lui trouva le côté gauche brûlé, depuis le genou jusqu'à l'œil. A peine cette nouvelle fut-elle sçue dans la Ville, qu'elle y répandit la plus profonde consternation ; toute sa Cour étoit livrée aux allarmes & aux inquiétudes les plus vives. Lui seul paroissoit tranquille au milieu des douleurs cruelles qu'il devoit éprouver. L'art des Médecins sembla répondre pendant quelques jours aux vœux de ses peuples ; mais STANISLAS ne se flatta jamais sur son état. Après s'être préparé à la mort, avec cette fermeté qui l'avoit soutenu dans tous les malheurs dont sa vie avoit été traversée, il expira le 23 Février 1766, sur les quatre heures après midi.

Sa tendresse pour ses peuples, qu'il gouvernoit moins en Maître qu'en Père, lui a fait donner le surnom de Bienfaisant, titre plus cher à l'humanité & plus glorieux aux yeux de la philosophie, que ces noms fastueux de Grand & de Conquérant, que la flatterie prodigue à l'orgueil ; & qui ne sont que trop souvent achetés par les malheurs des Peuples.

Stanislas avoit eu de Catherine Opalinska, son épouse, deux Princesses ; l'aînée mourut à Weissembourg ; la seconde, devenue Reine de France, est morte à Versailles, le 24 Juin 1768, & a mérité les regrets d'une Nation dont elle avoit partagé l'amour avec son auguste Époux.

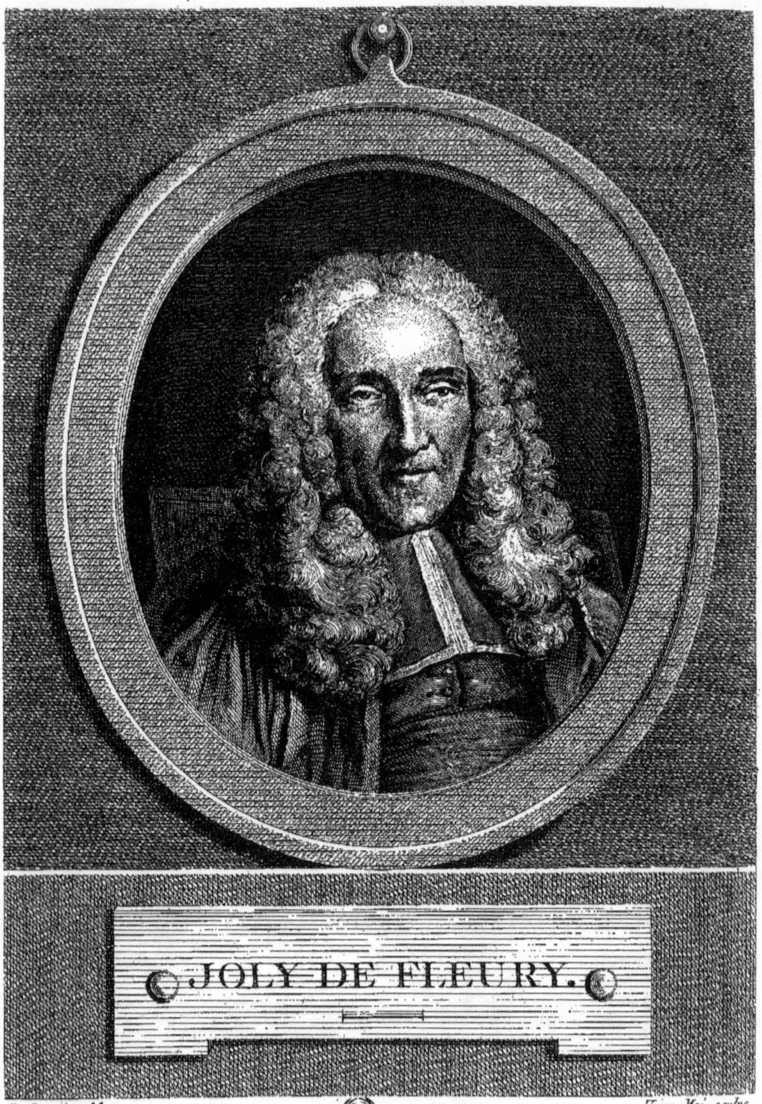

De Lorraine del. *Voyez Maj. sculps.*

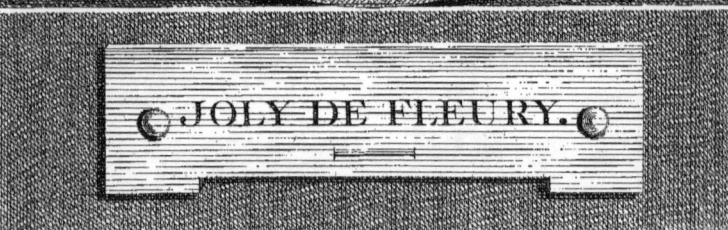

M. JOLY DE FLEURY.

Guillaume-François Joly, Chevalier, Seigneur de Fleury, de Grigny, de Brionne, &c. Procureur-Général du Roi au Parlement de Paris, naquit en cette ville le 11 Novembre 1675, de J. François Joly de Fleury, Conseiller au Parlement, & de Magdeleine Talon, fille d'Omer Talon, Avocat Général, connu par ses *Mémoires*, & plus encore par son intégrité.

La famille des Joly, l'une des plus anciennes de la Robe, est originaire du Duché de Bourgogne. Elle occupoit depuis longtemps les premières places du Parlement & de la Chambre des Comptes de Dijon, lorsque François Joly vint sur la fin du XVIe siècle s'établir dans la Capitale, & acquit près de Montlhéry la Terre de Fleury-Morangis, dont sa branche continue de porter le nom.

François Joly en quittant la Bourgogne, étoit venu exercer à Paris la profession d'Avocat, & il la suivoit avec assez de distinction pour être Chef du Conseil du Cardinal de Richelieu. Ce fut par l'exercice de la même profession que son arrière petit-fils voulut ouvrir la carrière qu'il a parcourue. Le Barreau avoit été la première école des Lhopital, des Montholon, des Pasquier; ce fut celle d'un homme qui devoit réunir tous leurs talens. M. Joly de Fleury fut reçu en 1695 au serment d'Avocat, & ce titre stérile pour tant d'autres, fut pour lui le commencement de sa gloire.

Lorsqu'il parut, le célèbre Daguesseau remplissoit l'une des places d'Avocat Général, & les causes étoient défendues par des Orateurs dignes de ce grand Magistrat : Nivelle & Dumont s'y distinguoient sur-tout; le premier, par une éloquence mâle qui lui étoit naturelle; le second, par le talent de varier ses moyens, selon l'impression qu'ils pouvoient faire sur les différens Juges. Tels furent les adversaires que M. Joly de Fleury eut à combattre, dès les premiers pas qu'il fit au Barreau. A toutes les causes qu'il plaidoit il recevoit de nouveaux éloges, & quoique très-jeune, il les méritoit.

La dernière action d'éclat où il ait paru comme Avocat des parties, fut la cause de Desmaretz, Pensionnaire de la Musique du Roi. Ce Musicien accusé d'avoir séduit la fille d'un Président à l'Election de Senlis, avoit fait à son tour informer contre son accusateur, & il dénonçoit à la Justice un assassinat prémédité. Tous deux avoient été décrétés par le Châtelet. Tous deux appelloient de ces sentences. La cause de Desmaretz fut confiée à M. Joly de Fleury. Dumont défendit le Président. Ce fut Desmaretz qui perdit sa cause ; mais sa défaite ne nuisit point au triomphe de son défenseur. L'éloge public que lui donne l'Avocat Général est trop détaillé pour qu'on puisse le regarder comme le simple tribut de l'usage. « Il faudroit, » dit-il aux Juges, avoir une partie de cette vive éloquence qui semble croître tous

" les jours dans l'illustre défenseur de Desmaretz, pour vous retracer dignement les
" nobles, les ingénieuses couleurs dont il s'est servi pour peindre l'innocence de sa
" partie...... Une réplique aussi véhémente que celle que vous venez d'entendre,
" & dans laquelle il a paru avoir également entrepris, & de se surpasser lui-même,
" & de surmonter son redoutable adversaire, nous dispense d'entrer dans une répé-
" tition peu exacte des raisons qu'il vous a proposées. "

C'étoit Daguesseau qui parloit ainsi de M. JOLY DE FLEURY, & l'Orateur qu'il louoit avoit à peine 25 ans. Au mois de Novembre 1700, M. JOLY DE FLEURY fut pourvu d'un office d'Avocat Général en la Cour des Aides; il succédoit à J. Fr. Le Haguais, Magistrat célèbre par ses talens, & qui a conservé la réputation d'Orateur, même depuis qu'on a sçu que Fontenelle lui avoit quelquefois servi de secrétaire. Les applaudissemens que M. JOLY DE FLEURY avoit recueillis au Barreau, le suivirent à la Cour des Aides, où il sçut se faire admirer, quoiqu'il remplaçât M. Le Haguais. Il n'étoit pas encore entièrement consacré à la Magistrature. On l'avoit destiné à l'Etat Ecclésiastique, & l'on prétend même qu'il fut titulaire d'un bénéfice dans le Diocèse de Paris.

La mort de son frère aîné changea tout-à-coup les vues qu'on avoit sur lui. Joseph Omer Joly de Fleury, qui exerçoit une charge d'Avocat Général au Parlement, fut enlevé en 1704 à la fleur de son âge: il laissoit un fils; mais ce fils étoit trop jeune pour qu'on pût espérer qu'il remplaçât son père avant plusieurs années. On jetta les yeux sur l'Avocat Général de la Cour des Aides; il passa au Parlement le 21 Janvier 1705, & le neveu en laissant la Magistrature à son oncle, fut consacré à l'état que celui-ci abandonnoit.

De nouveaux lauriers attendoient au Parlement celui qui avoit parlé avec tant de succès à la Cour des Aides. En peu d'années M. JOLY DE FLEURY se trouva premier Avocat Général, & son génie sembla s'étendre à mesure que le théâtre où il paroissoit étoit devenu plus vaste. L'Edit qui appelloit à la Couronne les Princes légitimés, le Testament de Louis XIV, les procédures de la Cour de Rome contre la Monarchie de Sicile, fournirent des occasions brillantes à son éloquence & à ses talens pour les affaires publiques. Ce fut sur son Requisitoire que la Régence fut donnée au Duc d'Orléans, malgré la volonté du feu Roi, qui n'avoit pas prévu le danger d'une autorité divisée.

Une des fonctions du premier Avocat Général, c'est d'être avec le Procureur Général le censeur du Sénat où il exerce ses fonctions, & de faire alternativement le discours qu'on nomme *Mercuriale*; ce fut avec M. Daguesseau que M. JOLY DE FLEURY partagea cette noble occupation. Les talens de ces deux hommes étoient pareils; leur réputation fut bientôt égale.

La mort du Chancelier Voisin, arrivée en 1717, leur ouvrit encore à tous deux une carrière nouvelle. Le Procureur Général devint Chancelier, & ne voulut être

Vie de M. Joly de Fleury.

remplacé que par M. JOLY DE FLEURY. En revenant du Palais-Royal, où le Régent l'avoit fait venir, Daguesseau rencontra M. JOLY DE FLEURY, qui étoit aussi mandé par le Prince. Il lui annonça qu'il étoit Chancelier: « *Mais ce qui me console*, ajouta-t-il, *c'est que vous êtes Procureur Général* ».

Jamais choix ne fut plus approuvé. Dire qu'il fut célébré jusques sur le Parnasse, ce seroit une remarque inutile à la gloire du Magistrat, si dans ces occasions les vers les plus mauvais ne faisoient souvent anecdote. Un Sonnet que les Journaux ont conservé, nous apprend que depuis plusieurs années la voix publique donnoit à M. JOLY DE FLEURY, le nom de l'*Aigle du Palais*. Le nouveau Procureur Général fut presqu'en même temps nommé l'un des membres du Conseil de Conscience que le Régent avoit établi pour les matières Ecclésiastiques, & qui subsista jusqu'au mois d'Octobre 1718.

Ce ne sont point les places qui font les hommes, mais c'est d'après elles qu'il faut les juger; & ce qui caractérise l'homme véritablement grand, c'est que sa conduite puisse être rapprochée du tableau de ses devoirs. Tel fut M. JOLY DE FLEURY. Devenu l'homme du Roi, de la patrie, & de la Religion, il s'appliqua toujours à concilier des intérêts qui ne doivent jamais être séparés. Dans ces affaires délicates dont la Régence offrit plus d'un exemple, on a vu M. DE FLEURY représenter avec courage le danger qu'il y auroit eu à lui lier les mains. D'autres fois, aussi ingénieux qu'intrépide, il se prêtoit à des adoucissemens qui ne trahissoient point son ministère, & par des expédiens que le moment faisoit naître, il parvenoit au but qu'il s'étoit proposé.

En 1718, Rome voulut soutenir un decret fameux, par des lettres* qui augmentoient les troubles, au lieu de les calmer. Elles furent flétries par les Tribunaux: l'Arrêt que rendit le Parlement de Paris est dû entièrement au zèle de M. JOLY DE FLEURY. Dans une assemblée que le Régent avoit tenue au Palais-Royal, l'abbé Dubois, & le Magistrat qui faisoit les fonctions de Garde des Sceaux pendant la disgrace du Chancelier, vouloient demander qu'on se bornât à une simple suppression. Mais le courage & les lumières du Procureur Général écartèrent cet avis, qui ne fut pas même proposé. Ceux qui vouloient servir la Cour de Rome, au mépris de nos libertés, eurent recours à une autre voie qui ne fut pas plus heureuse. En l'absence du premier Avocat Général, c'étoit à M. JOLY DE FLEURY à porter la parole. On excita le Régent à demander une lecture de son discours avant qu'il fût prononcé. M. DE FLEURY l'apporta; les principes qu'il contenoit ne furent attaqués que par l'abbé Dubois. Mais quoiqu'il eût cherché à les affoiblir, ce discours fit ensuite sur le Parlement tout l'effet qu'il devoit produire; le Procureur Général fut reçu appellant comme d'abus, & l'écrit de Rome eut le sort qu'il devoit avoir en France.

* Lettres *Pastoralis officii.*

Si toutes les actions de M. JOLY DE FLEURY n'ont pas été des actions d'éclat, elles ont toutes été utiles; & dans une vie auſſi remplie que la ſienne, celles qui n'ont pas été animées par les regards publics, ſont peut-être les plus dignes de nos éloges. A la charge de Procureur Général eſt unie depuis 1582 celle de Tréſorier garde des chartres & papiers de la Couronne. Dès que M. DE FLEURY fut revêtu de ces deux places, ſon premier ſoin fut de connoître par lui-même un dépôt ſi précieux pour notre hiſtoire, & d'y mettre un ordre néceſſaire pour ſa conſervation. Le tréſor des chartres, qui eſt comme on ſait dans le bâtiment de la Sainte-Chapelle du Palais, eſt compoſé de deux chambres au-deſſus l'une de l'autre; dans la plus baſſe ſont les layettes, c'eſt-à-dire, les actes publics originaux, revêtus de leurs formes, tels que les Traités de paix, les engagemens du Domaine, &c. L'autre chambre eſt deſtinée aux Regiſtres de la Chancellerie, qui y ont été placés ſucceſſivement depuis Philippe-Auguſte juſqu'à Henri III. De ces deux parties, la première étoit la ſeule qui fût arrangée. Les Regiſtres, encore diſperſés, attendoient d'une main habile la même opération que Dupuy & Godefroy avoient faites pour les layettes.

Ce fut à ce travail auſſi important que faſtidieux, que M. JOLY DE FLEURY conſacra pluſieurs années. L'ouvrage avoit été commencé par Dagueſſeau; mais il étoit à peine entamé. A l'aide de pluſieurs inventaires que M. DE FLEURY eut l'art de recouvrer, il parvint bientôt à faire une revue exacte des regiſtres, & à connoître ceux que la négligence avoit fait perdre. Son premier plan avoit été de les ranger ſelon l'ordre chronologique; travail immenſe, *auquel*, diſoit-il, *ſa vie n'eût pas ſuffi*, & qui d'ailleurs n'étoit guères poſſible pour les premiers regiſtres où les règnes ſont ſouvent mêlés. Il ſuivit donc l'ordre des cottes, adopté par ſes prédéceſſeurs; mais il ſuppléa ce qu'ils avoient omis. Il fit une notice abrégée de tous les regiſtres, qu'il a quelquefois accompagnée de diſcuſſions hiſtoriques & critiques, lorſque les regiſtres lui ont paru mériter ce travail. Ses ſoins ont auſſi fait rentrer dans le dépôt pluſieurs manuſcrits que la facilité des premiers gardiens en avoit fait ſortir.

C'étoit au milieu de ces occupations que M. JOLY DE FLEURY ſe délaſſoit des travaux ordinaires du Parquet. Il tira de même de la poudre des Greffes pluſieurs regiſtres qui ſembloient perdus pour le Parlement. Des pièces juſqu'alors inconnues, devinrent entre ſes mains une ſource utile pour l'éclairciſſement de notre Droit & de notre Hiſ-toire. L'avidité de ſes recherches, & les dépouillemens qu'il faiſoit, ne nuiſoit en rien à la vivacité & aux graces de ſon eſprit. On s'empreſſoit encore de venir à ſes Mercuriales, où ſans employer une cenſure amère, il rappelloit le jeune Magiſtrat à des devoirs que les plaiſirs font trop ſouvent oublier. L'admiration qu'il excitoit redoubla en 1744, lorſque les trois Avocats Généraux allèrent, avec les députés du Parlement, féliciter en Flandres le vainqueur de Fontenoi. L'abſence de ces Magiſtrats fut de trois ſemaines. Pendant tout ce temps, le Procureur Général remplit ſeul le miniſtère public aux audiences de la Grand'Chambre & de la Tournelle. Le Barreau qu'il

avoit

Vie de M. Joly de Fleury.

avoit étonné avant 25 ans, ne vit pas avec moins de surprise la facilité qui dictoit encore les discours d'un Orateur presque septuagénaire.

Quelqu'étendues que fussent les fonctions de sa place, il les remplissoit toutes avec une égale activité. Mais de toutes les prérogatives de sa dignité, celle qui lui fut toujours la plus chère, fut de se voir par état le protecteur du malheureux. Il s'occupa aussi de l'éducation de la jeunesse. Ce fut lui qui en 1746 proposa d'établir ces prix solemnels que l'Université distribue tous les ans aux éléves choisis dans ses dix Colléges. Un Chanoine de l'Eglise de Paris avoit légué pour une fondation une somme considérable ; mais le zèle de l'abbé Le Gendre s'étoit laissé éblouir par un projet qui avoit quelque chose de bisarre. M. DE FLEURY, de concert avec l'abbé Piat, alors Recteur de l'Université, fit changer la destination de ces fonds, & assura au fondateur la gloire d'un établissement utile.

C'est par cette action qu'il a terminé l'exercice de sa place de Procureur Général. Il s'en démit la même année en faveur de l'aîné de ses fils, qu'il avoit fait recevoir en survivance dès 1740. Mais en accordant au père une retraite que trente années de service, & une extrême délicatesse rendoient nécessaire, on lui conserva la survivance de l'office dont il se démettoit.

La retraite de M. JOLY DE FLEURY fut celle d'un citoyen qui devoit à lui-même la considération dont il jouissoit. Il ne se passoit rien d'important à la Cour ni au Parlement qui ne fût communiqué à ce Magistrat. En 1752 il fut un des commissaires nommés pour les affaires Ecclésiastiques qui s'agitoient alors. La lettre qu'il reçut du Chancelier contient ; qu'étant essentiel dans une affaire de cette importance d'être aidé par des lumières supérieures, le Roi comptoit qu'en qualité de citoyen & de Magistrat, il ne refuseroit pas les siennes, & que Sa Majesté n'exigeoit de lui que ce que sa santé lui permettroit de faire.

Son cabinet ouvert tous les jours après midi étoit devenu un Tribunal privé où le pauvre venoit comme le riche, Tribunal d'autant plus honorable pour celui qui y présidoit, que ses arrêts furent toujours sans appel, & que la soumission étoit volontaire. Les Magistrats, les Savans s'empressoient aussi de le consulter, principalement sur le Droit Public de la Nation ; car personne ne le connoissoit mieux que lui. Le continuateur du Traité de la Police, l'auteur de l'histoire de la Jurisprudence Romaine, celui de la vie de Pierre Pithou, ont été à cet égard les interprêtes de la reconnoissance publique.

C'est en effet à M. DE FLEURY que l'on doit en partie la publication de ces ouvrages utiles, & principalement du dernier. « Il avoit bien voulu, dit l'Auteur, m'en tracer » le plan, m'indiquer les sources, & m'encourager à perfectionner une entreprise » dont l'exécution, disoit-il souvent, lui étoit infiniment chère, parcequ'elle avoit » pour but de défendre de l'oubli les talens & les vertus de ces savans citoyens. » Chaque feuille de l'ouvrage lui étoit remise pendant l'impression, & il en est

Vie de P. Pithou, tom. I. pag. xxiij.

» très-peu, (c'est toujours M. Grosley qui parle) il en est très-peu qu'il n'ait enrichi
» de réflexions savantes, ou de corrections judicieuses ».

On trouve les mêmes témoignages de reconnoissance exprimés dans la Préface du Supplément de Ducange imprimé en 1766. L'auteur de ce savant Ouvrage, n'a pas voulu passer sous silence les obligations qu'il avoit à M. le Procureur Général. *Quantâ urbanitate isthæc Regesta usque ad Carolum VIII. ubi laboriosæ huic lectioni finem imponendum censui, mihi suffecerit vir litterarum amantissimus, Patronus litteratorum, ac præsertim horum omnium quæ ad historiam Gentis nostræ spectant, peritissimus, nunquam satis erit à me celebratum.* M. le Procureur Général aida ce Savant de ses lumières, ainsi qu'il l'annonce en plusieurs articles de son Supplément, & il a été à portée de profiter des recherches de ce Magistrat, comme on peut le voir au mot *Inquisitores* de ce Supplément, & ailleurs.

Ce que M. DE FLEURY admiroit le plus dans la vie des anciens Magistrats, c'étoit leur zèle vraiment patriotique, & leur amour pour les devoirs de leur état. Cet amour faisoit aussi sa principale qualité. Quelqu'attrait qu'il eût pour des études moins arides que celles de la Jurisprudence, quelque permises qu'elles lui fussent dans sa retraite, il leur préféra toujours la lecture des Ordonnances & des Coutumes. Peu avant sa mort, il dit à M. Grosley, en lui donnant les portraits des deux frères Pithou : *Voilà deux hommes qui me font bien gémir sur mon ignorance ; j'apprends tous les jours ; j'ai 80 ans, & je n'ai rien appris que M. Pithou n'ait su.*

Malgré la délicatesse de sa santé, M. DE FLEURY n'avoit point éprouvé les incommodités de la vieillesse. Il est mort presqu'en parlant, le 25 Mars 1756. La veille on avoit lu devant lui les représentations d'un Parlement, & il avoit dit son sentiment avec sa présence d'esprit ordinaire. Son corps porté d'abord dans l'Eglise de Saint-Severin sa paroisse, fut inhumé dans celle de Saint-André-des-Arcs, lieu de la sépulture de sa famille. Il avoit exigé par son testament que le convoi se fît avec la plus grande simplicité. On ne donna point de billets d'invitation, le concours n'en fut pas moins grand, quoique le temps fut très-mauvais. La reconnoissance honora malgré lui sa pompe funèbre.

Tout intéresse dans les hommes célèbres. M. DE FLEURY avoit une taille médiocre ; ses yeux annonçoient la vivacité de son esprit. Il avoit un abord ouvert ; & la mémoire la plus heureuse rendit jusqu'au dernier moment sa conversation aussi agréable qu'instructive. On eut dit que l'orateur Romain avoit tracé son éloge en faisant le portrait de Fabius (1).

M. DE FLEURY avoit épousé Marie-Françoise Le Maître. Il en a eu onze enfans, dont quatre sont morts en bas âge, ou avant que d'être pourvus. L'aîné des fils qui lui a succédé dans la place de Procureur Général au Parlement, avoit déja imité son

---

(1) *Erat in illo viro comitate condita gravitas, nec senectus mores mutaverat..... Qui sermo ? Quæ precepta ? Quanta notitia antiquitatis ! Quæ scientia juris !* Cicero. de Senectute. num. 4.

père dans celle de premier Avocat Général. Le second a rempli avec applaudissement pendant plus de vingt années les charges d'Avocat Général, soit au Grand Conseil, soit au Parlement, & exercé une charge de Président à Mortier pendant vingt années. Le troisième, après s'être distingué dans l'Intendance de Bourgogne, exerce une place de Conseiller d'État; il a succédé l'année dernière à M. Gilbert de Voisins, au Conseil des Dépêches. Des filles de M. DE FLEURY, trois ont embrassé la vie religieuse. Une d'entre elles est morte Abbesse de Beauvoir, Diocèse de Bourges. Les deux aînées sont veuves; l'une, de M. de Serilly, Intendant de Strasbourg; l'autre, de M. Braier, Conseiller de la Grand'Chambre du Parlement.

Les collections que M. DE FLEURY a faites sont immenses, comme les études qu'il avoit entreprises. A l'occasion des diverses affaires qui se sont présentées, il a approfondi plusieurs points de notre Droit Public, principalement ce qui concerne les immunités Ecclésiastiques. Quelques extraits de ses Plaidoyers, imprimés dans les deux derniers tomes du Journal des Audiences, font connoître le prix de ceux qui n'ont point paru. Ses Mercuriales & autres Discours publics passent pour autant de chefs-d'œuvres. Il en est de même des Requêtes qu'il a données en qualité de Procureur Général, dans les affaires où le domaine du Roi étoit intéressé. Ce sont des traités profonds sur les matières qu'elles embrassent. M. DE FLEURY eut encore beaucoup de part à la rédaction des Ordonnances de ce règne.

Tant de services rendus par un seul citoyen, lui eussent mérité une statue dans les anciennes Républiques. Le plus beau monument qu'on puisse élever à sa gloire, c'est de publier des œuvres aussi précieuses.

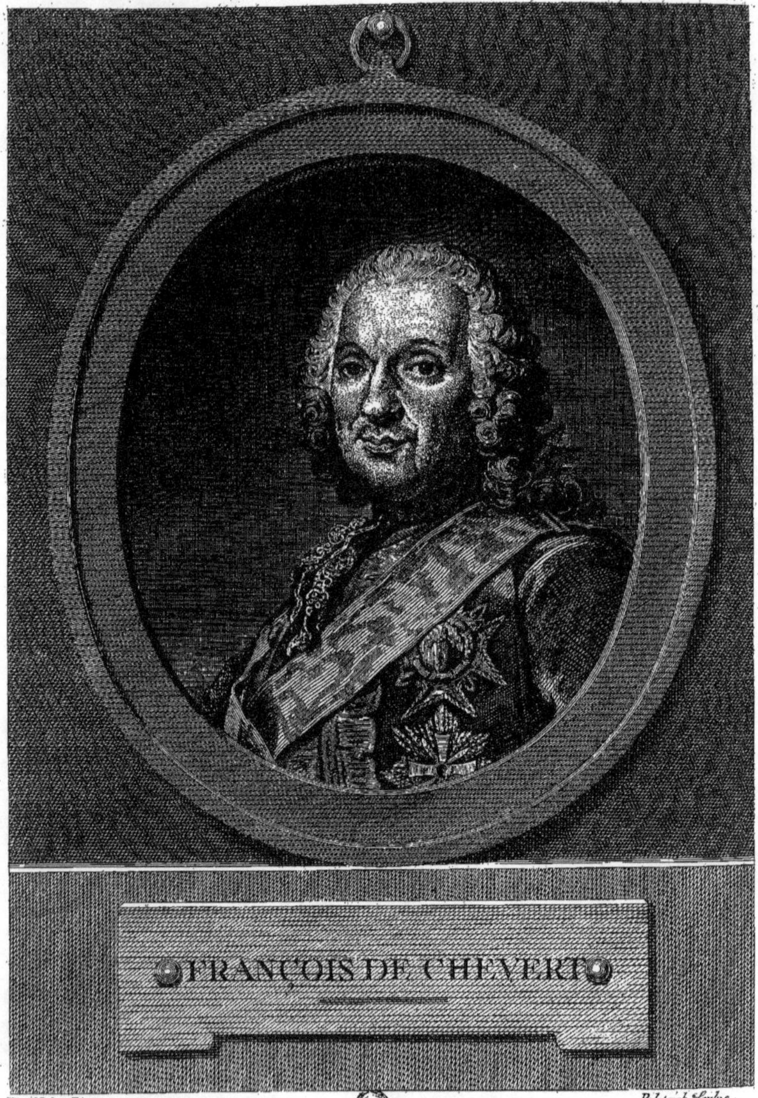
FRANÇOIS DE CHEVERT

Hischbein Pinx. Polebuch sculps.

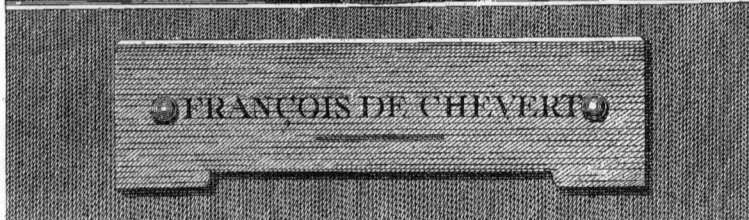

M. DE CHEVERT.

Stemmata quid faciunt?
Juv. Sat. 8.

François de Chevert, né à Verdun-sur-Meuse, le 21 Février 1695, embrassa dès l'enfance le parti des armes. Sa naissance pouvoit lui opposer des obstacles ; mais il fut entraîné par un génie capable de les vaincre : il conçut le noble orgueil de réparer l'injustice de la fortune, en se créant un nom qu'elle lui avoit refusé, & s'applaudit peut-être de ne rien devoir qu'à lui-même.

On ne sait pas encore quel fut son premier grade. Ceux qui s'intéressent à sa gloire voudroient qu'il eût été d'abord simple Soldat. C'est de ce rang honorable, où les talens restent trop souvent ensevelis, qu'il devoit s'élever jusqu'au grade de Lieutenant-Général. Les dignités dont il fut revêtu dans sa longue carrière, paroîtroient à peine proportionnées à son mérite, si ses commencemens eussent été moins obscurs ; mais il est prouvé qu'à l'âge de onze ans & sept mois, M. de Chevert obtint une Lieutenance dans le Régiment de Carné : seroit-il vraisemblable qu'il eût franchi, si jeune, un si grand intervalle ? Il a mérité qu'on en doutât.

En 1711 il passa dans le Régiment de Béarn, Infanterie, en la même qualité de Lieutenant, & parvint en 1739 à celle de Lieutenant-Colonel du même Corps. Une étude profonde de la tactique, un amour extrême de ses devoirs, un désir ardent de se distinguer ; tels furent les protecteurs qui veillèrent à son avancement. Il abandonna l'intrigue & la souplesse à ceux dont les actions sont muettes, & n'attacha de gloire aux postes qu'il obtint, qu'autant qu'ils lui étoient dûs.

La discipline fut l'objet de ses soins ; il la rétablit, & fit régner l'ordre & la subordination. Le Corps dont il étoit l'ame, apprit sous ses ordres l'art de manœuvrer avec tant d'agilité, de noblesse & de précision, qu'il devint le modèle de tous les autres. La réforme fut générale, & l'on prévit dès-lors que M. de Chevert pourroit commander un jour tout ce que son exemple invitoit à faire.

La guerre qui se déclara peu de temps après, le fit mieux connoître encore ; on n'avoit découvert en lui qu'un Militaire habile, exact & studieux. Le Héros se tenoit caché, ignorant peut-être lui-même combien la présence de l'Ennemi enflammeroit son courage.

L'Électeur de Bavière, protégé par notre auguste Souverain, pénétra dans la Bohême à la tête de ses troupes, de celles de France & de Saxe : il entreprit le siège de Prague au mois de Novembre 1741 : tout sembloit s'opposer au succès. Une armée de trente mille hommes, aux ordres du Grand Duc de Toscane, voloit au secours de cette Ville : elle n'en étoit plus éloignée que de cinq lieues ; il falloit la prévenir. La disette des vivres étoit extrême, la saison rigoureuse, & Prague étoit défendu par une garnison aguerrie : mais le Comte de Saxe conduisoit le siège, & M. DE CHEVERT étoit dans son armée. Quoiqu'il ne fût encore que Lieutenant-Colonel du Régiment de Béarn, c'est à lui seul que le Héros Saxon confia ses projets : ce choix honore l'un & l'autre, & prouve que les génies ont mutuellement le don de se deviner; semblables à ces Divinités d'Homère, qui se reconnoissent dans les combats, sous quelques formes qu'elles soient cachées.

Le Comte de Saxe ordonne qu'au milieu de la nuit la Ville soit attaquée de deux côtés. Le bruit affreux de l'artillerie, & la clarté qu'elle répand, fixent l'attention de l'Ennemi : il partage ses forces, & les porte aux endroits menacés. Alors M. DE CHEVERT, en silence, & loin des deux attaques, fait préparer une seule échelle vers les remparts de la Ville neuve : l'échelle est trop courte; on l'allonge avec des civières; il monte le premier, s'élance dans la Ville, & est suivi d'une foule d'Officiers & de Soldats : en un instant tout plie & prend la fuite; la garnison met bas les armes & se rend prisonnière. A la valeur succède la clémence; le sang est épargné, & dans ce mélange de tant de Nations, au sein d'une Ville opulente, la présence d'un Chef met un frein à l'avarice & à la férocité du Soldat.

Cette conquête, dûe à la valeur de M. DE CHEVERT, lui mérita le Brevet de Lieutenant de Roi de Prague. Il y maintint l'ordre & la discipline tant que cette Ville demeura au pouvoir des François. Bientôt elle fut assiégée par les Autrichiens, qui ne pouvant la reprendre, se contentèrent de la bloquer. Le Maréchal de Belle-Isle fut contraint d'en sortir à la tête de l'armée Françoise, & s'immortalisa par cette retraite hardie, qu'un Ennemi, bien supérieur en nombre, & l'hiver le plus rude, ne purent même retarder.

Il laissa dans Prague M. DE CHEVERT avec 1800 hommes. Il ne s'agissoit plus de conserver cette Ville, pressée de se rendre par sa foiblesse, par la famine, & par une armée nombreuse, mais moins redoutable au dehors, que par ses intelligences avec les habitans. Le point important étoit d'en sortir à des conditions honorables : M. DE CHEVERT osa seul l'espérer. *Il prend des ôtages de la Ville, les enferme dans sa propre maison, & met dans les caves des tonneaux de poudre, résolu de se faire sauter avec eux si les bourgeois veulent lui faire violence.* Le Prince Lobkowitz, qui le tenoit assiégé, sentit qu'il ne pouvoit refuser les honneurs de la guerre à un homme qui la faisoit avec tant d'intrépidité; il lui accorda même deux canons aux armes de l'Empereur, & accorda que la garnison seroit conduite à Egra aux dépens de la Reine de Hongrie.

<small>Essai sur l'Histoire générale.</small>

Après ces exploits, il fut fait Brigadier d'Infanterie, & passa en Italie, où son courage éprouva de plus grands dangers. Le Prince de Conti y faisoit alors avec succès une guerre de montagnes contre le Souverain des Alpes. C'est dans ces défilés dont l'ennemi se rend maître en occupant les hauteurs, que la bravoure, la force & le nombre sont souvent inutiles. Cent hommes bien postés y peuvent arrêter une

Vie de M. de Chevert.

armée. Il faut à chaque pas reconnoître le pays, forcer des retranchemens, gravir contre des rochers, se défendre d'un ennemi qui vous foudroie, & se garantir de précipices capables d'épouvanter le plus hardi voyageur.

Ces périls, loin d'ébranler le courage de M. DE CHEVERT, l'irritent & l'enflamment. Il commande l'avant-garde de la division du Bailli de Givri : déja le poste de la Gardette, occupé par trois mille Piémontois, est emporté. Il les poursuit, les attaque & les défait encore ; mais il faut se rendre maître d'un passage où l'armée puisse défiler : ces deux victoires n'en ont encore assuré que les avenues. L'ennemi s'est retiré sur un roc escarpé, où l'art & la nature veillent de concert à sa défense : le Roi de Sardaigne croit ce dernier retranchement inabordable ; il se met à la tête de ses troupes, les anime, & ne craint point d'y recevoir un affront. Les François n'ont pas un seul canon avec eux ; & le Bailli de Givri apprenant qu'un autre passage vient d'être forcé, fait battre la retraite. Mais le brave CHEVERT a communiqué à ses Soldats le feu qui l'embrâse. La satisfaction d'être deux fois vainqueurs, les dangers les plus affreux, rien ne peut les arrêter ; ils volent sur les pas de leur Chef, qui franchit les premiers retranchemens : *les Grenadiers s'élancent les uns sur les autres ; & ce qui est à peine croyable, ils passent par les embrâsures mêmes du canon ennemi, dans l'instant que les pièces ayant tiré, reculoient par leur mouvement ordinaire.* On y perdit près de deux mille hommes ; mais il n'échappa aucun Piémontois.

<small>Histoire de la guerre de 1741.</small>

Les Espagnols, témoins de tant d'audace, avouèrent qu'il étoit impossible de mieux faire. Le Prince de Conti, qui n'oublioit de parler que de lui-même, dans les relations qu'il faisoit au Roi de ses victoires, lui mandoit : *la bravoure & la présence d'esprit de M.* DE CHEVERT *ont principalement décidé de l'avantage.*

On lui devoit les mêmes éloges lors de la victoire complette que l'armée combinée de France & d'Espagne remporta sur celle du Roi de Sardaigne aux bords du Tanaro. Peu de temps après il s'empare de la ville & du château d'Asti, défend Moncalvo, si facile à prendre, y soutient trois assauts, & force les ennemis de se retirer.

Les bornes de cet ouvrage ne permettent pas d'entrer dans le détail de tant d'actions éclatantes : c'est à regret qu'on supprime tout ce que sa prudence & son activité mirent en usage pour s'emparer, à la vue d'une flotte Angloise, des Isles de Sainte-Marguerite, où il fit prisonniers près de six cens hommes, & ne perdit que cinq soldats.

Tant de services l'élevèrent enfin au grade de Lieutenant-Général. Son génie, toujours supérieur à ses emplois, alloit développer ses talens sur un plus vaste théâtre, lorsque la paix fut rendue à l'Europe. Les loisirs de ce Héros furent encore utiles à sa Patrie : il commanda les camps formés par les ordres du Roi sous Sare-louis & à Richemont sur la Moselle. Ces écoles de l'Art militaire attirèrent un grand nombre d'Officiers étrangers & François : ce n'étoit point le spectacle d'une armée, mais la préfence du Chef qui fixoit tous les regards ; on venoit épier le fecret de vaincre, & l'on contemploit avec étonnement, à la fuite de cet homme né dans l'obfcurité, les rejettons de la plus illuftre Nobleffe. Que de périls il avoit bravés pour acquérir le droit d'apprendre au jeune Duguefclin à mériter fon nom !

A ces images de la guerre fuccédèrent trop tôt de vrais combats. L'inquiétude naturelle des Anglois leur fit rompre une paix dont on commençoit à peine à goûter les douceurs. Ils envahirent quelques arpens de terre limitrophes de l'Acadie & du Canada. A leurs ufurpations ils joignirent le meurtre & les rapines. L'objet de cette rupture, qui ne feroit entre des particuliers que la matière d'un léger procès, devint entre deux Nations rivales le prétexte d'une guerre fanglante. Nos troupes entrèrent dans l'Électorat d'Hanovre ; le Maréchal d'Eftrées y fignala nos premières armes par la victoire d'Haftembeck.

M. DE CHEVERT, dont l'ardeur, comme l'expérience, fembloit croître avec les années, fut chargé de chaffer l'ennemi des fommités d'une montagne couverte de bois. C'eft en y pénétrant qu'il fixa fur le Marquis de Brehant des regards enflammés, & que le faififfant par la main : *Jurez-moi*, lui dit-il, *foi de Chevalier, que vous & votre Régiment, vous vous ferez tuer jufqu'au dernier, plutôt que de reculer*. Jamais ferment ne fut moins néceffaire, & plus religieufement obfervé. Au moment de l'attaque les Officiers du même Corps le firent prier de prendre fa cuiraffe ; mais leur montrant les Grenadiers : *Et ces braves gens en ont-ils ?* L'action fut très-vive, & le feu continuel des Brigades qu'il commandoit épuifa leurs munitions. On lui apprend qu'on manque de poudre : *Nous avons des Bayonnettes*. Des François qu'un Chef anime ainfi font fûrs de la victoire.

Son intrépidité dans les plus grands dangers fe communiquoit aux moindres foldats ; il favoit leur infpirer une confiance aveugle qui les rendoit dignes de fervir fous lui. Chargé d'attaquer un Fort pendant la nuit, il appelle un Grenadier : *Va droit aux remparts*, lui dit-il, *monte fans héfiter. On te dira qui va-là ; ne réponds rien. On te le dira encore ; avance toujours fans répondre ; à la troifième demande on fera feu fur toi ; on te manquera, tu fondras fur la Garde, & je fuis là pour te foutenir*. Le Grenadier obéit avec joie, & tout arriva comme M. DE CHEVERT l'avoit prévu.

Le fuccès de la bataille de Lutzelberg fut en grande partie fon ouvrage. Son fort étoit toujours d'être chargé de la première attaque ; il commençoit la défaite de l'ennemi, & rarement avoit befoin de fecours lorfqu'il falloit l'achever. Sa conduite en cette occafion mit le comble à fa gloire : on en jugera par les témoignages d'eftime & de bienveillance qu'il reçut d'un Monarque qui favoit apprécier le mérite. Le Roi de Pologne lui écrivit une lettre pleine d'éloges, lui fit préfent de fon portrait dans une boëte d'or enrichie de diamans, & le nomma Chevalier de l'Ordre de l'Aigle Blanc, qui lui fut conféré par le Comte de Luface.

Telles

Vie de M. de Chevert.

Telles furent les principales actions de M. DE CHEVERT : on est forcé d'en omettre beaucoup, qui, sans avoir le même éclat, suffiroient pour illustrer un autre Guerrier. On consacre les dernières lignes de cet ouvrage à peindre des vertus dont il se faisoit plus d'honneur que de ses victoires. S'il n'est que trop de Héros fameux par la gloire des armes, qu'il est rare d'en trouver, qui, dans une aussi longue carrière, n'aient eu rien à se reprocher ! M. DE CHEVERT est du petit nombre de ceux qui n'eurent jamais à rougir. Il fut moins sensible à ses succès, qu'à l'estime dont il a joui jusqu'à sa mort. Il étoit juste, humain, sensible & bienfaisant. L'amitié lui étoit nécessaire; elle le consoloit dans ses peines, & le trouvoit fidèle dans ses prospérités; il obligeoit avec empressement, & ne payoit point d'un refus de longues sollicitations nourries d'espérances; heureux d'être utile dans sa retraite, & de former des hommes capables de le remplacer; il rassembloit à sa table des Militaires de tous les âges, & leur partageoit les trésors de son expérience. *C'étoit*, dit l'Auteur de son Éloge, *un père qui s'honoroit de la gloire de ses enfans*.

Sa taille étoit avantageuse & bien prise; l'air martial qui le rendoit si terrible dans les combats, se mêloit, dans sa vie privée, aux traits & aux caractères de la bonté. Sa bravoure alloit presque jusqu'à l'audace, & son impétuosité ne souffroit point d'obstacles. Élevé loin des Cours, & formé dans les Camps, il joignoit aux talens d'un Général, la droiture & la franchise d'un Chevalier François, & les vertus d'un citoyen. Il idolâtroit sa Patrie & son Prince. Il ne se rappelloit jamais, sans en être attendri, ce que Sa Majesté eut la bonté de lui dire, après une longue maladie qui avoit retardé son départ pour l'armée : *Je voudrois vous donner des aîles.* Ce mot seul lui auroit fait sacrifier cent fois sa vie : heureux le Prince qui trouve des Sujets si sensibles à l'éloge ! La mémoire de ce Guerrier sera toujours chère aux compagnons de sa gloire, respectable aux jeunes Militaires, & précieuse à tous les François. Il termina sa carrière le 24 Janvier 1769, dans la soixante-quatorzième année de son âge.

A sa mort il étoit Lieutenant-Général des armées du Roi, Commandeur, Grand-Croix de l'ordre de S. Louis, Chevalier de l'Aigle Blanc de Pologne, Gouverneur de Givet & de Charlemont.

Les Lettres dont on a cru devoir joindre ici la copie, sont les titres de Nobleſſe de M. DE CHEVERT: il en eſt peu de plus honorables.

Extrait de la Lettre écrite par l'Empereur au Maréchal de Belle-Iſle.

« Je ſuis très-ſenſible à l'attention qu'a eue le Brigadier Chevert de demander les
» deux pièces de canon; vous me ferez plaiſir de l'en remercier de ma part, & de
» lui dire que je ſerai charmé de lui en marquer ma ſatisfaction; vous ſavez que
» j'ai toujours beaucoup eſtimé cet Officier, qui s'eſt diſtingué dans toutes les
» occaſions, & particulièrement à la priſe de Prague; ce qui m'avoit engagé à le
» nommer mon Lieutenant dans cette ville: il s'eſt comporté dans ſes fonctions avec
» tant de fermeté, de prudence & d'eſprit, de conciliation & de juſtice, qu'il s'eſt
» attiré la confiance de mes Sujets. J'attends que vous ſoyez ici pour voir ce qui
» lui fera le plus de plaiſir, & ſur ce je prie Dieu, &c. »

Signé, CHARLES.

A Francfort, le 28 Janvier 1743.

Lettre du Roi de Pologne à M. DE CHEVERT.

« Monſieur le Lieutenant-Général de Chevert, mon fils le Comte de Luſace ne
» m'a point laiſſé ignorer la part que vous avez eue au gain de la bataille de Lutzel-
» berg, ni les attentions que vous avez eues pour lui dans toutes les occaſions, &
» ſur-tout à cette journée, en lui procurant l'honneur de contribuer, à la tête d'un
» corps de mon infanterie, à la gloire des armes du Roi Très-Chrétien. Cette
» heureuſe nouvelle eſt la plus conſolante que je puiſſe recevoir. Je ſais combien on
» doit dans cette circonſtance à votre expérience, à votre valeur & à la ſupériorité
» de vos talens militaires. Je n'ai pas voulu différer à vous faire cette lettre, &
» d'y joindre une marque de mon eſtime & de ma bienveillance la plus particulière.
» Sur ce je prie Dieu, M. le Lieutenant-Général de Chevert, qu'il vous ait en ſa
» ſainte garde ».

Signé, AUGUSTE, Roi.

A Warſovie, le 12 Novembre 1758.

LE COMTE DE CAYLUS.

Anne-Claude-Philippe de Thubières, de Grimoard, de Pestels, de Lévy, Comte de Caylus, Marquis de Sternay, Baron de Branſac, Conſeiller d'honneur-né au Parlement de Toulouſe, Honoraire des Académies Royales des Inſcriptions & Belles-Lettres, de Peinture & Sculpture, & des Sociétés d'Auxerre & de Gottingue, naquit à Paris le 31 Octobre 1692. Il étoit l'aîné des deux enfans de Jean-Anne, Comte de Caylus, Menin du Grand-Dauphin, mort Lieutenant-Général des Armées du Roi, & de Marthe-Marguerite-Hippolyte le Valois, Marquiſe de Villette.

Il eſt rare que l'éloge d'un Homme de lettres commence par des titres de Nobleſſe. Le Comte de Caylus étoit deſtiné à réunir ces deux genres de gloire, & à les augmenter l'un par l'autre. Il a mérité qu'on n'oubliât pas que ſes aïeux étoient illuſtres dès le douzième ſiècle, & que par ſa mère il deſcendoit de ce fameux d'Aubigné, qui fut l'ami & l'hiſtorien de Henri IV.

Le Comte & la Comteſſe de Caylus ſe partagèrent l'éducation de leur fils. Le Guerrier, toujours occupé des armes, le formoit aux exercices du corps, tandis que la Comteſſe veilloit ſur ſon eſprit & ſur ſon cœur : cette fonction délicate ne pouvoit être mieux remplie. La Comteſſe de Caylus, nièce de Madame de Maintenon, & l'une des premières élèves de S. Cyr, s'étoit fait admirer dans cette maiſon, par un eſprit également agréable & ſolide. A quatorze ans elle jouoit tous les rôles d'Eſther, & les jouoit au gré de Racine. Ce fut pour elle qu'il en compoſa le Prologue; & pour faire connoître cette Dame par un dernier trait, c'eſt elle qui nous a laiſſé, ſous le titre de *Souvenirs*, des Anecdotes ſur la Cour, dont un grand Poëte vient d'être l'éditeur.

Tels furent les premiers Maîtres du Comte de Caylus. Il n'avoit que douze ans lorſque ſon père mourut à Bruxelles, au mois de Novembre 1704. Ses études finies, le jeune Comte fut placé dans les Mouſquetaires; & dès ſa première campagne, en 1709, ſa valeur lui mérita les éloges de ſon Roi. Louis XIV le loua devant toute ſa Cour, & joignit à cette récompenſe un guidon de Gendarmerie. Bientôt on lui donna le grade de Meſtre-de-Camp; il ſe diſtingua en Catalogne, à la tête d'un Régiment de Dragons de ſon nom. C'étoit en 1711. Deux ans après il ſervit ſous le Maréchal de Villars, & ſe trouva au ſiège de Fribourg. L'attaque du chemin couvert fut très-meurtrière, & le Comte de Caylus y courut les plus grands dangers.

La paix de Radſtadt, fruit de cette expédition, fut pour lui le terme d'une carrière déja ſi brillante. Sa vivacité qui redoutoit l'inaction, le porta bientôt à voyager en Italie. Il parcouroit les côtes de Sicile, lorſqu'il apprit que l'Iſle de Malthe ſe préparoit à une défenſe vigoureuſe contre les Turcs, qui ſembloient la menacer. Les Chevaliers ſe rendoient à Malthe de toute part; le jeune Comte voulut partager leur gloire; il offrit son épée au Grand-Maître; mais l'on sut bientôt que Venise étoit l'objet de l'armement de la Porte.

Le Comte de CAYLUS revint à Paris, après une année d'absence; son voyage d'Italie avoit éclairé son goût, & cette école des Beaux Arts lui avoit appris qu'il étoit né pour eux. Dès ce moment il renonça au service, & chercha l'occasion de passer dans le Levant, pour connoître les monumens de l'antiquité. Cette occasion se présenta au bout de huit mois: il partit en 1716, avec le Marquis de Bonnac, nommé Ambassadeur à Constantinople.

Un délai de quelques jours les retint à Smyrne; il en profita pour visiter Éphèse & les ruines de ce Temple fameux consacré à Diane. Des brigands, commandés par un Chef redoutable, infestoient alors toute la Natolie, & deux d'entre eux étoient venus à Smyrne, où la justice n'osoit les punir. Le Comte de CAYLUS étoit jeune, & sa curiosité tenoit de la passion; ç'en fut assez pour faire disparoître tout danger à ses yeux. Sur le champ il se présenta aux deux voleurs, & leur proposa de le conduire à Éphèse, sous la promesse d'une récompense qu'ils toucheroient lorsqu'ils l'auroient ramené. Les offres furent acceptées; le COMTE se dépouilla de tout ce qui pouvoit tenter l'avarice, & vêtu d'une simple toile, il marchoit avec son interprête au milieu de ses guides, que l'intérêt avoit rendus fidèles. On les conduisit devant Caracayali; c'étoit le chef de la troupe. Le brigand instruit de leur motif, ne voulut paroître qu'un amateur zélé, & après avoir indiqué aux voyageurs d'autres ruines dignes d'être connues, il leur donna pour faire la route deux chevaux Arabes, qui les transportèrent presque en un moment au lieu de l'observation. Le Comte de CAYLUS rentra vers la nuit dans le fort qui servoit de retraite à Caracayali; & le lendemain, après avoir examiné les ruines d'Éphèse, il retourna à Smyrne, où son courage & son bonheur servirent quelque temps de nouvelles.

Arrivé à Constantinople, il resta deux mois dans cette capitale, quoique la Cour Ottomane n'y fît pas alors son séjour. La guerre de Hongrie retenoit le Sultan à Andrinople, ville située à quarante lieues de la première, & sous un ciel plus serein. Lorsque le COMTE y alla, cet air pur étoit devenu contagieux; la peste désoloit tout le pays; mais le voyageur échappa encore à ce danger; il passa le détroit des Dardanelles, pour considérer les *champs où fut Troye*. Quelques chênes tortueux & desséchés furent tout ce qu'il découvrit dans ces campagnes, où la Muse d'Homère avoit semé tant de fleurs. Le dessein du Comte de CAYLUS étoit de parcourir tout le Levant, & de pénétrer même jusqu'à la Chine; mais sa mère le rappelloit sans cesse. La tendresse du fils retint la curiosité de l'antiquaire; il rentra dans le port de Marseille, le 27 Février 1717. Depuis, il n'a quitté la France que pour aller deux fois à Londres.

La Comtesse de Caylus mourut en 1729, âgée de cinquante-sept ans. Son fils devenu libre, n'en fut pas moins sédentaire; mais son repos étoit une activité

Vie du Comte de Caylus. 3

continuelle. Il se livra presqu'en même temps à tous les Arts. La Musique, le Dessin, la Gravure sur-tout, remplissoient les momens qu'il ne donnoit pas à la société; & ces momens valoient les journées d'un autre. Peu de Graveurs ont laissé un œuvre aussi étendu que le sien.

Il écrivit aussi, mais comme sa mère, quelquefois par souvenir, toujours sans prétention; & si quelqu'un est devenu Auteur sans le vouloir, c'est le Comte de Caylus. Un des premiers essais qui lui échappa * fut dans ce style dont Vadé a su faire un genre; productions plus grotesques que ridicules, qu'on a comparées aux bambochades de Teniers, & qui peuvent amuser quand on les lit sérieusement, & qu'on ne les juge pas de même. Le succès de ces bagatelles fit l'excuse de l'Auteur, si toutefois le Comte de Caylus en avoit besoin, après le peu de valeur qu'il y attachoit.

<small>* Les Etrennes de la Saint Jean, & les Œufs de Pâques.</small>

Il jetta encore dans le public des Contes Orientaux, * des Féeries, jusqu'à des Romans de Chevalerie; en un mot, des Contes sous toutes les formes connues; car les Contes Moraux n'étoient pas encore nés. Quelques-unes de ces Brochures se sont formées dans des soupers dont les convives avoient fait leurs preuves dans la Littérature. On y voyoit le Chevalier d'Orléans, des Membres illustres de l'Académie Françoise, & ce Poëte sur-tout * qui a créé le comique touchant, après avoir excellé dans une parade. Le Comte au milieu de ces Messieurs (c'étoit le nom qu'ils avoient pris) étincelloit d'une gaieté toujours égale; presque toujours aussi il tenoit la plume, & ce que devroient remarquer ceux qui traitent les Savans d'animaux sauvages, c'étoit le grave Freret qui le secondoit souvent dans la rédaction de ces plaisanteries devenues des Livres.

<small>* Voyez la France Littéraire.</small>

<small>* La Chaussée.</small>

Il ne manquoit au Comte de Caylus que d'avoir fait des vers; il en fit aussi, mais sans *les montrer aux gens*, du moins sous son nom. La *Fausse prévention*, Comédie en trois actes & en vers libres, jouée en 1750, étoit en partie du Comte de Caylus, qui la donna comme l'ouvrage d'un homme de Lettres de ses amis. Cette Pièce destinée d'abord pour la Scène Françoise, eut plusieurs représentations à la Comédie Italienne.

A juger le Comte de Caylus au milieu de ces occupations, on n'eût jamais pensé qu'il ne devoit finir sa carrière qu'après avoir composé sept volumes d'Antiquités, & plus de cinquante morceaux particuliers, presque tous sur des matières savantes. Mais il aimoit les Arts autant qu'il recherchoit les plaisirs, & quand le choix lui parut nécessaire entre ces deux penchans, ce fut sans peine qu'il se décida pour le plus utile. En 1731 il avoit été reçu dans l'Académie Royale de Peinture & de Sculpture. Celle des Inscriptions & Belles-Lettres se l'associa de même en 1742. C'étoit avec le titre d'honoraire qu'il entroit dans ces deux Compagnies; il en remplit tous les devoirs en simple Académicien.

Lorsque l'Académie de Peinture forma le dessein d'écrire la vie de ceux de ses Membres, qui, depuis Lebrun, ont eu la place de premier Peintre du Roi, le Comte de Caylus s'empressa de concourir à cette entreprise, & d'en partager l'exécution. Telle est l'origine de ses éloges de Mignard & de Le Moyne, que l'Académie a fait imprimer en 1752. Quelque temps auparavant il avoit composé une vie de Watteau; & depuis il a consacré un éloge pareil à la mémoire de Bouchardon, cet Artiste immortel dont il fut quelquefois le bienfaiteur, & toujours l'ami.

L'instruction des Élèves & la perfection de l'Art furent encore le but de cet Ouvrage, où le Comte de Caylus a recueilli les sujets de tableaux que peuvent offrir les anciens Poëmes. Ce fut un trait de Bouchardon qui le confirma dans l'opinion où il étoit, qu'Homère pouvoit devenir classique, même pour la Peinture: Bouchardon lisoit l'Iliade devant lui. C'étoit dans une traduction fort ancienne & très-mauvaise; mais le génie du Poëte parloit encore assez pour être entendu de l'Artiste. Bientôt il quitte le Livre, & les yeux pleins de feu, il dit au Comte: *Quand j'ai lu cet Auteur, les hommes ont quinze pieds, & la Nature s'est accrue pour moi.* Le Comte saisit cette expression du génie, & quelques années après on vit paroître des *Tableaux tirés de l'Iliade & de l'Odissée*, auxquels il joignit les sujets que Virgile put lui fournir, quoique ce Poëte, plus élégant que sublime, lui parût moins propre à enflammer le Peintre. Un semblable travail qu'il fit sur l'*Histoire d'Hercule*, offrit encore plus de cent sujets, dont douze seulement avoient été rendus par le pinceau.

1757.

1758.

Tandis qu'il éclairoit les Arts par des écrits, il excitoit par des bienfaits l'émulation des Artistes. C'est le Comte de Caylus qui a fondé le prix d'*Expression* que l'Académie Royale distribue tous les ans à ses Élèves. Il eut aussi le projet d'en fonder un second pour l'Anatomie & pour la Perspective, dont il ne cessa d'encourager l'étude par des récompenses.

La place qu'il remplissoit dans l'Académie des Belles-Lettres ne fut pas moins utile, & à la Compagnie, & au Public. D'anciens Fabliaux qu'il trouva dans la Bibliothèque du Roi, & sur-tout dans celle de Saint-Germain-des-Prés, lui fournirent l'idée d'un Mémoire sur ce genre de Conte, dont nous avons donné le modèle à l'Italie : il conféra même d'âge en âge tous les textes de nos Auteurs François, & fut en état d'indiquer les secours que ces anciens Fabliaux ont donné à Rabelais, à la Fontaine, à Molière lui-même, dont le *Médecin malgré lui* se retrouve en entier, pour le fond, dans le *Vilain Mire*, ou le Paysan Médecin. Mais ces discussions littéraires n'étoient, pour ainsi dire, que les délassemens du Comte de Caylus.

Toujours occupé du progrès des Arts, son principal objet fut de réunir les lumières que les anciens nous ont laissées sur leurs procédés les plus essentiels dans cette partie. L'Architecture, l'Art de peindre, la Sculpture, la Gravure, furent successivement l'objet de ses Mémoires; & comme l'histoire des Artistes est liée nécessairement à celle des Arts, il fit connoître les hommes célèbres dont les Auteurs nous ont transmis les noms; travail difficile, & d'autant plus précieux, que les anciens ne se sont point assujétis sur tous ces objets à des définitions précises.

L'Histoire

Vie du Comte de Caylus.

L'Histoire Naturelle de Pline fut presque toujours le guide du Comte de CAYLUS. Quelques lignes de ce Livre, regardées jusqu'à lui comme une énigme, lui donnèrent l'idée de faire revivre après onze cents ans, la peinture encaustique. Le secret de cette peinture consistoit en partie à coucher avec le pinceau des cires liquéfiées au feu. Le Comte de CAYLUS, après avoir fixé en Artiste le vrai sens du passage de Pline, recourut à la Chymie pour vérifier ses conjectures. Un médecin de la Faculté de Paris *, fit avec lui une suite d'expériences que le COMTE ne cessa que lorsque ses doutes furent devenus des décisions. Le 12 Novembre 1754, il exposa dans la séance publique de l'Académie des Belles-Lettres, un tableau peint sur bois par M. Vien, suivant le procédé indiqué par Pline. C'étoit la copie d'un buste antique de Minerve.

* M. Majault.

Peu avant cette découverte, l'Académie avoit reçu du Comte de CAYLUS une preuve durable de son amour pour les Arts. Jusqu'en 1754 cette Compagnie n'avoit eu qu'un prix à offrir, & le COMTE voyoit à regret qu'il en manquoit un pour étendre la connoissance du *Costume*, trop souvent oublié par le génie. Il s'empressa de réparer cette omission; mais il voulut que l'objet de ce prix fût consacré entièrement aux usages des anciens Peuples, à leurs Arts, enfin aux monumens de toute espèce dont l'explication peut répandre quelque jour sur ces matières. Une autre loi de la fondation fut, que la Pièce couronnée seroit bonne, & que le vainqueur n'auroit pas le seul mérite d'avoir combattu moins mal que ses rivaux.

Les procédés de la Peinture encaustique ne sont pas la seule découverte dûe au Comte de CAYLUS. Toujours secondé par la Chymie, il trouva en 1759 la manière d'incorporer la couleur dans le marbre, & d'en fixer le trait. On attribuoit ce secret aux Anciens, & ce fut ce qui engagea le Comte de CAYLUS à le rechercher. Presqu'en même temps il découvrit dans la lave des volcans une espèce de verre * méconnu par les Naturalistes. Enfin, c'est le Comte de CAYLUS qui a appris à la France qu'elle receloit dans le Bourbonnois des marbres aussi beaux que ceux des Pyrénées ; & ce qui achève l'éloge de la découverte, c'est que l'inventeur n'étoit plus lorsque les papiers publics l'ont célébrée *.

* Lapis obsidianus.

* Gazette de France, 1769.

Un autre genre de découvertes dont il s'occupoit aussi, & qui a fait naître une grande partie de ses Mémoires, ce fut le rétablissement de quelques anciens monumens, dont il reste des traces souvent mal indiquées dans des Auteurs qui, pour la plupart, n'étoient point Artistes. Le Comte de CAYLUS avoit un coup d'œil sûr pour cette sorte de travail; & cherchant quelquefois jusques sur les médailles, des accessoires oubliés dans les descriptions, il est parvenu à retracer, par la gravure, des ouvrages longtemps perdus pour nos yeux. Il a fait connoître de cette manière le bouclier d'Hercule, décrit par Hésiode, celui d'Énée, le bucher d'Éphestion, le tombeau de Mausole, & ce théâtre fameux, le chef-d'œuvre de la Méchanique des Anciens, où

N.° II. 1771.

le Questeur Curion faisoit tourner sur un pivot tout le peuple Romain, pour changer ses spectacles & ses plaisirs.

Toutes ces occupations ne remplissoient pas encore la vie du Comte de Caylus. Il rassembloit lui-même avec le plus grand soin les antiquités qui guidoient son travail*. Depuis les dieux jusqu'aux reptiles, tout ce qui étoit antique trouvoit place dans le cabinet qu'il avoit formé. Mais il aimoit de préférence ce qui lui venoit de l'ancienne Égypte : l'entrée de sa maison, consacrée à cette mère des Arts, étoit ouverte par une statue Égyptienne. Des médaillons & des curiosités de la Chine couvroient l'escalier ; & cet ordre n'étoit point l'effet du caprice. Le Comte de Caylus regardoit la Chine comme une colonie de l'ancienne Égypte; il s'étoit même empressé de prouver, par des monumens, ces rapports que M. de Guignes n'avoit d'abord que soupçonnés.

* Eloge du Comte de Caylus, par M. Le Beau.

Etre Antiquaire, & ne l'être que pour soi, ce seroit ressembler à ce Fleuriste qui écrasa un oignon de Jacinte du plus grand prix, pour rendre unique celui qu'il possédoit. Le Comte de Caylus étoit bien loin de cette manie de propriété exclusive. L'entrée de son cabinet s'ouvroit à tous les curieux; on eût dit qu'il le régissoit en leur nom. Lorsque l'espace lui manquoit, il envoyoit sa collection au dépôt des antiques du Roi : elle s'est ainsi renouvellée deux fois pendant sa vie. Les vases Etrusques qu'on voit à l'Abbaye de Sainte Geneviève, viennent encore du Comte de Caylus.

Il fit plus : pour partager en quelque sorte avec l'Univers les trésors qu'il avoit rassemblés, il les fit graver tous, & en donna lui-même une description savante dans un Recueil orné de plus de huit cens planches*. On y trouve, outre les morceaux qu'il possédoit, quelques monumens dont il avoit pris connoissance, en particulier ces restes d'ouvrages Romains ou Gaulois qui sont dispersés dans nos Provinces. Il en avoit fait lever les plans à grands frais.

* Recueil d'Antiquités Egyptiennes, Etrusques, &c. 1752 & suiv. in-4. 7 vol.

Aucune dépense ne lui coûtoit dès qu'il falloit enrichir les Arts. Vers 1756 il vit les enfans d'un artisan jouer dans la boutique de leur père avec des dessins coloriés, qu'ils prenoient pour des images : c'étoient des morceaux précieux faits d'après des peintures antiques, par le célèbre Bartoli de Pérouse. Le Comte les voit, s'arrête, & après les avoir fixés un moment, il demande au père de qui il les tient. L'artisan lui répond avec franchise qu'il en a d'autres encore dans son grenier. *Eh bien*, dit le Comte, *faites-les descendre, je vous donnerai un louis pour chacun*. Le fruit de cette libéralité ne devoit pas être pour lui. Le Recueil qu'il forma fut destiné sur le champ au Cabinet du Roi; mais avant de l'y déposer, le Comte voulut donner au public une idée de la méthode des Peintres anciens pour composer & pour colorier.

Il fit graver au simple trait tous ces dessins de Bartoli, de manière qu'en suivant ce trait, qui donne le contour véritable des objets, un Peintre à *Gouazze* pût les colorier aisément, & imiter le travail de la peinture antique. Les planches de ce Recueil ont

Vie du Comte de Caylus.

été rompues après trente épreuves. Le Comte de Caylus n'espéroit pas trouver en Europe un plus grand nombre d'amateurs qui voulussent s'engager à les faire colorier. Ce n'étoit, en effet, qu'en faisant cette promesse, qu'on pouvoit obtenir ce Recueil; mais aussi il suffisoit de la faire pour avoir droit au présent. Jaloux d'en relever encore la magnificence, le Comte fit imprimer à ses frais l'explication des différens objets de ce Recueil, l'un des plus beaux monumens de la Typographie Françoise. L'ouvrage achevé, il envoya les originaux au Cabinet du Roi, où ils ne furent reçus que sous la promesse de les communiquer aux amateurs qui auroient pris avec le Comte de Caylus l'engagement qu'il leur avoit imposé.

Son premier projet n'avoit été que de publier ces desseins précieux, que le hasard lui avoit procurés. Mais des personnes de goût, revenues d'Italie, avoient admiré à Palestrine la fameuse Mosaïque qui en fait la gloire; elles demandèrent avec instance qu'on présentât aussi avec toutes ses couleurs ce monument jusqu'alors défiguré par le burin. Une telle demande parut un ordre au Comte de Caylus. Sans considérer les difficultés, & moins encore la dépense, il fit dessiner cette Mosaïque; & pour éviter tout reproche, il se servit d'un Artiste Italien. Ce ne fut pas tout: la planche gravée, il envoya de nouveau en Italie pour qu'on en vérifiât les épreuves sur les lieux; & c'est ainsi qu'il nous a retracé, avec tous ses ornemens, ce monument symbolique dont M. l'Abbé Barthélemy a été l'interprète.

C'étoit M. Mariette, leur ami commun, qui s'étoit chargé d'expliquer les desseins de Bartoli. Nommer cet amateur, c'est rappeller encore ce que nous devons au Comte de Caylus. Dans le temps que la gravure faisoit sa plus forte passion, il avoit gravé lui-même au simple trait toutes les pierres en creux qui sont au Cabinet du Roi. Cette suite, qu'il avoit distribuée à ses amis à mesure que chaque planche étoit sortie de ses mains, formoit un Recueil de plus de quatre cens estampes. Depuis l'ayant jugé lui-même, & l'ayant jugé en Artiste, il s'étoit déterminé à faire un choix des pierres les plus intéressantes: ce fut alors, qu'après avoir engagé Bouchardon à être son dessinateur pour cette partie, il invita M. Mariette à composer un Livre qui expliquât ces planches, tandis qu'il présidoit lui-même aux gravures qu'on en faisoit, & qu'il les préparoit presque toutes à l'eau-forte. Telle est l'Histoire du *Traité des pierres gravées*, qui a paru en 1750; ouvrage célèbre, où M. Mariette, Auteur & Imprimeur à la fois, s'est montré digne du siècle des Estienne par son érudition, & du nôtre par sa manière de la présenter.

La considération dont le Comte de Caylus jouissoit dans le monde littéraire, étoit égale aux titres qui la lui méritoient. L'Infant de Parme le fit consulter lorsqu'on entreprit les fouilles de Velleia; l'Académie de Gottingue lui envoya des Lettres d'Honoraire sans qu'il les eût demandées: on s'empressoit enfin de lui dédier des Ouvrages dans toute l'Europe. Son commerce, brigué par ceux qui vouloient paroître

savans, honoroit également ceux qui l'étoient. « Une lettre de M. le Comte de
CAYLUS étoit un brevet d'Antiquaire. » *

*Eloge par
M. Le Beau.

L'hommage qui le flatta le plus, sans doute, fut celui qu'il reçut de cette Nation
qui se plaît à nous railler, tandis que nous admirons jusqu'à ses ridicules. Au mois
de Juin 1764, un Graveur Anglois vint trouver le Comte de CAYLUS, alors retenu
au lit, & lui apporta cinq figures Égyptiennes, avec un bas-relief de marbre trouvé
au Caire. Le secret avoit été recommandé par celui qui faisoit le présent. Fidèle à
cet ordre, le Graveur éluda toutes les questions du Comte de CAYLUS, & profitant
bientôt de la maladie où il le voyoit, il s'échappa & disparut. Seulement il avoit
laissé un billet anglois, où le COMTE crut trouver les éclaircissemens qu'il desiroit;
mais l'écrit étoit anonyme, & portoit en substance qu'un Anglois, ami de la liberté,
citoyen du monde, vouloit placer quelques antiquités Égyptiennes dans le Cabinet
de M. de CAYLUS. Pénétré de reconnoissance pour un procédé aussi noble, le COMTE
chercha par mille moyens à connoître son bienfaiteur. Tout fut tenté, rien ne réussit.
Enfin, il recourut aux papiers publics de Londres. L'Anglois y lut une partie des
remerciemens de l'Antiquaire François, & le desir qu'il témoignoit en même temps
de connoître l'histoire des monumens qu'on lui avoit donnés. C'étoit un piége adroit
pour obliger le bienfaiteur à répondre. Il le fit: les éclaircissemens furent donnés;
mais le partisan de la liberté se déroba toujours à la reconnoissance. Depuis la mort
du COMTE, M. Grosley a fait à Londres de nouvelles informations; elles lui ont appris
que le présent venoit de M. Thomas Holles, l'un des Membres de la Société Royale,
& de celle des Antiquaires.

Au milieu de tous ces honneurs, les seuls que le Comte de CAYLUS ait desirés, il
sentit tout-à-coup son tempérament s'affoiblir. Au mois de Juillet 1764, un dépôt
d'humeurs fixé sur une de ses jambes, détruisit sa santé, mais sans interrompre ses
études. Quand la plaie fut fermée, il reprit ses occupations, & visita avec empressement ses amis, c'est-à-dire, les Savans & les Artistes. Enfin, un abattement universel
l'ayant condamné à rester au lit, il s'en arrachoit encore pour aller à l'Académie; on
l'y vit dix jours avant sa mort. Il acheva d'expirer le 5 Septembre 1765.

Ses dernières paroles furent des vœux pour les Arts, & un ordre de transporter pour
la troisième fois son Cabinet dans celui du Roi. La veille de sa mort il recommanda
aussi à M. Mariette la Description des Antiquités Romaines, qui décorent le midi de
la France; Ouvrage commencé par Colbert, & que le Comte de CAYLUS vouloit
dédier à la mémoire de ce Ministre. Les dessins que Mignard l'Architecte en avoit
faits, étoient tombés entre ses mains, & il s'occupoit alors à les faire vérifier sur les
lieux.

Le tombeau du Comte de CAYLUS, placé dans une des Chapelles de S. Germain-
l'Auxerrois, mérite encore d'être remarqué: c'est le tombeau d'un Antiquaire. Ce
monument est un ancien cénotaphe, du plus beau porphyre, avec quelques ornemens
dans

Vie du Comte de Caylus.

dans le goût Égyptien. Depuis le moment où le Comte l'avoit acquis, il l'avoit destiné à orner le lieu de sa sépulture. En attendant l'heure fatale, il l'avoit fait dresser dans son jardin, où il le considéroit souvent d'un œil tranquille, & le montroit à ses amis. Il en a même donné une description dans le tome septième de ses antiquités, qui a paru après sa mort.

Le caractère du Comte de Caylus s'est peint dans les différentes occupations qui ont partagé sa vie. Il porta dans la société la franchise militaire; sa politesse n'étoit que vraie; avec un respect inaltérable pour son Prince, il eut toujours un éloignement invincible pour la Cour. Né indépendant & enjoué, il n'en fut pas moins assidu à l'étude; il se prêtoit aux discussions les plus minutieuses, & sa vivacité n'a jamais nui qu'à la correction de son style. Son cœur valoit encore mieux que son esprit; on l'a vu souvent se déclarer pour des amis dans la disgrace.

Tout le monde sait ce vers où le *Méchant* flétrit à la fois les protégés & les protecteurs. Le Comte de Caylus le faisoit oublier: qu'il ait un imitateur, cette vérité ne sera qu'une injure. Les Gens de Lettres ne rampoient point devant lui, parcequ'il l'étoit lui-même, & qu'il l'étoit assez pour être modeste devant eux. Dans ses Mémoires, il a toujours nommé les Savans qui le secondoient * : & ce n'est sûrement point par vanité qu'il a écrit: *Je sais par moi-même ce qu'il en coûte à un amateur qui ne s'est pas dévoué dès l'enfance à ces professions, pour être prodigieusement inférieur à tout homme de l'art.*

* MM. de Jussieu, Roux, Camus, &c.

Protecteur des Artistes, il aimoit à faire éclore le talent. Un jour il vit sur le bord d'un fossé un rustre qui dormoit d'un profond sommeil. Près de cet homme étoit un enfant de onze ans, qui d'un œil attentif considéroit son caractère de tête & son habillement pittoresque. Le Comte s'approche avec affabilité, & lui demande à quoi il pense. *Monsieur*, dit l'enfant, *si je savois bien dessiner je voudrois faire cet homme.* ——*Faites-le toujours, voilà des tablettes & un crayon.* L'enfant encouragé trace l'objet de son mieux; & à peine a-t-il fini sa tête, que le Comte l'embrasse, & s'informe de sa demeure pour lui donner un sort plus heureux.

Dans ces promenades que le Comte de Caylus faisoit presque toujours seul, il s'amusoit quelquefois à demander la monnoie d'un écu aux pauvres qu'il rencontroit. Quand ils étoient allés la chercher, il se cachoit pour jouir de l'embarras où ils seroient à leur retour: peu après il se montroit, prenoit plaisir à louer le pauvre de son exactitude, & le récompensoit en doublant la somme. Il a dit plusieurs fois à des amis: *Il m'est arrivé de perdre mon écu, mais j'étois fâché de n'avoir pas été dans le cas d'en donner un second.*

Le Comte de Caylus avoit une simplicité de caractère & une candeur qui augmentent les regrets des gens de bien. Cette simplicité avoit même passé jusque sur son extérieur; & jamais personne ne fut plus ennemi du luxe, du moins pour lui-même. Lorsque sa fortune se fut accrue en 1760 de celle du Duc de Caylus son

Oncle, il n'ajouta rien à sa dépense ; les Lettres & les Arts recueillirent tout cet héritage. Il en négligea même la portion éclatante qui ne pouvoit convenir qu'à lui seul. Le Duc de Caylus ayant embrassé le service d'Espagne sous Philippe V. ce Prince lui avoit conféré la Grandesse, & avoit déclaré que cette dignité seroit reversible à ses héritiers portant le nom & les armes. A la mort de ce Seigneur, le COMTE ne fit aucune démarche pour jouir d'une faveur qu'il ne pouvoit étendre sur les Lettres.

Il est peut-être encore remarquable que son nom n'ait été inscrit dans aucun Nobiliaire, quoique l'héritier de Thubières & de Lévis eût tant de titres pour y occuper une place : mais le Comte de CAYLUS ne s'est souvenu de sa noblesse que pour être plus généreux & plus humain.

M. L'ABBÉ NOLLET.

Jean-Antoine Nollet, Maître de Physique & d'Histoire Naturelle des Enfans de France, Professeur Royal de Physique au collége de Navarre, Membre de l'Académie des Sciences de Paris, de la Société Royale de Londres, & de l'institut de Bologne, naquit à Pimpré dans le diocèse de Noyon, le 17 Novembre 1700, de parens honnêtes, mais peu favorisés des biens de la fortune.

Au défaut des richesses, ils voulurent au moins assurer à leur fils l'avantage d'une bonne éducation qui les procure quelquefois, & qui y supplée presque toujours, parcequ'elle apprend à les apprécier. Ils le mirent au sortir de l'enfance au collége de Clermont en Beauvoisis, où il commença ses humanités, qu'il finit ensuite à Beauvais. Les succès qu'il eut dans ses premières classes les déterminèrent à l'envoyer à Paris, pour y faire son cours de philosophie. Ils le destinoient dès-lors à l'état Ecclésiastique : des mœurs pures & sévères, beaucoup d'application au travail, un grand amour de ses devoirs, leur parurent des preuves suffisantes de vocation, pour un état auquel on n'apporte pas toujours d'aussi heureuses dispositions.

Le jeune Nollet obéit sans répugnance au choix de ses parens. Le goût qu'il avoit annoncé pour la physique, dès qu'il avoit été capable de montrer quelque inclination, n'étoit pas encore devenu sa passion dominante; il le sacrifia à l'étude aride de la théologie scholastique, à laquelle il parut se livrer tout entier, sur-tout pendant son cours de licence qu'il fit en 1728. Au milieu de ces travaux si peu analogues au genre de talens qu'il a développés depuis, il eut du moins l'occasion de les exercer quelquefois. Ses supérieurs l'avoient choisi pour présider aux Conférences de théologie & de philosophie. On pense bien que dans ces dernières la physique n'étoit pas oubliée. Il goûtoit ainsi ce plaisir si pur pour une ame honnête, de céder à son inclination sans s'écarter de ses devoirs.

L'Abbé Nollet sentoit toute l'étendue de ceux que la volonté de ses parens lui avoit imposés, quoiqu'il eût obéi à leur choix plutôt qu'à une vocation décidée, en embrassant l'état Ecclésiastique, il ne le regarda jamais comme un moyen de parvenir à des places utiles, en se dispensant de les mériter. A peine eut-il reçu le diaconat, qu'il sollicita & obtint une dispense pour prêcher; ce qui fait l'éloge de son zèle, & prouve tout à la fois l'idée que l'on avoit de ses talens. Ce nouveau genre d'occupation ne put cependant lui faire perdre entièrement de vue les premiers objets de ses études. D'abord il leur donna tous les momens que ses devoirs n'exigeoient pas rigoureusement de lui. Insensiblement le partage de son temps se fit, même sans qu'il s'en apperçut, d'une manière plus égale. L'amour des sciences l'emporta enfin; mais quoiqu'il eût renoncé dès-lors aux fonctions publiques du ministère, il n'a jamais cessé d'avoir les mœurs, ni de remplir les devoirs de l'état qu'il avoit embrassé.

Rendu à lui-même, il se livra à l'étude de la Physique avec une ardeur que l'espèce de privation dans laquelle il vivoit depuis si longtemps avoit encore augmentée. Deux Académiciens célébres, MM. de Reaumur & Du Fay, dont ses talens l'avoient rendu l'ami, l'associèrent à leurs travaux, & l'admirent au laboratoire de l'Académie, où il travailla pendant plusieurs années. C'est-là qu'il amassoit en silence les connoissances & les matériaux nécessaires à l'exécution d'un projet dont son goût pour la Physique expérimentale lui avoit fait naître l'idée.

De toutes les parties de la Philosophie, cette science qui avoit dû attirer la première la recherche des sages, étoit celle qui avoit fait d'abord le moins de progrès, ou plutôt elle n'en avoit fait aucun pendant une longue suite de siècles; au lieu de chercher dans l'examen des opérations constantes & uniformes de la nature, l'explication des mystères qu'elle présente sans cesse à l'esprit humain; au lieu de constater les faits, de les comparer, de les analyser, pour remonter ensuite aux causes; les Philosophes anciens avoient suivi une route toute opposée, qui ne pouvoit les conduire qu'à l'ignorance & à l'erreur; substituant sans cesse l'opinion à l'expérience, ils prescrivoient à la nature, qu'il eût fallu interroger, la marche qu'elle devoit suivre; ils se hâtoient d'imaginer des systêmes, sans songer, comme l'a dit un Philosophe de nos jours: « que la Physique systématique doit attendre, pour élever » des édifices, que la Physique expérimentale soit en état de lui fournir des maté-» riaux ». Telle avoit été pendant plusieurs siècles la marche de l'esprit humain. Descartes qui le premier sentit & démontra les défauts de cette méthode, ne s'en étoit pas écarté dans la pratique autant qu'il l'auroit voulu. Il s'étoit trop pressé de faire des systêmes, & de-là peut-être une partie de ses erreurs. Newton, Boyle, Torricelli, Léibnitz en profitèrent, & répandirent un jour tout nouveau sur cette partie des connoissances humaines. La raison ne prononça plus sur le témoignage de quelques Philosophes, mais sur le rapport de l'expérience. On vit des Ecoles de Physique expérimentale s'élever en Angleterre, en Hollande, en Allemagne: la France seule n'en connoissoit point encore; & au milieu de l'état florissant des Arts & des Sciences, les étrangers pouvoient lui reprocher une espèce d'indifférence pour celle qui semble le plus à la portée de tous les hommes.

C'est de ce reproche que l'Abbé Nollet vouloit venger sa Nation, en établissant à Paris des Cours où il se proposoit de démontrer toutes les parties de la Physique par l'expérience, comme on la démontroit autrefois par des systêmes imaginaires. Les difficultés de l'exécution auroient effrayé tout autre esprit que le sien; il manquoit tout à la fois & d'instrumens & d'ouvriers en état de les construire: ceux de cette Capitale, loin de se perfectionner dans ce genre, en avoient à peine acquis les premières notions; & sa fortune ne lui suffisoit pas pour suppléer à cette disette, en faisant venir des pays étrangers les machines qui lui étoient nécessaires.

Les grandes passions en tout genre s'irritent & se fortifient par les obstacles même qui font céder les goûts ordinaires : ceux que l'Abbé Nollet rencontra, ne firent que développer les ressources de son génie. MM. de Reaumur & Du Fay, les premiers témoins de ses travaux, étoient aussi devenus les confidens de son projet. Tous deux l'approuvèrent; le dernier, sur-tout, qui s'étoit appliqué toute sa vie à la Physique expérimentale, ne se borna pas à des éloges & à des encouragemens stériles ; il seconda son ami avec toute l'ardeur que peut donner l'amour éclairé des sciences, & l'aida de tout le crédit qu'il avoit, & que les sciences ne donnent pas toujours. M. le Comte de Maurepas, à qui il communiqua le projet de l'Abbé Nollet, en sentit aisément l'utilité ; il lui fit espérer que le Gouvernement seconderoit ses vues, & l'engagea à voyager en Hollande & en Angleterre, pour y visiter les Ecoles de Physique, & y établir des correspondances.

C'est par les ordres de ce Ministre, & avec les secours qu'il lui fit obtenir, qu'en 1734 l'Abbé Nollet accompagna MM. Du Fay & de Jussieu dans leur voyage à Londres, où son mérite le fit recevoir de la Société Royale sans qu'il eût sollicité cet honneur. Deux ans après il passa en Hollande. MM. Desagulliers, S'gravesande, Musschenbroeck, avec lesquels il se lia pendant ces voyages, ne se réservèrent rien de leurs connoissances, de leurs secrets, & ne lui refusèrent aucuns de ces éclaircissemens nécessaires & détaillés qu'on trouve rarement dans les livres. Il vit & démonta dans leurs cabinets des machines que la description la plus exacte & la plus scrupuleuse ne peut faire connoître qu'imparfaitement. Aidé de ces secours, & d'une dextérité naturelle qu'un travail assidu avoit porté au plus haut degré, il devint lui-même un excellent ouvrier en machines, & très-capable par conséquent de former des élèves. C'est ainsi, car on peut comparer les travaux du génie, quoique dans des genres différens, c'est ainsi que le Czar Pierre, devenu Charpentier dans les Chantiers de Sardam, jettoit les fondemens de cette Marine qui s'est rendue formidable de nos jours.

De retour à Paris, l'Abbé Nollet reprit ses Cours de Physique qu'il avoit ouverts en 1735. Les personnes les plus distinguées de la Capitale y accoururent en foule. Les femmes même s'empressèrent de se faire initier à une science dont les mystères irritoient leur curiosité, & furent étonnées d'en trouver l'étude si facile. Peut-être la nouveauté eut-elle dans ces commencemens quelque part à ce concours prodigieux; mais ce n'est certainement qu'aux lumières du démonstrateur, à cette heureuse facilité de rendre ses idées, & de mettre les matières les plus abstraites à la portée de ses auditeurs, qu'il faut attribuer la persévérance avec laquelle ses leçons ont été suivies, dans une ville où la mode semble étendre son empire jusque sur les sciences.

M. le Comte de Maurepas, qui n'avoit point oublié ses promesses, instruit de ces nouveaux succès, fit agréer en 1738 au Cardinal de Fleury, l'établissement d'une chaire publique de Physique expérimentale, dont l'Abbé Nollet devoit être le premier professeur. C'est alors qu'il crut devoir rendre compte au public du plan &

de l'état de son Ecole, dans un petit Ouvrage qu'il fit imprimer, sous le titre de Programme de Physique: il y joignit un catalogue de plus de trois cens machines qui composoient son Cabinet; collection qui paroîtra immense, si l'on se rappelle que quatre ans auparavant il y avoit à peine dans la Capitale deux ouvriers en état d'en construire.

Des circonstances particulières vinrent encore traverser les espérances de l'Abbé NOLLET; il s'en consola, par la satisfaction qu'il eut d'ajouter les noms les plus illustres à ceux qu'il comptoit déja parmi ses auditeurs. En 1736, M. le Duc de Bourbon avoit voulu prendre ses leçons, & ce Prince, pour se l'attacher davantage, lui avoit accordé un appartement à Chantilly. En 1738 le Duc de Penthièvre suivit son exemple; & l'année d'après, il fit un Cours devant M. le Duc de Chartres, aujourd'hui Duc d'Orléans.

Sa réputation ne se borna pas à la Cour de France; elle lui fit trouver des élèves jusque dans les Cours Etrangères. En 1739, le Roi de Sardaigne voulant établir à Turin une Chaire de Physique expérimentale, appella l'Abbé NOLLET dans ses Etats. Il fit un Cours de Physique devant le Duc de Savoie, & lorsqu'il l'eût fini, les machines qu'il avoit apportées de Paris furent placées dans une des salles de l'Université. Le Roi nomma pour Professeur de la nouvelle Chaire, le P. Garo, Minime, que l'Abbé NOLLET avoit formé dans l'art des expériences. Lorsqu'il prit congé du Duc de Savoie, ce Prince lui fit présent d'un très-beau diamant, en le priant de le conserver, comme une légère marque de son estime & de sa reconnoissance.

Il est arrivé souvent que les Etrangers nous ont instruit du mérite de nos propres Compatriotes; mais l'Abbé NOLLET n'eut point ce reproche à faire à sa Nation. Son voyage de Turin augmenta sa gloire, sans rien ajouter à sa réputation.

L'opinion publique étoit fixée depuis longtemps sur son compte; & c'est à elle seule qu'il dut en 1744 l'honneur d'être appellé à Versailles, pour donner à M. le Dauphin des leçons de Physique auxquelles assistèrent souvent le Roi & la Famille Royale. Les qualités de son cœur, autant que celles de son esprit, lui méritèrent la confiance & les bontés de ce Prince, qui savoit également estimer les vertus & les talens; il n'a pas cessé jusqu'à sa mort de lui donner des preuves de la bienveillance la plus marquée. Un jour qu'il étoit venu à Paris pour une cérémonie, il le fit avertir par son Valet-de-chambre qu'il dînoit aux Tuileries. L'Abbé NOLLET s'y étant rendu pour lui faire sa cour, M. le Dauphin eut la bonté de lui dire, dès qu'il l'apperçut: « Binet est plus heureux que moi, il a été chez vous; si je ne retournois pas à Versailles, j'irois aussi. » Un pareil trait doit trouver place dans l'éloge de ce Prince, & du Savant qui en a été l'objet.

Au milieu d'une vie aussi agitée, l'Abbé NOLLET savoit se ménager des instans pour écrire. Une longue habitude lui avoit fait acquérir l'art heureux de n'être pas aisément troublé, & lui faisoit retrouver par-tout son Cabinet & son Laboratoire. Il insera dans le Recueil de l'Académie des Sciences, qui se l'étoit associé en 1739,

plusieurs

Vie de M. l'Abbé Nollet.

plusieurs Mémoires sur la machine Pneumatique, sur l'ouie des poissons, & sur la formation des glaces; dans le même temps il donna au Public les deux premiers volumes de ses Leçons de Physique expérimentale. Ce Livre dédié à M. le Dauphin, est divisé en vingt-une Leçons, qui forment un corps complet de Physique. Ce n'est, comme il le dit lui-même, ni la Physique de Newton, ni celle de Descartes, ni celle de Leibnitz; c'est celle qu'un accord général, & des faits bien constatés, paroissent avoir établie; la méthode en est aussi simple que lumineuse. L'Abbé Nollet y traite d'abord des propriétés générales de la matière, & descend ensuite à celles qui sont particulières à certains corps. Il commence par établir les connoissances premières qui doivent servir de base aux autres: il fixe avec beaucoup de précision l'état de la question, & la prouve ensuite par des opérations dont il explique le méchanisme. A la suite de chaque expérience, vient une explication qu'on peut regarder comme la preuve de la propriété de la machine qu'il démontre. Ces preuves, quoique tirées de l'expérience, ont entre elles une liaison invisible. Les unes servent de principes, les autres ne sont que des conséquences. Enfin ce Livre, & ce n'est pas son moindre mérite, est écrit avec une pureté de style qui en rend la lecture aussi agréable qu'utile.

L'Histoire de l'Electricité est trop liée avec celle de l'Abbé Nollet, pour ne pas trouver place dans son éloge. Ce phénomène singulier, qui a tant occupé les Physiciens de nos jours, étoit absolument inconnu aux Anciens; ou du moins, s'ils découvrirent la vertu électrique de quelques corps, ils ne poussèrent pas plus loin leurs recherches. Parmi les Modernes, Otto Guerike, inventeur de la machine Pneumatique, fut le premier qui trouva le secret de propager le fluide électrique. Le Chevalier Boyle, M. Grai, en Angleterre, M. Du Fay, en France, firent quelques pas après lui, & l'on peut regarder leurs découvertes & leurs progrès comme le premier âge de l'Electricité. Musschenbroeck, à Leyde, M. Bose, en Allemagne, MM. Jallabert, à Genève, & Watson, à Londres, l'avoient reçu des mains de ces Savans, & l'avoient encore enrichi de leurs découvertes. L'Abbé Nollet se fraya une route nouvelle: au lieu de chercher, comme la plupart des autres Physiciens, à étonner & à produire des effets surprenans, il s'appliqua à bien saisir toutes les circonstances des faits connus, ou qui se présentoient à lui dans le cours de ses recherches; il les constatoit par des expériences réitérées, & tâchoit, par la même voie, de remonter aux causes. C'est la méthode qu'il a suivie dans six Mémoires lus à l'Académie des Sciences, dont il a formé depuis deux Ouvrages sur l'Electricité, qui ont paru en 1746 & 1748. Dans le premier, il rend compte de ses observations, de ses découvertes, & établit, sur une foule d'expériences certaines, son système des *affluences & effluences simultanées*, principe ingénieux avec lequel on peut rendre compte de tous les effets, & qui, s'il laisse la cause inconnue, nous découvre au moins la manière constante & uniforme dont elle agit dans tous les cas. Dans le second, il réfute avec force les objections de plusieurs Physiciens contre ce nouveau système.

En 1749 l'Abbé Nollet fut encore obligé de quitter son Cabinet pour la Cour. Le Duc de Savoie voulut le revoir à Turin. Il partit au mois de Juin, & profita de cette circonstance honorable pour faire le tour de l'Italie. Un des principaux objets qu'il se proposoit dans ce voyage, étoit de constater quelques effets surprenans de l'Electricité, & de s'assurer par ses propres yeux de ces merveilles singulières que les Physiciens d'Italie attribuoient depuis quelques années à la vertu Electrique. C'étoit dans ce pays seul qu'avoient paru ces phénomènes si intéressans pour le Philosophe ami de l'humanité; car si l'on en excepte M. Wickler, qui disoit avoir répété les mêmes expériences à Leipsic, aucun Physicien de l'Europe n'avoit rien vu de semblable.

Ces phénomènes se réduisoient à trois: la transmission des odeurs à travers le cylindre électrisé, & bouché hermétiquement; des personnes de tout âge & de tout sexe, purgées lorsqu'elles se faisoient électriser, en tenant dans la main certaines drogues, telles que la résine de scammonée, & la gomme gutte; enfin des rhumatismes goutteux & invétérés, des sciatiques, des paralysies enlevées ou diminuées par une forte électrisation, ou par deux ou trois seulement.

MM. Bianchi, à Turin, Pivati, à Venise, & Verati, à Bologne, étoient les seuls Physiciens que la nature avoit pris pour confidens de ses nouvelles ressources. Ils avoient répété les mêmes expériences, & obtenu les mêmes résultats. Leur unanimité, leur bonne foi, leurs lumières sembloient devoir écarter tous les doutes.

L'Abbé Nollet parut dans ces villes comme le Député des Physiciens du reste de l'Europe; les expériences furent répétées devant lui; mais à son aspect les prodiges cessèrent; plus de transmissions d'odeurs, plus de purgations. A l'égard de ces cures merveilleuses, elles se réduisirent à quelques guérisons dont la cause étoit fort équivoque, & dans lesquelles le mal s'étoit défendu longtemps contre la force du remède. Les Apôtres de ces nouveaux miracles furent obligés de convenir qu'ils avoient opéré un peu légérement, & vu les faits avec une prévention qu'il est difficile de blâmer, quand elle est inspirée par le desir d'être utile à l'humanité.

Les merveilles de l'Electricité ne furent pas le seul objet des recherches de l'Abbé Nollet, pendant le peu de séjour qu'il fit en Italie. Toutes les parties de la Physique, les Arts, l'Agriculture, furent également de son ressort. On trouve dans un Mémoire lu à l'Académie des Sciences en 1749, plusieurs observations intéressantes faites pendant ce voyage, sur la fameuse grotte du Chien, dans le Royaume de Naples; sur la nature de la lave du Mont Vésuve; sur la culture des mûriers, & la possibilité de leur faire produire deux récoltes en une année, & d'élever ainsi deux familles de vers à soie; enfin sur la température des différens climats d'Italie, & l'intempérie des marais Pontins, dont on effraie tant les voyageurs, & qu'il faut

Vie de M. l'Abbé Nollet.

attribuer, selon lui, aux alternatives subites de froid & de chaud qu'on éprouve lorsqu'on voyage la nuit & le jour.

Après avoir fait le tour de l'Italie en observateur, l'Abbé Nollet revint à Turin, où le Roi de Sardaigne lui donna de nouveaux témoignages de son estime ; il lui fit même offrir l'Ordre de Saint-Maurice, qu'il ne crût pas devoir accepter sans la permission de son Maître.

Au lieu de cette décoration extérieure, d'autant plus flatteuse qu'elle étoit accordée au mérite étranger, on lui préparoit dans sa patrie des récompenses plus analogues à son goût, & qui le mettoient à portée de rendre de nouveaux services. L'établissement de la Chaire de Physique expérimentale, si longtemps projetté, se réalisa enfin en 1753. Le Roi nomma pour Professeur l'Abbé Nollet, qui fit l'ouverture de ses Leçons par un excellent discours sur les dispositions & les qualités qu'il faut avoir pour faire des progrès dans la Physique expérimentale. Ce petit Ouvrage, imprimé alors en latin par ordre de l'Université, a été depuis traduit en françois, à la tête de la nouvelle édition de ses Leçons de Physique.

Dans la même année, l'Abbé Nollet fut encore obligé de reprendre la plume pour défendre son système des effluences & affluences simultanées, qui avoit trouvé dans le Nouveau monde un adversaire digne de lui. M. Collinson, Membre de la Société Royale, avoit fait imprimer à Londres un recueil d'observations & d'expériences sur l'Electricité, faites à Philadelphie par M. Francklin son ami. Cet ingénieux Physicien y annonçoit qu'il existoit entre le feu électrique & celui du tonnerre, une analogie que personne n'avoit soupçonnée avant lui, & dont les faits démontrèrent depuis la réalité. Quelques Physiciens françois, entre les mains desquels ce Livre étoit tombé, le traduisirent, & le commentèrent. Ils essayèrent les expériences que l'Auteur n'avoit fait qu'indiquer ; elles réussirent, & la fameuse expérience de Marly-la-ville fit époque dans l'Histoire de l'Electricité. Tous les amateurs de Physique la répétèrent à l'envie avec le même succès ; le *Francklinisme* devint bientôt la doctrine à la mode ; c'étoit, comme s'exprime l'Abbé Nollet, *l'Evangile du jour*. On alla jusqu'à croire que des barres de fer isolées au-dessous d'un nuage, épuiseroient toute la matière de la foudre, & la feroient passer sans danger dans le corps immense de la terre. Le peu de vraisemblance & le merveilleux de ces opinions ne fut pas ce qui les accrédita le moins dans la plupart des esprits.

L'Abbé Nollet étoit trop éclairé pour se laisser entraîner à cette espèce de fanatisme. En rendant justice aux talens de M. Francklin, à ses découvertes, à ses vues ingénieuses, il crut devoir réfuter plusieurs principes hasardés qui lui étoient échappés, & qui ne s'accordoient pas avec les faits & les expériences les plus constantes. Tel étoit le principe de *l'imperméabilité du verre, & du pouvoir exclusif des pointes*. Il avoit aussi à défendre son propre système, attaqué par M. Francklin, ou plutôt par ses sectateurs. Il remplit ces deux objets dans un recueil de Lettres sur l'Electricité, imprimées en 1753, dans lesquelles il combat la doctrine de son adversaire, & soutient la sienne avec autant de solidité que de modération.

Les partisans de M. Francklin ne restèrent pas sans réponse; quelques-uns d'entre eux attaquèrent même l'Abbé Nollet avec une présomption & une aigreur qui auroient pu le dispenser de garder avec eux des bienséances qu'ils observoient si peu à son égard. Mais il conserva toujours son caractère, & ne crut point qu'une dispute, qui n'avoit pour objet que la recherche de la vérité, dut dégénérer en une querelle personnelle; il se contenta de publier en 1760 de nouvelles Lettres qui contiennent la réfutation la plus modérée & la plus complette des objections qu'on avoit élevées contre son système, & des imputations qu'on s'étoit permis de hasarder contre lui.

En 1761, M. de Cremilles, Directeur Général de l'Artillerie & du Génie, ayant fait établir à Mézières, en faveur des Officiers de ces deux Corps, un Cours de Physique expérimentale, l'Abbé Nollet en fut nommé Professeur, & le Roi acheta les instrumens & les machines qui formoient son Cabinet, pour composer celui de cette nouvelle Ecole. Malgré le surcroît d'occupations que lui donnoit cette place, malgré les devoirs que lui imposoient celles de Professeur de la Chaire du Collége de Navarre, & de Maître de Physique des Enfans de France, à laquelle il avoit été nommé en 1757, il trouvoit encore le temps d'aider de ses lumières & de ses avis tous ceux qui avoient recours à lui pour la formation de leurs Cabinets de machines. Il se chargeoit même de les faire construire sous ses yeux, pour étendre de plus en plus une Science qu'il aimoit avec passion. C'est à ses soins que l'Université de Reims, les Colléges de Vendôme, d'Angers & de Juilly doivent des collections de machines suffisantes pour démontrer toutes les parties de la Physique. Il composa dans la même vue un nouveau Traité, imprimé en 1770, sous le titre de l'*Art des Expériences*, ou *Avis aux Amateurs de la Physique*, dans lequel il ne se réserve rien des connoissances que quarante ans de travaux lui avoient procurées en ce genre.

C'est le dernier Ouvrage qui soit sorti de la plume de l'Abbé Nollet. Depuis longtemps il étoit tourmenté d'obstructions au foie, que son application continuelle avoit augmentées par degrés. Au mois d'Avril 1770, la maladie parut faire des progrès plus rapides. Il n'attendit point qu'on l'avertît du danger, il se prépara à la mort avec une résignation qui lui étoit inspirée par la piété dont il avoit toujours fait profession. Enfin, après avoir supporté sans se plaindre des douleurs cruelles qui le privèrent insensiblement de l'usage de tous ses membres, sans altérer sa raison, il expira le 24 Avril 1770, en recommandant à ses amis quelques personnes qui alloient perdre ses secours.

Quoique l'Abbé Nollet ne se soit point fait connoître par ces grandes découvertes, dont une seule suffit pour assurer l'immortalité; cependant les services qu'il a rendus à la Physique, les vues nouvelles dont il a enrichi cette science, lui assignent

une

une des premières places parmi les Physiciens de l'Europe : jamais il n'a ménagé ni peines, ni dépenses, ni sa santé même pour parvenir à s'assurer d'un fait qui lui paroissoit important à vérifier. Il est vrai que personne n'a possédé à un plus haut degré que lui, le génie de l'expérience. A des idées fines & heureuses, il joignoit beaucoup de ressources pour lever les inconvéniens, de constance pour s'assurer des faits dans le plus grand détail, & une dextérité étonnante dans l'exécution. On peut en voir des preuves dans tous les Mémoires qu'il a lus à l'Académie, & sur-tout dans celui qu'il a donné en 1749 sur l'ouïe des poissons.

Tous les Naturalistes refusent à ces animaux les organes de ce sens : cependant aux mouvemens de crainte qu'on leur voit faire, lorsqu'on excite le plus léger bruit dans leurs retraites, il n'est pas possible de douter qu'ils n'aient la perception des sons. Mais comment se fait-elle ? C'est cette question difficile que l'Abbé NOLLET se propose de résoudre dans ce Mémoire. Des observations aussi délicates que pénibles, réitérées plusieurs fois dans l'élément même que les poissons habitent, le conduisent à une solution ingénieuse & satisfaisante ; il en résulte que les sons s'affoiblissent en passant d'un milieu dans un autre ; mais que ceux qui sont excités & entendus dans l'eau, sont beaucoup plus forts que dans l'air, & font ressentir à tout le corps un frémissement considérable. C'est par ce frémissement, par cette espèce de tact que, suivant l'Abbé NOLLET, les poissons ont la sensation des sons. Les vibrations des corps sonores placés dans l'eau, se communiquant par les molécules de l'eau même, font impression sur quelque partie destinée particulièrement à les ressentir & à les distinguer. De cette manière les poissons peuvent avoir un sentiment très-vif du bruit, & des sons qui se font entendre dans le milieu qui leur est propre, & dont il leur importe le plus de connoître les modifications. Telle est la conclusion de son Mémoire, qu'on ne peut lire sans admirer également la patience, le génie, & la justesse des vues de l'observateur.

L'abbé NOLLET n'étoit pas moins estimable par son caractère que par ses talens : on trouvoit en lui cette simplicité de mœurs que l'on conserve ordinairement quand on a moins de commerce avec les hommes qu'avec les livres. Elle étoit exempte de la rudesse que les Savans contractent quelquefois dans la solitude de leur cabinet. Il avoit l'abord froid, & parloit peu devant les personnes qu'il ne connoissoit pas : mais au milieu de ses amis, il se livroit entièrement à cette gaieté douce & pure qu'inspire une passion honnête, toujours satisfaite.

Il est peu de Savans qui aient autant vécu à la Cour, & qui se soient conciliés une estime aussi universelle. Les Ambassadeurs du Roi de Sardaigne sont venus plusieurs fois le visiter de la part de leur Maître. M. le Dauphin, M. le Duc de Bourbon, M. le Duc de Penthièvre lui ont donné pendant toute sa vie des marques d'une bienveillance particulière. Egalement incapable d'intrigues & de bassesse, il savoit que si le mérite ne supplée pas toujours à l'éclat de la naissance & des dignités ; il dispense au moins de jouer auprès des Grands le rôle de flatteur, & autorise quelquefois cette espèce de hauteur qui n'est souvent que l'expression d'une ame vertueuse. Un jour M. le Dauphin qui auroit desiré qu'il négligeât un peu moins le soin de sa fortune, l'engagea à aller faire sa cour à un homme en place, dont la protection pouvoit lui être utile ; il le fit, & lui présenta ses Ouvrages : le protecteur lui dit froidement, en jettant les yeux sur ses Leçons de Physique, qu'il ne lisoit pas de ces sortes de livres. *Monsieur*, lui répondit l'Abbé NOLLET, *voulez-vous permettre que je les laisse dans votre antichambre, il s'y trouvera peut-être des gens d'esprit qui les liront avec plaisir.*

A ces qualités il joignoit un grand désintéressement, vertu assez ordinaire aux ames fortement occupées de la passion des Sciences. La fortune qu'elles lui avoient procurée, étoit moins à lui qu'à sa famille. L'indigence & l'amitié y avoient les mêmes droits que ses parens. Il a placé dans le service le fils d'un Gentilhomme de ses amis, auquel il avoit donné l'éducation & les connoissances relatives à son état. On pourroit citer peut-être une infinité d'autres traits qui font également honneur à son cœur, si le même sentiment qui les lui inspiroit ne les lui eût fait cacher avec autant de soin qu'on en apporte d'ordinaire à cacher les mauvaises actions.

VIE D'ADRIEN-MAURICE,
MARÉCHAL DE NOAILLES.

Noailles pour son Roi plein d'un amour fidèle,
Voit la France en son Maître, & ne regarde qu'elle.
VOLT. *Poëme de Fontenoi.*

ADRIEN-MAURICE, DUC DE NOAILLES, Pair & Maréchal de France, Grand d'Espagne de la première Classe, Chevalier de l'Ordre du Roi & de la Toison d'Or, premier Capitaine des Gardes-du-Corps, & Gouverneur de la Province du Roussillon, naquit à Paris, en 1678, d'Anne-Jules de Noailles, Pair & Maréchal de France, & de Marie-Françoise de Bournonville. Il étoit le cinquième de vingt-un enfans.

Avoir des ancêtres illustres, c'est contracter avec l'Etat l'obligation de le devenir soi-même. Le DUC DE NOAILLES sentit dès sa plus tendre jeunesse la nécessité que lui imposoit le mérite de ses Aïeux : & pouvoit-il mieux faire que de les imiter ! leurs vertus & leurs talens lui offroient des modèles dans tous les genres.

Dès l'an 1023, les Seigneurs de Noailles avoient déja donné des preuves de cette générosité, qui est devenue une vertu héréditaire dans cette maison. Hugues de Noailles, Chevalier, (on sait ce que c'étoit alors qu'un Chevalier) entreprit avec Louis IX le voyage de la Terre-Sainte. Il mourut dans cette expédition, & mérita d'être regretté d'un grand Roi.

On vit depuis successivement Louis de Noailles se distinguer à la bataille d'Aignadel ; Antoine, son fils, marcher sur les traces de son père à celle de Cerisolles ; & Henri de Noailles se couvrir de gloire dans les champs de Rocroi, où il perdit la vie.

Aussi féconde en politiques qu'en guerriers, la maison de Noailles doit surtout se glorifier d'avoir produit François, Evêque d'Acqs, tour-à-tour Ambassadeur à Rome, en Angleterre, à Venise & à Constantinople ; il se rendit recommandable dans chacune de ces Ambassades, & mérita d'être compté parmi les plus grands Négociateurs de la France. Tels furent les personnages dont le DUC DE NOAILLES réunit à la fois & les vertus & les talens.

Il est rare qu'un beau jour ne soit pas précédé d'une aurore brillante. Le DUC DE NOAILLES, qui porta quelque temps le nom de Comte d'Ayen, annonça, dès qu'il put s'exprimer, les dispositions les plus heureuses. Il n'eut de l'enfance que ce qu'elle offre d'aimable.

La nature avoit fait en faveur du DUC DE NOAILLES des efforts prodigieux ; mais il falloit les seconder. Son père, aussi éclairé que vertueux, s'empressa de faire éclore mille qualités, dont le germe paroissoit si fécond. Mais en aidant la marche du génie de son fils, il eut soin de ne pas la forcer.

De l'éducation du cœur dépend essentiellement celle de l'esprit. On commença par donner au Duc de Noailles des leçons de bienfaisance & d'humanité. Il fut facile de les lui faire aimer, en lui remettant sous les yeux les actions de son père, & les vertus du Cardinal de Noailles, son oncle. Des mœurs pures & austères, une piété guidée par la raison, beaucoup d'éloignement pour le faste, de douceur dans le caractère, d'affabilité pour ceux qui avoient recours à lui, de charité pour les pauvres; enfin d'attention à maintenir la discipline Ecclésiastique, tant par ses exemples, que par les excellens Réglemens qu'il fit, avoient rendu ce Prélat digne d'occuper le premier siège du Royaume.

Destiné par sa naissance à remplir les emplois les plus importans, le Duc de Noailles se prépara de bonne heure à les mériter. Ce fut dans la retraite & loin de toute espèce de plaisirs qu'il s'instruisit à la fois de tout ce qui peut contribuer à former l'honnête homme & l'homme d'Etat. Il ne négligea pas non plus les connoissances de l'homme aimable. L'étude des Belles-Lettres & des Arts agréables lui servoit de délassement au milieu de ses occupations sérieuses. Il croyoit, avec raison, que l'art de penser ne doit point exclure l'art de plaire.

Après avoir passé les premières années de sa jeunesse dans les exercices les plus utiles, le Duc de Noailles se montra sur la scène du monde : il en connoissoit les écueils; il sut les éviter. Réunissant aux lumières de l'âge mûr les dehors séduisans du sien, il ne parut à la Cour brillante de Louis XIV que pour en faire l'ornement & l'admiration. Son mérite, joint à la faveur du Prince, auroit dû susciter l'envie contre lui; ses manières obligeantes & sa modestie lui firent trouver des amis jusques dans ses rivaux.

Bientôt le moment arriva où le Duc de Noailles devoit mettre en action les principes de son éducation. Son père est appellé en Catalogne pour faire le siége de Roses: à peine âgé de quinze ans, il vole sur ses pas. La fatigue n'est

1693. pour lui qu'un jeu; son courage lui prête des forces. Roses est prise presqu'aussitôt qu'attaquée; & ce succès devient en partie son ouvrage.

La campagne suivante fut encore plus glorieuse pour lui : le Maréchal de
1694. Noailles, en dirigeant l'attaque de Palamos, de Gironne, d'Ostalric & de Castel-Follit; & en moissonnant des lauriers sur les rives du *Ter*, ne trouva pas moins de ressources dans le bras de son fils que dans celui du soldat le plus aguerri. Telles furent les premières leçons que reçut, ou plutôt que donna le Duc de Noailles sous les ordres de son père. Le Duc de Vendôme, digne par ses talens & son humanité d'être le petit-fils de Henri IV, fut un des modèles qu'il se proposa par la suite.

Vie du Maréchal de Noailles.

La bravoure du Duc de Noailles avoit commencé sa réputation : sa prudence, dans un âge où l'indiscrétion paroît souvent un mérite, ne fit que l'affermir. Louis XIV, qui avoit le coup d'œil juste, sut apprécier de bonne heure tout ce qu'il valoit, & se réserva de l'employer dans les circonstances les plus délicates. L'occasion ne tarda pas à s'en présenter. Le Duc d'Anjou étoit sur le point d'aller, sous le nom de Philippe V, occuper le trône d'Espagne, auquel le Testament de Charles II l'avoit appellé. Il entroit dans les vues de la Cour de France de connoître les véritables sentimens de la Nation Espagnole pour le nouveau Roi ; le Duc de Noailles fut regardé comme l'homme le plus propre à les pénétrer. Parmi plusieurs Seigneurs François destinés à embellir la Cour du jeune Monarque, on le choisit pour être le Dépositaire des secrets de l'Etat. Sa conduite ne mit point en défaut la confiance de Louis : occupé en apparence de fêtes & de plaisirs, il n'eut jamais l'air moins observateur que quand il observa davantage. Les Espagnols, ne pouvant présumer que la politique eût emprunté les traits de la jeunesse & de la dissipation, ne pensèrent point à se déguiser, &, pour la première fois peut-être, se laissèrent deviner. Le Duc de Noailles sut adroitement profiter de leur bonne-foi pour approfondir leur génie, saisir leur caractère, leurs mœurs & leur façon de penser, & découvrit qu'en effet *il n'y avoit plus de Pyrénées*. 1700.

Mais quelque sincère que pût être alors l'attachement des Espagnols pour la France, il eût peut-être été plus avantageux pour elle qu'une si belle union ne se fût point formée. En excitant l'envie de toute l'Europe, elle lui suscita la guerre la plus malheureuse, quoique la plus juste, que Louis le Grand eût jamais essuyée. Déjà l'incendie commençoit à s'allumer de toutes parts : déjà l'Empereur, l'Angleterre & la Hollande venoient de se liguer contre les deux Rois alliés. Le Duc de Noailles, qui cessoit d'être nécessaire en Espagne, abandonne Madrid, & se rend en Allemagne à la tête de son Régiment. La bataille de Frédelinghen, gagnée par le Maréchal de Villars, devient pour Adrien une nouvelle source de gloire. 1701. 1702.

Les entreprises difficiles lui furent toujours réservées. Louis XIV apprend que les Catalans se sont révoltés : Noailles est rappellé de l'Allemagne pour aller commander en chef dans le Roussillon les troupes qu'on y faisoit marcher. Jamais Général ne se vit dans une position plus critique : obligé de soutenir à la fois les intérêts de deux Puissances, dont il ne recevoit que de foibles secours, & retranché dans un pays ravagé & dénué de toute espèce de ressources, le Duc de Noailles trouva le moyen de faire, sur son crédit, subsister son armée, d'augmenter le nombre de ses troupes, & de triompher des rébelles. Ce fut pendant le cours de cette expédition qu'il s'empara de Puy-Cerda & de toute la Cerdagne, & qu'il y fit construire une Citadelle aux dépens de cette Province. 1707.

Galerie Françoise.

On voit presque toujours les événemens malheureux se succéder : ADRIEN est vainqueur des Catalans ; mais un ennemi plus redoutable menace sa patrie. L'Anglois a fait descendre dans le port de *Cette* une flotte considérable, & sème l'épouvante dans le Languedoc & dans la Provence. Cette nouvelle parvient au DUC DE NOAILLES : sans autres ordres que ceux qu'il reçoit de son zèle, il rassemble ses troupes, quitte la Catalogne, vole à l'ennemi, le joint, le combat & le force de se rembarquer. De pareils traits n'ont pas besoin d'éloges.

1710.

Les revers que la France éprouvoit alors, & qui n'avoient d'autre cause que l'élévation de Philippe V sur le trône d'Espagne, commençoient à faire repentir Louis XIV de l'y avoir placé : il se repentoit davantage encore d'avoir voulu l'y maintenir. Peu s'en fallut que l'Aïeul ne se crût forcé, par le conseil de quelques Ministres, à fournir des secours pour faire détrôner son Petit-fils. Le DUC DE NOAILLES, dont le génie pénétrant savoit tout prévoir, sentit & fit sentir au Monarque François les suites humiliantes d'une pareille conduite. Il parla avec chaleur ; la fierté de Louis se réveilla ; & la France conçut, pour la seconde fois, le projet d'être l'appui du Roi d'Espagne.

Philippe, redevable de son trône au DUC DE NOAILLES, ne tarda pas à lui avoir de nouvelles obligations. Personne n'ignore la prise de Gironne ; elle influa trop alors sur les affaires du tems, pour qu'elle ne soit pas consacrée dans les Fastes de la Nation. Il est peu d'exemples d'une bravoure semblable à celle que montra le DUC DE NOAILLES dans cette occasion. Tout paroissoit s'opposer à ses desseins ; la saison étoit rigoureuse ; & pendant que son canon foudroyoit les murs des ennemis, des pluies considérables inondoient les travaux, & des débordemens continuels interrompoient la communication des quartiers ; la nature, en un mot, sembloit avoir conspiré contre le DUC DE NOAILLES. Aucun obstacle ne l'étonne, il les franchit tous ; la Place attaquée vivement, est emportée d'assaut ; & le fier Catalan soumis, rentre enfin sous l'obéïssance de son Maître. Le soldat victorieux est presque toujours cruel : les troupes du DUC DE NOAILLES, en entrant dans la Ville, vouloient sévir encore, & faire supporter aux vaincus toutes les horreurs de la victoire. ADRIEN les retint, & se fit plus d'honneur de sa clémence que de son triomphe. Tel fut l'événement qui affermit de plus en plus le trône de Philippe, & prépara la paix qui fut assurée à l'Europe par le fameux Traité d'Utrecht.

Il est des services que les Souverains sont dans l'impuissance d'acquitter ; ceux que le DUC DE NOAILLES rendit au Roi d'Espagne, étoient de cette nature : aussi Philippe, en lui accordant la *Grandesse*, prétendit moins le récompenser que lui donner un gage de son estime & de sa reconnoissance. Il étoit revêtu de cette dignité lorsqu'il revint en France. Louis XIV, qui revoyoit en lui le soutien de deux Couronnes, le reçut avec transport, le combla de bienfaits, &

lui

Vie du Maréchal de Noailles.

lui donna bientôt de nouvelles marques de confiance. Noailles avoit dans le génie des ressources infinies: il fut un de ceux à qui le Roi s'adressa pour réparer les torts que la guerre avoit causés ; mais ce Prince n'eut pas le tems de profiter de ses conseils; la mort l'enleva, lorsqu'il s'occupoit sérieusement des moyens de faire le bien de son Royaume.

Un foible Enfant lui succédoit; & cependant l'Etat étoit accablé de dettes; le Commerce languissoit; la Campagne restoit sans culture, & toute espèce de circulation étoit interceptée. Quelques Particuliers, abreuvés du sang de la Patrie, possédoient seuls des richesses immenses, & voyoient d'un œil sec couler les larmes des malheureux. Telle étoit la situation de la France, lorsque Philippe d'Orléans prit en main les rênes du Gouvernement. Le Régent, capable en même-tems de concevoir de grands projets & de les exécuter, s'empressa de faire cesser les secousses violentes qui ébranloient l'Etat : mais pour y parvenir, il falloit des forces réunies; les remèdes devoient être sans nombre comme les maux.

Il est impossible que celui qui gouverne agisse toujours par lui-même: son grand art est de savoir choisir des hommes qui puissent le seconder dans ses opérations. Cet art étoit celui de Philippe. Noailles, par ses lumières & son intégrité méritoit d'être associé à ses travaux: il le fut ; & quand on établit un Conseil des Finances, il en fut nommé Président. Il se crut dès-lors obligé de s'instruire de plus en plus dans une partie, dont le mauvais état avoit besoin d'une prompte guérison. C'étoit de lui qu'on l'attendoit : mais il ne voulut l'entreprendre qu'après avoir remonté jusqu'à l'origine de nos maux : plus d'une cause les avoit produits. Une multitude d'emprunts, d'impositions & d'Offices de toute espèce nouvellement créés, des monumens élevés au faste & à l'ostentation, des guerres multipliées, la révocation de l'Edit de Nantes qui, en ôtant à la Patrie des Citoyens, lui enlevoit en même-tems une foule de Personnages illustres & d'Artistes utiles; enfin l'excessive fortune & l'avidité des Traitans qu'on laissoit s'engraisser aux dépens du Public, sous le prétexte qu'ils pouvoient devenir nécessaires dans des momens urgens : telles étoient les sources malheureuses du dépérissement de nos Finances.

Ce fut dans une Assemblée extraordinaire, où Philippe convoqua tous les Grands de l'Etat, que le Duc de Noailles présenta avec force les différens abus qu'il venoit de découvrir, & qu'il proposa les moyens de les détruire : il y porta le même jour les vœux de la Nation, en demandant que la Taille réelle fût substituée à l'arbitraire. On applaudit généralement à un projet conçu par la vertu pour le bien de l'humanité. L'Abbé de Saint-Pierre, connu si avantageusement par ses Annales politiques, lui en avoit fourni l'idée.

Le Duc de Noailles ne quitta la Présidence des Finances que pour accepter une place de Conseiller au Conseil de Régence. Le Cardinal Dubois fut aussi

1717.

1718. admis à ce Conseil. Le jour qu'il y fut introduit par le Régent, les Ducs & les Maréchaux de France, à qui il contestoit le droit de préséance, ne voulurent point s'y trouver. Le Duc de Noailles l'ayant rencontré, lui dit : *Cette journée sera fameuse dans l'Histoire, Monsieur, on n'oubliera pas d'y marquer, que votre entrée au Conseil en a fait déserter tous les Grands du Royaume.*

Les Finances paroissoient alors se rétablir, & la France commençoit à oublier ses revers & à jouir de quelque tranquillité, lorsqu'un événement imprévu vint à la fois renverser toutes les têtes & les fortunes. Le système de Law fut cause d'une révolution si subite : il étoit spécieux & nouveau ; c'en étoit assez pour qu'il séduisît les François, dont la plupart ne savent rien approfondir, & n'aiment jamais que ce qu'ils ne connoissent pas. Les Grands, le Peuple & le Régent lui-même en parurent enthousiastes. Le prestige avoit moins d'empire sur l'esprit du Duc de Noailles ; il blâmoit en secret ce que tout le monde admiroit hautement : bientôt il eut le courage de le dire, & l'exil fut la récompense de son zèle.

Si sa disgrace étoit injuste, elle fut utile à la Patrie. Il employa les loisirs de sa retraite à acquérir de nouvelles connoissances sur la Politique, l'Histoire & l'Art difficile de la Guerre où il se montra si supérieur. Sa présence étoit trop nécessaire à l'Etat pour qu'on ne s'apperçût pas promptement du tort que son absence lui avoit fait. Il ne resta dans son exil que le tems qu'il fallut pour laisser dissiper l'ivresse : un rêve l'avoit causée, elle n'en eut que la durée. Law, presqu'aussi-tôt l'horreur que l'idole de la Nation, fut obligé de quitter honteusement un pays qu'il venoit de ruiner en voulant l'enrichir. Sa fuite amena le retour du Duc de Noailles.

1723. Louis XV parvenu à la majorité, Philippe abandonna la Régence pour prendre le titre de premier Ministre, qui fut donné, à sa mort, au Duc de Bourbon-Condé. Le Cardinal de Fleuri, homme d'une grande modération, succéda à ce dernier. Enfin, après une paix de vingt années pendant lesquelles chaque Puissance, qui avoit eu le tems de se reposer de ses fatigues, vit en même-tems
1733. fleurir le Commerce & les Arts, la mort d'Auguste II, roi de Pologne, fit renaître dans l'Europe les malheurs & les dissentions inséparables de l'humanité.

La Guerre ne fut pas plutôt déclarée, que le Duc de Noailles se signala par de nouveaux exploits. On le vit bientôt en Allemagne, commandant sous Berwick
1734. un Corps séparé, prendre le Fort de *Kell*, & forcer les lignes *d'Etlingen*. Cette dernière action fut, peu de tems après, suivie du siège de *Philisbourg*, où le Maréchal de Berwick fut tué. Ce Maréchal, aussi brave Soldat que grand Capitaine, refusa l'appartement du Duc de Noailles qui lui avoit été offert à Versailles dans le tems de l'exil de ce dernier.

Vie du Maréchal de Noailles.

Ce fut à *Philisbourg* que le Duc de Noailles obtint le bâton de Maréchal de France. Toujours attentif à donner l'exemple de la subordination, il ne se fit aucune peine, malgré ses grades militaires, de servir sous les ordres du Maréchal d'Asfeld, son ancien. On lui donna, dans la même campagne, le commandement du haut & bas Rhin; il y affermit nos conquêtes, & contraignit l'ennemi d'abandonner la ville de *Worms*.

Un autre pays devint l'année suivante le théâtre de sa gloire: ce ne fut pas seulement comme Général de nos Troupes qu'il se distingua; ses opérations, ses manœuvres habiles, & le soin qu'il eut de ménager le sang de nos Soldats, en ménageant celui des ennemis, méritent sans doute les plus grands éloges: mais ce qui doit à jamais éterniser sa mémoire, c'est la manière adroite dont il sut se comporter avec les Alliés; la conduite qu'il tint alors peut être regardée comme un chef-d'œuvre de politique. Les Cours de France, de Sardaigne & d'Espagne unies entr'elles contre l'Empereur, furent divisées dès le commencement de la guerre par des motifs d'intérêt; il eut l'art de les concilier. Cet événement qui nous rendit maîtres d'une partie de l'Italie, en faisant perdre à Charles VI presque toutes les possessions qu'il y avoit, fut terminé par la paix de Vienne. Il fut aussi suivi de la réunion de la Lorraine à la Couronne.   1736.

Si la mort du Roi de Pologne avoit causé les plus grands troubles, celle de l'Empereur Charles VI, dernier Prince de la Maison d'Autriche, devoit produire un embrasement total. On vit bientôt la France, l'Espagne, la Bavière & la Saxe se donner des mouvemens pour faire un Empereur. La France, contre l'avis du Maréchal de Noailles, fit marcher des troupes en Allemagne en faveur de Charles de Bavière, qui fut élu Empereur sous le nom de Charles VII. Nos premiers efforts furent couronnés par des succès en Bavière & en Bohême; mais qu'étoient ces succès en comparaison des désastres affreux qui les suivirent? Ils furent si grands que la retraite de Prague, à laquelle il n'y avoit pas lieu de s'attendre, nous parut alors aussi avantageuse, que dans un autre tems le gain d'une bataille considérable nous l'eût été.   1741.
    1742.

Du fond de l'Autriche, la Guerre fut transportée sur les bords du Rhin. La France, que le Maréchal de Noailles avoit toujours sauvée des crises les plus dangereuses, lui confia le commandement de l'Armée qu'elle envoya dans la basse Alsace. Elle lui remit en même-tems le plein pouvoir de traiter avec l'Empereur & tous les Princes de l'Empire.   1743.

Ce Général se montra, dans cette campagne, supérieur à lui-même, quoiqu'il n'y fût pas heureux. Il commença par s'en rendre le maître; & s'il ne fut pas victorieux, il fit au moins tout ce qu'il dut pour l'être. Ses dispositions étoient telles, que l'Anglois posté dans *Aschaffenbourg*, ville située sur le Mein, ne pouvoit faire le moindre mouvement sans se trouver enveloppé. Le Roi d'Angleterre lui-même ne pouvoit pas éviter d'être pris ; mais comme il ne faut qu'un moment pour faire le succès des choses les plus désespérées, il n'en faut qu'un aussi pour faire évanouir les espérances les mieux fondées. Trop d'impatience causée par trop d'ardeur, dérangea les mesures du Maréchal DE NOAILLES, & le plan le plus sublime que Général ait jamais concerté. Un Officier Général, en abandonnant un poste avantageux où il devoit rester, commit une faute irréparable : les Anglois, qu'il tenoit en respect, trouvèrent bientôt le moyen de défiler en ordre de bataille. Bientôt le combat s'engagea près de *Dettingue* : & ce jour, que la France devoit compter au nombre de ses instans les plus brillans, ne fut pour elle, par la multitude de braves Officiers qui périrent, qu'un jour de deuil & de consternation. La perte des Officiers Anglois ne fut pas moins considérable que la nôtre. Le Comte de Stairs, Ecossois, & l'un des élèves du fameux Duc de Malboroug, commandoit l'armée des Ennemis, & mérita d'être opposé au Maréchal DE NOAILLES. Il disoit, en parlant de la bataille : *Je pense que les François ont fait une grande faute, & nous deux : la leur a été de ne savoir pas attendre ; les deux nôtres ont été de nous mettre dans un danger évident d'être perdus, & ensuite de n'avoir pas su profiter de la victoire.*

Après cette action, les deux Généraux se rencontrèrent à Francfort, où ils se donnèrent mutuellement des preuves de leur estime. Avant leur entrevue, ils s'étoient écrit déja plusieurs lettres. L'Empereur Charles VII se trouvoit alors dans cette Ville : là, privé de ses Etats, accablé de revers, & détestant un titre qui n'étoit pour lui qu'une source de maux, il manquoit des moyens de faire subsister sa famille. Le Maréchal DE NOAILLES, touché de son infortune, lui donna une lettre de crédit de quarante mille écus. Telle étoit la situation de la Majesté Impériale dans un païs qui lui appartenoit.

A peu-près dans le même-temps les troupes de Bavière vinrent se joindre à celles du Maréchal DE NOAILLES. Un pareil secours lui étoit devenu d'autant plus nécessaire, qu'il avoit à la fois deux armées à contenir ; l'une faisoit ses efforts pour entrer dans la haute Alsace, pendant que l'autre, composée des Alliés, se portoit du côté des Pays-Bas dans le dessein de faire diversion. Le Maréchal DE NOAILLES sut prendre des mesures si sages, & se poster si avantageusement, qu'il rendit inutiles, presque sans agir, les entreprises des deux armées. Ce fut par une opération aussi habilement combinée qu'il termina cette campagne : la fin répondit au commencement.

1744. La campagne suivante fut la première de Louis XV. Ce Prince, après avoir gagné le cœur de ses peuples par la douceur de son gouvernement, voulut rendre son nom formidable à l'Europe, en triomphant à la tête de ses armées. Secondé du Maréchal DE NOAILLES, il part pour la Flandre : la victoire le précède,

Vie du Maréchal de Noailles.

précède, & la gloire le suit. Il se montre; & déja *Ypres*, *Menin*, *Courtrai*, & plusieurs autres Villes cèdent à ses efforts.

Le Roi se disposoit à poursuivre le cours de ses conquêtes, lorsqu'il apprend à Dunkerque que Charles de Lorraine vient de passer le Rhin avec une armée de soixante mille hommes, & qu'il pénètre sans résistance dans l'Alsace. Les dangers qui menacent ce pays alarment sa tendresse: laissant au Maréchal de Saxe le soin de conserver ce qu'il vient de conquérir, il vole lui-même au secours de cette Province, & fait prendre les devants au Maréchal DE NOAILLES. Le rendez-vous étoit à Metz: Louis y arrive le 5 du mois d'Août: le 7 il reçoit la nouvelle que le Prince de Lorraine abandonne l'Alsace. Déjà la joie commence à renaître dans tous les cœurs: mais bientôt le trouble lui succède. Ce n'est plus l'ennemi que l'Alsacien redoute; un autre soin l'afflige: il craint de perdre un Roi qui vient pour le sauver; & la France entière partage sa douleur.

Pendant que ces choses se passoient, le Maréchal DE NOAILLES, forcé par son devoir de s'éloigner de son Maître qu'il laissoit expirant, poursuivoit Charles qui se faisoit admirer en se retirant. Il repassa le Rhin sans essuyer le moindre échec. Mais si l'ennemi s'échappa, ce n'étoit point la faute du Maréchal DE NOAILLES: les circonstances mirent des entraves à son zèle. Cependant un Sujet du Roi de Prusse ne craignit pas de l'accuser de lenteur: un Mémoire détaillé de ce qu'il avoit fait heure, par heure, justifia pleinement sa conduite.

Ce seroit dérober une partie de la gloire du Maréchal DE NOAILLES que de passer ici sous silence un trait qui doit faire époque dans son histoire. Pendant que l'Angleterre, la Hollande & la Savoie réunies à l'Allemagne, combattoient contre nous, il engagea le Roi de Prusse, sans que le Ministère en eût la moindre connoissance, à rompre son Traité de Paix avec la Reine de Hongrie, & à s'attacher aux intérêts de la France. Ce Prince, en attaquant l'Autriche, contribua beaucoup au succès de nos armes en Flandre.

Le Roi commençoit alors à reprendre ses esprits, & ranimoit l'espérance des François. Ses premières pensées furent pour le Maréchal DE NOAILLES: *Ecrivez-lui de ma part*, disoit-il au Comte d'Argenson, *que pendant qu'on portoit Louis XIII au tombeau, le Prince de Condé gagnoit la bataille de Rocroi.*

Louis, à peine convalescent, voulut, avant de reparoître dans sa Capitale, faire le siège de Fribourg. Toujours aidé du Maréchal DE NOAILLES, il s'empara de cette Ville en peu de temps; il revint à Paris après cette expédition. Les transports mêlés de joie & de tendresse avec lesquels on l'y reçut, lui firent éprouver que le plus grand bonheur d'un Souverain est d'être aimé de ses Sujets.

Il n'est pas ordinaire de voir un Courtisan sacrifier au bien de l'Etat ses propres intérêts: le Maréchal DE NOAILLES s'oublia souvent lui-même pour ne songer qu'à sa Patrie. La France lui étoit redevable de compter parmi ses Héros le Maréchal de Saxe; c'étoit lui qui l'y avoit attiré, & qui lui avoit fait donner de l'emploi.

Galerie Françoise.

Croyant reconnoître dans le Général Saxon des talens supérieurs aux siens, il préféra de lui laisser commander les armées à l'honneur de les commander lui-même.

1745. On le vit à Fontenoi en contribuant au gain de la bataille, dont il avoit en partie tracé le plan, servir de premier Aide-de-Camp à ce Général étranger. Tant de magnanimité étoit faite pour être sentie par le Maréchal de Saxe : elle excita sa reconnoissance & son admiration, & fut pour deux Grands Hommes l'occasion de l'union la plus rare & la plus étroite.

La journée de Fontenoi fut le terme des exploits & des travaux guerriers du Maréchal de Noailles. Quelque tems après cette bataille, Louis XV, félicitant M. de Saxe sur cet heureux événement, lui dit, « M. le Maréchal, vous gagnez » plus à cette guerre que nous tous, car avant vous étiez enflé par tous les mem-» bres, & vous jouissez à présent de la meilleure santé ». Le Maréchal DE NOAILLES, qui étoit alors présent, répondit au Roi : *il est vrai, Sire, que M. le Marechal de Saxe est le premier homme que la gloire ait désenflé.*

En cessant de vaincre, le Maréchal de Noailles ne cessa pas d'être utile. L'année suivante le mit à portée de signaler son zèle & ses talens. La discorde qui se plaît sur-tout à porter le désordre dans le sein des familles, étoit sur le point d'armer le
1746. sang contre le sang. Louis, que la guerre affligeoit malgré l'éclat de ses triomphes, vouloit éviter une rupture ouverte avec le Roi d'Espagne ; le Maréchal DE NOAILLES fut envoyé à Madrid en qualité d'Ambassadeur extraordinaire, pour négocier un accommodement. Personne ne pouvoit mieux remplir le rôle de Conciliateur : il connoissoit les intérêts des deux Couronnes ; Philippe lui devoit en quelque sorte son trône, & les Espagnols leur Roi. Il se conduisit à la satisfaction des deux Puissances, & fit en peu de tems succéder le calme à l'orage.

Ministre d'Etat, il se borna depuis à s'occuper des affaires du Conseil. Les avis qu'il y proposa étoient sages, lumineux & dirigés uniquement par l'amour du bien
1756. public : il eût été à souhaiter qu'ils eussent toujours été suivis. La guerre s'étant rallumée de nouveau, il indiqua le plan de conduite qu'il lui paroissoit essentiel de tenir ; tant qu'on ne s'en écarta pas, on eut des succès. Il ne se retira du Conseil que lorsqu'il vit les malheurs de la France, & qu'il ne lui fut possible d'en arrêter le cours.

Le Maréchal DE NOAILLES servit encore l'Etat en présidant long-tems en qualité de Doyen au Tribunal des Maréchaux de France, appellé si justement le Tribunal de l'honneur : il ne l'abandonna que trois années avant de mourir. Pendant qu'il y rendit la Justice, il fut très-attentif à maintenir parmi les Militaires les véritables Loix de l'honneur, qu'il sut bien distinguer des préjugés qui en usurpent souvent la place. Il ne s'appliqua pas moins à réprimer les désordres affreux où entraîne presque toujours la passion funeste du jeu, & à punir sévèrement, tant ceux qui en étoient les victimes, que ceux à qui la fortune avoit été trop favorable.

Les traits qu'on vient de rassembler, prouvent évidemment que le Maréchal DE NOAILLES réunissoit dans un dégré supérieur tous les talens de l'homme public.

Vie du Maréchal de Noailles.

Comme particulier, il ne fut pas moins digne de fixer les regards de la postérité.

L'humanité, cette vertu que chacun admire, & qu'on exerce si peu, fut toujours l'ame de ses actions: il fut le père du Soldat, l'ami des Officiers, & n'abusa jamais de la victoire.

Ses succès, sa naissance, enfin cette grande supériorité qu'il avoit dans presque tous les genres ne furent point des écueils pour sa modestie: il laissoit à la médiocrité le soin de se vanter. Il savoit s'estimer sans doute, il le devoit; mais il ne parloit de lui qu'avec une réserve singulière; & comme il n'étoit pas dans le cas d'être flatté pour être loué, les éloges l'importunoient.

Il n'aimoit point à représenter; mais quand les circonstances l'exigeoient, il s'en acquittoit avec dignité. Il supportoit difficilement le luxe dans les autres, & se piqua toujours de la plus grande simplicité: il étoit paré de ses vertus.

Le Maréchal DE NOAILLES étoit sensible; il devoit être bienfaisant. Il suffisoit d'être malheureux pour avoir des droits sur sa générosité: sa Province & son Gouvernement en ont souvent ressenti les effets. Il s'intéressoit sur-tout à cette partie précieuse de l'Etat qui, aux avantages de la naissance, ne réunit pas toujours les faveurs de la fortune, & faisoit répandre sur elle les graces qui émanent du Souverain. Il portoit aux pieds du Trône les plaintes des Sujets opprimés qui y parviennent si difficilement; il leur servoit d'appui, de défenseur, & leur faisoit rendre la Justice qui leur étoit due. Le Laboureur jouissoit à ses yeux de la plus grande considération: il ne pouvoit voir sans indignation que celui qui s'occupe sans cesse de notre existence, manque souvent des moyens de soutenir la sienne, & s'empressoit d'essuyer ses larmes & de soulager ses besoins.

Le mérite étoit sûr de trouver un accès facile auprès de lui: il l'aidoit même de ses secours, & se faisoit un plaisir d'aller les lui offrir pour lui sauver l'embarras de venir les réclamer. Il encourageoit les talens, non point en grand Seigneur qui ne cherche qu'à les protéger, mais en homme éclairé, qui sait les apprécier, & en Citoyen plein de zèle, qui honore tout ce qui peut tourner à la gloire & à l'utilité de son Pays.

Son génie ne pouvoit rester dans l'inaction. En donnant à l'étude des Sciences & de la Littérature, les instans de loisir que lui laissoient ses occupations importantes, ou en composant lui-même une infinité d'ouvrages excellens qui ne sont que ses actions réduites en principes, il faisoit revivre ces exemples si fréquens parmi les grands Capitaines de l'Antiquité, & si peu suivis de nos jours: c'étoit César travaillant à ses Commentaires après la conquête des Gaules.

Obligé par son rang, ses emplois & ses devoirs de vivre continuellement à la Cour, il y conserva toujours une ame incorruptible. Il louoit volontiers, mais il ne flattoit jamais, pas même son Prince. Il évitoit soigneusement les intrigues & les cabales qu'il méprisoit, & son esprit ne s'y prêta jamais. Il mérita d'avoir des envieux, mais il ne fut ennemi de personne.

Le Maréchal DE NOAILLES étoit d'un commerce sûr, & sa société pleine de douceur & d'agrément; sa conversation vive, enjouée, étoit également instructive. Il parloit de tout avec une aisance qui lui étoit propre, mais sans humilier personne, & sans afficher l'importance ou le savoir. Il écoutoit les autres avec beaucoup de complaisance & d'attention; prenoit le ton de ceux avec lesquels il se trouvoit, & se mettoit toujours à leur portée. A l'exemple de Socrate, il vouloit trouver de l'esprit à tout le monde.

Il ne fut pas moins grand au milieu de sa famille, en la gouvernant par les loix de la confiance & du sentiment, & méritant d'en être adoré, que gagnant des batailles à la tête des armées, & se faisant craindre de l'ennemi. Lorsqu'il s'associa la Maréchale DE NOAILLES, c'étoit autant pour l'estimer, l'aimer, & faire son bonheur du sien, que par le desir de perpétuer son nom. Aussi bon père que vertueux époux, il prit le plus grand soin de l'éducation de ses enfans à laquelle il veilla lui-même, & ne passa jamais d'instans plus agréables que ceux qu'il partageoit avec eux.

Le Maréchal DE NOAILLES se montra toujours très-attaché à la Religion; il ne cessa jusqu'à la fin de ses jours de la respecter dans ses discours, & de la soutenir par ses exemples: libre de soins & de toutes sortes d'emplois, il en fit même pendant les trois dernières années de sa vie, le principal objet de ses méditations.

Il dit alors à la Cour un éternel adieu: dans ces instans de repos, il alloit fort souvent se promener à la Place de Louis-le-Grand, à celle de Louis XV, & se rappelloit avec plaisir, à la vue des Statues qui les décorent, des traits fortement gravés dans son cœur. Quelquefois, dirigeant ses pas vers l'Hôtel des Invalides, il y revoyoit avec transport de vieux Soldats témoins, auteurs & compagnons de sa gloire. Son ame n'étoit pas moins émue toutes les fois qu'il paroissoit à l'Ecole Militaire: il aimoit à se représenter comme autant de héros tous ces jeunes Athlètes que la bienfaisance du Prince qui nous gouverne élève pour la défense de la Patrie. Il s'entretenoit, pendant ses promenades, avec ceux qui l'accompagnoient, des affaires du Gouvernement; se réjouissoit de ce qui lui arrivoit d'heureux, s'affligeoit de ses calamités, & ne cessoit de faire des vœux pour la félicité des Peuples.

Tels furent les sentimens dans lesquels le Maréchal DE NOAILLES vit sa dernière heure s'approcher. Il mourut à Paris en 1766, entouré de ses enfans qui pleuroient un ami, & réunissant les années & la sagesse de Nestor.

Il avoit épousé, en 1698, Françoise d'Aubigné, dont il eut six enfans: Louis, Duc de Noailles; Philippe, Comte de Noailles; Françoise-Adélaïde; Amable-Gabrielle; Marie-Louise; & Marie-Anne-Françoise de Noailles.

Le Maréchal DE NOAILLES n'est pas mort tout entier, il revit aujourd'hui dans ses fils & dans ses petit-fils qui, en héritant de son nom, ont hérité de ses vertus.

L'ABBÉ D'OLIVET.
a l'âge de 43 ans.

Rastout. del.   Le Vasseur Sculp.

L'ABBÉ D'OLIVET.

Joseph Thoulier d'Olivet, l'un des Quarante de l'Académie Françoise, naquit à Salins, le 30 Mars 1682, d'une famille honnête : son père fut depuis Conseiller au Parlement de Franche-Comté. Le jeune d'Olivet eut le bonheur de ne devoir qu'à l'amour paternel les premiers soins de son éducation ; avantage précieux dont on jouit rarement dans les grandes villes, où la multiplicité des affaires, l'usage, peut-être même une espèce de luxe déplacé, forcent les parens de s'en rapporter à des étrangers, qui rarement joignent l'exemple aux préceptes. Son inclination pour les Lettres se déclara dans le cours de ses études qu'il fit d'une manière très-brillante : à peine furent-elles achevées, qu'il entra chez les Jésuites, où il avoit un oncle célèbre par son érudition. Ce fut dans cet Ordre, à qui les Lettres doivent plusieurs Écrivains illustres, qu'occupé de l'éducation publique, il se donna cette seconde éducation, dont la première n'est jamais qu'une ébauche. Ses premiers essais eurent pour objet la Poësie ; ils auroient pu remplir un volume. Mais bientôt séduit par le talent de la Chaire qui lui offroit une gloire plus solide, il tourna toutes ses vues du côté de la Prédication ; même il avoit prêché un Carême entier à Grenoble, lorsque par une nouvelle inconstance, on le vit abandonner la Chaire pour se livrer tout entier à ce genre mêlé de Littérature & de Philosophie, qui nourrit l'ame, & exerce en même-temps l'esprit. Cicéron fut l'Auteur auquel il s'attacha plus particulièrement, parce qu'il ne trouvoit nulle part une source si vive, si pure, si abondante de morale & de goût.

Cet amour décidé pour le travail, qui faisoit présager dès-lors la réputation que le jeune d'Olivet devoit avoir un jour, le rendit précieux aux Jésuites. Leur politique voyoit avec plaisir croître des talens qui devoient contribuer à la splendeur de leur Ordre. Mais le joug de l'obéissance religieuse commençoit à peser à leur Élève ; il sollicita la permission de quitter l'habit. Les refus qu'il essuya pendant long-temps, en augmentant ses desirs, lui firent sentir tout le poids de ses fers : il les rompit enfin à l'âge de trente-trois ans. Nous avons déja fait assez connoître l'Abbé d'Olivet, pour qu'on soit convaincu que l'esprit de dissipation n'eut aucune part à ce changement d'état ; il avoit d'ailleurs passé ce temps où la violence des passions permet difficilement de faire un bon choix dans le parti qu'on veut embrasser. Le desir de vivre tranquille & indépendant dans le sein des muses, l'avoit seul déterminé à quitter la vie religieuse pour l'État Ecclésiastique. Aussi modeste que désintéressé, on l'avoit vu, quelque temps avant sa sortie des Jésuites, sacrifier à sa passion pour la Littérature les plus grandes espérances, en refusant l'éducation du Prince des Asturies, qui pouvoit lui ouvrir un chemin à la fortune.

La République des Lettres étoit encore en proie à la guerre civile, lorsque l'Abbé d'Olivet vint à Paris. La célèbre dispute sur le mérite des Anciens s'étoit renouvellée : chaque parti comptoit parmi les siens des Écrivains distingués ; Despréaux, Racine, héritiers du génie d'Homère & de Pindare, soutenoient la cause de leurs Maîtres ; à leur tête étoit la savante Madame Dacier : *dux fœmina facti*. On voyoit du côté des détracteurs de l'Antiquité l'Abbé Terasson, Fontenelle, la Mothe. Ce qu'il y avoit de singulier, c'est que ce dernier ne savoit pas le grec, quoiqu'il eût mis en vers françois l'Illiade d'Homère : aussi n'attaquoit-il dans les ouvrages des Anciens que les défauts de l'ensemble ; mais il les attaquoit avec un acharnement incroyable. Ne pouvant convaincre par de bonnes raisons, il cherchoit à surprendre par des paradoxes ingénieux, des systêmes particuliers. L'Abbé d'Olivet sut se préserver de la contagion du bel esprit par son goût pur & sévère, qu'il devoit principalement à une lecture réfléchie des grands Maîtres, aux liaisons littéraires qu'il avoit eues dès sa jeunesse avec MM. Huet, Maucroix, le Président Bouhier, le père Tournemine.

L'Étude de la langue françoise devint dès-lors son objet unique, sa pensée habituelle ; il s'attachoit à l'apprendre par principes, dans les ouvrages de nos meilleurs Écrivains. Ce fut le hazard qui le fit Traducteur ; il s'agissoit de revoir quelques traductions de M. de Maucroix, l'Abbé d'Olivet y travailla avec cet enthousiasme qu'on éprouve lorsqu'on a trouvé son véritable genre, & les refit en entier, quoiqu'elles n'ayent jamais paru que sous le nom de leur premier Auteur.

La considération qu'il s'étoit acquise étoit telle, que dès l'année 1723, sans qu'il eût encore rien publié sous son nom, l'Académie françoise le mit au nombre de ses Membres. La brigue n'eut aucune part à son élection : on n'eût pas même pu l'en soupçonner ; il étoit pour lors à Besançon occupé à rendre à son père les derniers devoirs de la piété filiale.

De retour à Paris, l'Abbé d'Olivet voulut répondre à l'attente qu'on avoit de lui, & mériter par ses travaux une place qu'il avoit la modestie de croire ne lui pas être due. Sa traduction des Entretiens de Cicéron parut en 1726 ; il la dédia au Roi. A peine vit-elle le jour, qu'elle passa pour un chef-d'œuvre. Quelle pureté ! quelle élégance ! le Prince des Orateurs de l'ancienne Rome n'eût pas choisi d'autres expressions, s'il eût écrit en françois. Ce Livre n'est pas seulement précieux par les graces du style, il contient encore des notes très-curieuses, une table chronologique des Philosophes Grecs dont il est parlé dans le cours de l'ouvrage, & des remarques instructives sur la Philosophie ancienne. La critique, qui ne put rien fur le corps de l'ouvrage ; chercha à s'en venger en attaquant les Remarques. Quoique l'Abbé d'Olivet ait répondu depuis à ces objections dans l'édition de 1765, ces démêlés, & ceux qu'il effuya lorfqu'il mit au jour le fameux Traité de M. Huet, de la Foibleffe de l'efprit humain, l'engagèrent à brûler une hiftoire de l'Académie d'Athènes, qui auroit été certainement très-inftructive & très-curieufe.

La traduction des Philippiques de Démofthènes, & des Catilinaires de Cicéron qui parut l'année fuivante, ne fut pas moins bien accueillie des Savans, & méritoit autant de l'être : on n'avoit pas à craindre du goût mâle & févère de l'Abbé d'Olivet, qu'à l'exemple de Tourreil, il étouffât par les ornemens de l'art les graces fimples de la nature, & s'efforçât de donner de l'efprit à des Auteurs qui brillent principalement par leur génie. De l'aveu des connoiffeurs, les traductions de ces ouvrages philofophiques renferment des beautés originales, & réuniffent l'énergie & la naïveté du genre didactique.

L'hiftoire de l'Académie françoife de Peliffon demandoit un continuateur : l'Abbé d'Olivet la reprit où cet Académicien l'avoit laiffée en 1652, & la continua jufqu'en 1700; il y fit même quelques additions auxquelles il joignit des Remarques fur l'ouvrage de fon Prédéceffeur : « l'objet de ces Remarques porte, » comme il le dit lui-même, tantôt fur des ufages académiques qui ont varié » felon les temps, tantôt fur de petits faits fur lefquels le premier Hiftorien » n'avoit pas eu de mémoires exacts ». L'Abbé d'Olivet lutta contre Peliffon, en donnant à cette hiftoire une forme plus difficile, & il n'a pas eu moins de fuccès. Son ouvrage, divifé en deux parties, renferme, dans la première, l'hiftoire de l'Académie; la feconde contient celle de fes Membres. Cette hiftoire fit du bruit & arma la critique contre fon Auteur. On reprocha à l'Abbé d'Olivet de n'avoir pas toujours été impartial dans les jugemens qu'il a portés fur les ouvrages des Académiciens. On l'appelle même, dans une épigramme qui courut à ce fujet, l'*Apologifte de Cotin & le Cenfeur de la Bruyere*.

Le beau fiècle de Louis XIV qui avoit donné naiffance aux chefs-d'œuvre immortels de la Langue françoife, n'avoit vu paroître aucun ouvrage qui en fixât les élémens d'une manière invariable, & pût fervir de règle à tous ceux qui écrivent en quelque genre que ce foit, mais fur-tout aux Orateurs & aux Poëtes. L'accueil que le Public fit aux Effais de Grammaire de l'Abbé d'Olivet l'engagea à travailler en ce genre, & peu de temps après il donna fon excellent Traité de la Profodie Françoife, dans lequel il développe les richeffes dont notre Langue eft fufceptible, fait voir combien de reffources peut y trouver le génie guidé par le goût. « Si nous voulions, difoit-il, nous en donner la peine, » comme les Grecs & les Latins, la Langue françoife ne feroit ni foible, ni ré-» belle ; l'eft-elle dans Racine, dans Molière, dans Fénélon ? Mais la plupart de

» nos ouvrages, ajoutoit-il, ne sont que des accouchemens à mi-terme, & c'est » pour cela qu'ils ne vivent pas ». Nous avouerons ici que l'Abbé d'Olivet voyoit la Langue françoise, comme un amant voit sa maîtresse, sans aucun défaut. Il ne faisoit pas attention que les Grecs, les Latins n'avoient pas les mêmes entraves que nous. Ils étoient des hommes libres, & nous sommes des esclaves. Maîtres de faire toutes les transpositions que demande l'harmonie, ils commandoient à leur langue; nous obéissons à la nôtre: cette marche uniforme de toutes nos phrases, dans lesquelles le cas suit de toute nécessité le verbe, qui doit être lui-même précédé du nominatif, jette une monotonie singulière, que la rime, tyran plus cruel encore, rend insupportable. Aussi trouvons-nous rarement dans nos Écrivains, même les meilleurs, ces exemples d'harmonie imitative si communs chez les Anciens. Le second chant du Lutrin nous en offre un très-beau dans les derniers vers du Discours de la Mollesse. Ce n'est pas Boileau qui parle, c'est la Mollesse elle-même: il en auroit trop coûté à des organes engourdis par le sommeil de prononcer des mots; la Déesse ne laisse tomber que des syllabes, encore ne pouvant pas achever, elle

Soupire, étend les bras, ferme l'œil & s'endort.

Racine n'a pas peint avec moins de vérité les efforts impuissans des Grecs dans ces deux vers connus de tout le monde:

Il fallut s'arrêter, & la rame inutile
Fatigua vainement une mer immobile.

Mais combien citeroit-on de pareils exemples?

La traduction des Tusculanes de Cicéron suivit de près le Traité de la Prosodie, elle parut l'année suivante: le Président Bouhier, ami de l'Auteur & ami digne de lui, y avoit travaillé; ses morceaux sont fidèles, mais on y desireroit quelquefois plus de précision. Ce fut dans ce temps que la Cour d'Angleterre fit proposer à l'Abbé d'Olivet de travailler à une magnifique édition des Œuvres de Cicéron. Les riches promesses de l'Étranger ne le tentèrent point; si quelque chose avoit pu le déterminer, c'eût été la gloire de voir ses talens utiles à un grand Prince; & il trouva cette récompense flatteuse dans la permission que lui accorda le Cardinal Fleury, de consacrer à l'éducation de M. le Dauphin le travail qu'il eût présenté au Duc de Cumberland. La manière dont son ouvrage fut payé ne lui fit point regretter les avantages qu'on lui avoit offerts en Angleterre: le Roi lui accorda une pension de quinze cens livres à prendre sur sa Cassette; distinction qui fait autant honneur au goût éclairé du Souverain, qu'au mérite du sujet.

La connoissance profonde que l'Abbé d'Olivet avoit des Auteurs Latins ne nuisoit point au commerce qu'il entretenoit avec les Écrivains François: les Œu-

Vie de l'Abbé d'Olivet.

vres de Racine & de Boileau étoient sa lecture favorite. Persuadé qu'ils mériteroient incontestablement d'être mis à la tête de nos Auteurs Classiques, si l'on avoit relevé le très-petit nombre de fautes où ils sont tombés, il les commenta. Nous n'avons que ses Remarques sur Racine; elles portent toutes, ou sur des expressions qui ont vieilli, ou sur des phrases, irrégulières à la vérité, mais autorisées par les priviléges de la Poësie, que l'Abbé d'Olivet vouloit resserrer dans des bornes trop étroites. Ses observations sont pleines de finesses, de précision, & en même-temps de respect pour l'Auteur qu'il critique. « J'ai lu Racine avec atten- » tion, dit-il, mais non à dessein d'y trouver des fautes. Lire un Auteur dans la » vue de le reprendre, c'est vouloir à tout moment trouver mal ce qui est bien ». Avec quelle modestie il propose ses doutes sur les inversions qui lui paroissent hasardées, & principalement sur ce vers:

Je t'aimois inconstant, qu'aurois-je fait fidèle ?

C'est certainement de toutes les ellipses que Racine s'est permises, la plus forte & la moins autorisée; l'Abbé d'Olivet n'ose cependant pas la proscrire. « J'avoue, » dit-il, qu'un critique, s'il condamne absolument ce qu'un grand maître a écrit, » avec mûre réflexion, se sent plus de courage que je n'en ai ». Est-ce là le langage de la satyre? « Quel travers absurde de prendre ces remarques pour un » acte d'hostilité, & de vouloir venger Racine d'un hommage qu'on lui rendoit? » Ce grand homme auroit bien eu raison de dire, en voyant son apologie faite par l'Abbé Desfontaines, sous le titre de *Racine vengé*:

*Non tali auxilio, nec defensoribus istis
Tempus eget.*

M. le Batteux, Discours à l'Académie.

Nous avons vu, dans la querelle des Anciens & des Modernes, l'Abbé d'Olivet s'élever fortement contre les détracteurs de l'Antiquité; il ne montra pas moins de fermeté contre les novateurs de la Langue françoise, dans ses Lettres au Président Bouhier: il y combat d'une manière victorieuse tous les sophismes de ces demi-Savans, qui ne trouvant dans la rime qu'un maître impérieux, prétendoient la bannir de notre Poësie. Ces Lettres sont le dernier ouvrage qui soit sorti de sa plume: il consacra au repos le reste de ses jours, voulant mettre un intervalle entre la vie & la mort. « Aussi l'Abbé d'Olivet, dit M. le Batteux, a vu lui-même le » jugement de la postérité sur lui; car dès qu'une fois le Public n'a rien à attendre » d'un Auteur, il le juge comme s'il n'étoit déja plus, & dès ce moment la posté- » rité commence ».

Discours à l'Académie.

Ce fut à l'Académie qu'il sentit les premières atteintes de la maladie dont il mourut; c'étoit périr au lit d'honneur. Plein de résignation pour les décrets de la Providence, sans regret du passé, comme sans inquiétude pour l'avenir, il voyoit tranquillement le danger s'approcher, il en parloit comme d'un événement qui lui auroit été étranger. *Ce soir*, disoit-il, *cette nuit*, *quand on voudra*, *j'ai tout prévu*. Il conserva cette égalité d'ame jusqu'au dernier moment; jamais il ne lui échappa aucune plainte dans ses douleurs, qui furent longues & cruelles. Enfin, après avoir poussé sa carrière jusqu'à quatre-vingt-cinq ans, il mourut le 8 Octobre 1768, parlant souvent de Dieu avec confiance, & des Lettres par distraction.

Fidèle à ses principes dans la pratique, l'Abbé d'Olivet a toujours écrit avec force, avec netteté, avec simplicité: dédaignant toutes ces futilités de style, si communes dans ce siècle, son grand art étoit de n'en point avoir. On ne doit point être surpris d'après cela du peu de cas qu'il faisoit de la plupart des productions de nos jours. Il les regardoit comme indignes de sa critique: l'indifférence étoit tout ce qu'elles pouvoient attendre de lui. Quelqu'un lui demandant un jour ce qu'il pensoit d'une Tragédie nouvelle, à laquelle des circonstances heureuses, l'enthousiasme du moment donnoient une existence brillante: *cela ne fait de mal à personne*, répondit tranquillement l'Abbé d'Olivet.

Lié dès sa jeunesse avec les Écrivains les plus célèbres, il fut le dépositaire du fruit des travaux de la plupart d'entr'eux. Il remit à la Bibliothèque du Roi plusieurs manuscrits que le Père Hardouin lui avoit confiés en mourant; le Public lui est redevable de l'édition des Poësies & des Pensées diverses de l'Abbé Fraguier & de M. Huet, qui parut sous le titre de *Huetiana*: on trouve à la tête de ce Recueil un éloge de ce savant Critique.

La conduite de l'Abbé d'Olivet dans sa vie privée étoit celle d'un homme, qui ayant reçu de la nature une ame belle & sublime, a pris soin de la nourrir de la morale des Anciens, épurée par la Religion Chrétienne. Sans autre passion que celle de l'étude, sans autre ambition que celle de la gloire, il ne voulut jamais faire servir à l'aggrandissement de sa fortune, l'accès qu'il avoit auprès du Cardinal Fleury, & la confiance dont l'honoroit M. de Mirepoix. Ces deux Prélats furent plus d'une fois étonnés de son zèle pour les autres, & de son indifférence pour lui-même. Il lui en coûtoit moins de modérer ses desirs, que de demander une grace. Nullement attaché, même à ce qu'il possédoit, il aima mieux jouir de la reconnoissance de ses neveux, que du fruit de ses épargnes.

CARLE VANLOO.

Peint par L.M. Vanloo en 1764. *Gravé par J.C. Miger en 1772.*

CARLE VANLOO.

Carle Vanloo, Premier Peintre du Roi, Chevalier de l'Ordre de Saint-Michel, Directeur de l'Académie de Peinture & de l'Ecole des Élèves-Protégés, naquit à Nice, dans le Comté de Provence, le 15 Février 1705, de Louis Vanloo, issu d'une famille noble de cette Ville, & de Marie Fossé.

Tout intéresse dans la vie des hommes célèbres; on s'arrête avec plaisir sur leurs premières années; on aime à trouver dans les circonstances les plus indifférentes de leur enfance, des présages de leur gloire & de leurs talens : ce n'est qu'avec peine qu'on se défend de croire, que la Providence veille d'une manière particulière sur ces génies rares qu'elle destine à éclairer ou à illustrer leur siècle.

La naissance de Vanloo fut marquée par un événement qui semble fait pour justifier & pour accréditer cette opinion. La ville de Nice, sa patrie, étoit assiégée par le Maréchal de Barwick; les bombes y voloient de toutes parts: sa mère, tremblante pour ses jours, l'emporte avec précipitation & va le cacher dans sa cave. Jean-Baptiste, son frère aîné, attentif au jeu de l'Artillerie, croit voir sa maison menacée; il vole au secours du jeune Carle, & l'enlève de son berceau: il s'en éloignoit à peine, qu'une bombe le frappe & le couvre de ses débris.

C'est à ce frère, à qui Vanloo fut redevable de la vie, que nous devons peut-être ses talens: Il lui servit tout à la fois de maître & de père. Appellé à Turin par le Roi de Sardaigne, il l'y conduisit avec lui : delà il le mena à Rome, où ses premiers regards s'ouvrirent sur ces chefs-d'œuvre immortels qui assurent encore à cette ancienne Capitale du monde une espèce d'empire sur les autres Nations.

Rien n'est plus propre que la vue de ces restes précieux de l'Antiquité à faire naître le goût des Arts & à développer le génie. Les premiers essais de Vanloo annoncèrent ce qu'il seroit un jour. Son frère, après lui avoir donné les élémens du Dessein, l'avoit mis à l'Ecole du fameux *Benedetto Lutti*, dont lui-même avoit été l'élève : ses progrès, sous ce maître habile, furent si rapides, qu'on en parla bientôt dans Rome avec étonnement. Le Gros, célèbre Sculpteur François, fut curieux de le voir & voulut en faire son élève : à treize ans Vanloo méritoit déja que la Peinture & la Sculpture se disputassent ses talens.

Ces deux Arts sont frères, quoique rivaux: ils ont les mêmes principes & le même objet, les moyens seuls sont différens; & tel Artiste qui sait donner une ame & des passions à la toile, eût fait respirer le marbre si les circonstances lui eussent mis le ciseau à la main; ce sont elles qui déterminent souvent le choix du jeune Dessinateur: Vanloo, libre dans le sien, fut quelque tems incertain: il parut enfin se décider pour la Sculpture. Mais la mort de le Gros le ramena bientôt à son premier maître: il ne conserva de ses essais dans l'art des Phidias que la facilité de modeler, avantage dont toutes ses compositions se ressentent, & qu'il partagea avec Holbein, le Poussin & les Carraches.

Après être resté quelque tems encore à l'École de *Lutti*, Vanloo repassa en France avec son frère en 1719; il n'avoit alors que quinze ans, mais les talens ne suivent pas toujours la progression lente des années : il rapportoit de Rome un goût déja formé par d'excellentes études, qui l'avoient familiarisé avec ces formes heureuses, avec ce beau idéal, dont l'art dérobe les détails à la nature, & dont l'ensemble n'appartient qu'à lui seul : ces connoissances utiles l'avoient préparé par dégrés à la plus importante & la plus essentielle pour tout Artiste, la connoissance de la nature, sans laquelle l'imagination la plus heureuse ne peut manquer de s'égarer souvent; c'est à cette étude que Vanloo se livra entièrement : né avec un goût très-vif pour les plaisirs, dans un âge qui semble consacré aux amusemens & à la dissipation, jamais il ne passa un jour sans dessiner d'après le modèle, & tous les soirs il rendoit compte à son frère des travaux & des progrès de la journée.

L'esprit a besoin de s'exercer ainsi que le corps; comme lui, il languit & s'énerve dans l'oisiveté; c'est le travail qui entretient sa vigueur & qui multiplie ses forces en multipliant ses ressources : Vanloo en fit bientôt l'heureuse expérience. Son application constante lui fit devancer en peu de tems ses jeunes concurrens : en 1723, il remporta à dix-huit ans la première Médaille du Dessein.

Ce succès ne lui parut qu'un dégré pour parvenir à des triomphes plus flatteurs : depuis longtems il éprouvoit ce besoin de composer & de produire qui tourmente rarement un homme ordinaire. Son imagination ardente, mais réglée par la connoissance des principes, lui présentoit sans cesse une foule d'idées que le crayon seul ne rendoit plus qu'imparfaitement à ses yeux. Jean-Baptiste, son frère, qui dirigeoit toutes ses études, lui permit enfin d'employer les pinceaux. Ses progrès dans l'art du Coloris ne furent pas moins rapides que dans celui du Dessein : en peu d'années il se vit en état d'aider son maître; & lorsque celui-ci fut chargé par le Régent de réparer à Fontainebleau la belle Galerie du Primatice, il ne fit aucune difficulté d'associer son élève à ce travail.

Les talens de Vanloo, applaudis par les connoisseurs, auroient pu dès-lors lui procurer à Paris une existence honorable, mais plus jaloux de les perfectionner que de se les rendre utiles, il retourna une seconde fois à Rome en 1727 avec Louis & François Vanloo, ses neveux, & le célèbre Boucher, ce Peintre des Grâces, dont les Arts pleurent aujourd'hui la perte. Il revit avec admiration ces chefs-d'œuvre qui n'avoient fait qu'étonner ses regards dans un tems où il n'étoit pas encore en état de les apprécier; son génie s'accroît; son imagination s'enrichit des traits sublimes, des beautés sans nombre qu'il y découvre à chaque instant; il admire, il interroge tour-à-tour les ouvrages immortels de l'Antiquité, & ceux des Raphaels, des

Vie de Carle Vanloo.

Titiens, des Guides & des Carraches: c'est en étudiant leur manière, en se pénétrant de leur esprit, qu'il essaie de les égaler un jour.

Tandis qu'il travailloit ainsi à devenir le rival de ces grands Maîtres de l'ancienne École Romaine, il triomphoit de ses Contemporains. On annonce à Rome le prix de Dessein que l'Académie de Saint-Luc y distribue tous les ans, il se présente au Concours avec confiance, & son ouvrage est couronné d'une voix unanime malgré le grand nombre de concurrens habiles qui lui disputoient la victoire.

Elle fut d'autant plus flatteuse pour Vanloo, qu'elle lui fournit de nouvelles occasions d'augmenter & d'étendre sa réputation. Il fut chargé de faire un tableau pour l'Angleterre. Les Romains mêmes, que leurs richesses dans ce genre rendent quelquefois injustes sur le mérite des Artistes modernes, voulurent employer son pinceau. Il fit, pour l'Eglise de Saint Isidore, un plafond représentant l'apothéose de ce Saint, dans lequel on trouve de grandes beautés: le Saint François, la Sainte Marthe destinés à embellir l'Eglise des Cordeliers de Tarascon, lui attirèrent les éloges des vrais connoisseurs. Le Pape, instruit de son mérite, voulut le récompenser, il le décora en 1729 d'un cordon de Chevalier, qu'il accompagna d'un brevet encore plus flatteur.

Annoncé par une réputation brillante, remportant une immense collection de Desseins précieux, Vanloo quitta enfin l'Italie: il ramenoit avec lui François son neveu, le compagnon de ses études, qu'il regardoit déja comme le rival de sa gloire; un événement aussi funeste qu'imprévu l'enleva aux Arts à la fleur de son âge. Des chevaux fougueux qu'il eut l'imprudence de conduire le renversèrent & le foulèrent aux pieds, sans que son oncle, témoin de cet accident, pût le secourir: ce jeune Artiste expira sous ses yeux à l'âge de vingt-deux ans, dans les plus cruelles douleurs.

Vanloo, pleurant la perte de cet Elève chéri, arriva à Turin. Son dessein n'étoit pas de s'arrêter dans cette ville; mais il ne put y rester long-temps ignoré: le Roi de Sardaigne crut ne pouvoir mieux honorer ses talens qu'en les employant à décorer ses Palais; il peignit, pour le cabinet de ce Prince, onze sujets tirés de la Jérusalem délivrée du Tasse, que les amateurs admirent encore après avoir vu les richesses de Rome & de l'Italie. Il décora aussi l'Eglise de Saint Philippe de Néri, & celle des Religieuses de la Croix, de trois tableaux qui ne sont point au-dessous de ses autres productions.

La protection & les bienfaits du Roi de Sardaigne ne furent pas les seuls avantages qu'il retira de son séjour dans cette Capitale: il étoit devenu l'ami du célèbre Somis, le premier Musicien d'Italie; ses qualités estimables lui firent obtenir la main de Christine Somis, sa fille, dont les talens n'ont pas été moins applaudis que ceux de son mari: Vanloo l'épousa en 1734, & vint avec elle se fixer à Paris.

Les premiers ouvrages qu'il y fit paroître ne démentirent point la réputation qui l'y avoit précédé. Plusieurs tableaux qu'il présenta à l'Académie fixèrent son attention

& ses suffrages. Il fut agréé d'une voix unanime, & son tableau de Marsias écorché par l'ordre d'Apollon, lui mérita, presqu'en même-tems, la place d'Académicien & celle d'Adjoint à Professeur.

L'année suivante l'Académie l'éleva au grade de Professeur : personne n'étoit plus fait que lui pour remplir les fonctions de cette place importante. Au mérite d'excellent Dessinateur il joignoit l'avantage de modeler avec justesse ; ce double talent le mettoit à portée de retoucher avec la même précision les compositions des Peintres & des Sculpteurs. Il revoyoit leurs ouvrages avec bonté, les corrigeoit lui-même avec un soin particulier ; & souvent un dessein foible retouché de sa main est devenue une excellente Académie recherchée par les connoisseurs.

Ce qui caractérise surtout le génie de VANLOO, c'est la facilité avec laquelle il se prêtoit à tous les tons, à tous les styles : toujours différent de lui-même, il imitoit avec succès, tantôt le fondu du Corrège, tantôt la touche séduisante du Guide, & quelquefois les teintes naturelles & moëlleuses du Titien ; s'il peint un païsage, c'est avec l'intelligence de Benedetto-Castiglione : il a traité le portrait avec autant de succès que l'Histoire ; celui du Roi, exposé au salon de 1763, suffiroit seul pour prouver qu'il auroit pu se faire la plus grande réputation dans ce genre : en un mot, en voyant chacun de ses tableaux, on est tenté de croire qu'il n'avoit que la manière dans laquelle il est traité.

Cette foule d'excellens ouvrages, produits à la fleur de son âge, avoit fait connoître son nom dans presque toute l'Europe : le Roi de Prusse, ce Prince digne de protéger les Lettres & les Arts qu'il cultive lui-même avec succès, voulut l'attirer à Berlin, & lui fit offrir la place de son premier Peintre ; mais VANLOO, honoré des bienfaits de son Roi & de l'estime de ses Concitoyens, ne put se résoudre à priver sa patrie du tribut de ses talens : il refusa avec reconnoissance les offres de Frédéric.

Sa réputation ne le mit cependant pas à l'abri de la critique. Plus d'une fois il se vit en butte à ces Ecrits anonimes, où, sous prétexte d'éclairer les Arts, des Auteurs obscurs se consolent de leur médiocrité en rabaissant le génie ; quelquefois même il y parut plus sensible qu'il n'auroit dû l'être ; quelquefois il oublia que l'indifférence est le seul sentiment que doivent exciter de pareils ouvrages dans le cœur de celui qui en est l'objet. Au surplus, s'il donna lieu à une juste censure, s'il eut quelques légers défauts, & quel Artiste peut se flatter d'en être exempt ? par combien de beautés ne les rachetoit-il pas ? que ne pardonneroit-on pas à ce Dessein élégant & facile, à ce pinceau plein de chaleur & de graces, à ce coloris suave & enchanteur qui distinguent ses productions ? quelle sagesse, quelle intelligence dans la disposition de ses Grouppes & dans l'agencement de ses figures ? que d'expressions dans les têtes ? Sainte Clotilde fait passer dans l'ame du spectateur la piété touchante dont elle est pénétrée ; Saint Charles excite le plus vif attendrissement ; le feu de la Poësie brille dans le Silène, dans les Parques ; le retour de chasse de Diane, l'Iphigénie

se

Vie de Carle Vanloo.

se font également admirer par la beauté de l'invention & par la magnificence du spectacle.

C'est en se jugeant lui-même avec plus de sévérité que ses propres rivaux, qu'il étoit parvenu à les égaler & à réunir leurs suffrages. Jamais il n'eut pour ses ouvrages cette indulgence dangereuse, si contraire à la perfection : sa pratique constante étoit de ne revoir ses tableaux que quelque temps après les avoir finis ; libre alors de l'enthousiasme qui séduit presque toujours l'Artiste dans le moment de la composition, il examinoit son ouvrage avec tout le sang froid d'un juge & toute la sagacité d'un juge éclairé : & s'il le trouvoit au-dessous de sa réputation, il le sacrifioit sans pitié à l'intérêt de sa gloire. C'est ainsi qu'il a détruit le tableau de Porus qu'il avoit fait pour le Roi d'Espagne, celui du Sacre de Saint Augustin, & celui des Grâces enchaînées par l'Amour exposé au Salon de 1763 : il les a recommencés depuis sur de nouvelles toiles ; mais il en est qui ont été absolument perdus, & qu'on n'a pu soustraire à ses jugemens rigoureux.

En 1749, la place de Directeur de l'Ecole des Élèves Protégés étant devenue vacante, le Roi y nomma Vanloo. Il ne se dissimula point les obligations qu'elle lui imposoit, & les remplit toujours avec l'exactitude la plus scrupuleuse. Les progrès des jeunes gens confiés à ses soins sembloient faire partie de sa propre gloire : il dirigeoit avec complaisance toutes leurs études, les aidoit de ses conseils & de ses ouvrages, & les animoit par ses exemples, bien plus instructifs encore que les préceptes qu'il pouvoit leur donner.

La manière dont il s'acquitta des fonctions de cette place lui mérita de nouvelles faveurs : en 1751 le Roi l'honora du Cordon de Saint Michel ; l'Académie le nomma presque en même-tems Adjoint à Recteur, dignité qui impose peu de devoirs à remplir, & qui est la récompense ordinaire des services rendus dans le grade de Professeur.

Ces distinctions flatteuses, accordées à ses talens, ne firent qu'augmenter son zèle & ses efforts. On eût dit qu'il craignoit qu'on ne lui reprochât d'avoir usurpé des places que sa réputation seule sollicitoit pour lui. C'est à elle qu'il dut encore en 1762 le titre de premier Peintre du Roi : cette époque de sa vie fut marquée par une anecdote qu'on ne doit pas oublier. Lorsqu'on le présenta au Roi, M. le Dauphin demanda quel sujet amenoit Vanloo à la Cour : « C'est, lui répondit M. le » Marquis de Marigny, pour remercier le Roi de la place de premier Peintre ».— » Il l'est depuis longtems, repliqua ce Prince ». Cet éloge délicat, qu'il ne faut pas cependant regarder comme un jugement, donna un nouveau prix à la faveur qu'il recevoit, & le pénétra de la plus vive reconnoissance.

Comblé de tous les honneurs qu'on peut obtenir dans son état, Vanloo travailloit encore tous les jours comme s'il en eût eu de nouveaux à mériter. La haute idée qu'il s'étoit formée de la perfection de son art, ne lui permettoit pas de se reposer sur des succès multipliés. En 1763 le Ministre le chargea de peindre dans la Coupole des Invalides les principaux traits de la vie de Saint Grégoire: il semble avoir développé toutes les ressources de son génie, toutes les finesses de l'art dans les belles esquisses qu'il a laissées & qui font regretter vivement à tous les connoisseurs que la mort l'ait empêché de les exécuter.

Ce sont les derniers ouvrages qui soient sortis des mains de ce célèbre Artiste. Les efforts continuels d'imagination, les excès de travail auxquels il se livroit pour se surpasser lui-même, prenoient insensiblement sur sa santé. Sa famille & ses amis allarmés cherchèrent à le distraire & l'engagèrent à faire un voyage en Angleterre: mais ils ne purent pas le retenir longtems à Londres, son goût, sa passion dominante le rappelloit sans cesse à son Attelier & à ses travaux; il revint à Paris au bout d'un mois, & reprit ses occupations avec une ardeur qui épuisa enfin ses forces. Il expira d'un coup de sang le 15 Juillet 1765, dans la soixante-unième année de son âge.

CARLE VANLOO étoit d'une figure agréable & intéressante; ses yeux annonçoient tout-à-la-fois la candeur de son ame & la vivacité de son esprit. Laborieux, dur à lui-même, il travailloit toujours debout & sans feu pendant les plus grands froids. Franc, sincère, affectueux dans la société, la bonté de son caractère faisoit aisément oublier les saillies de sa vivacité, à laquelle il se livroit quelquefois. Ses enfans trouvoient en lui un ami tendre; ses élèves, un père qui s'intéressoit vivement à leurs succès. Il eut le défaut commun aux hommes de génie & aux ames honnêtes; uniquement occupé de sa gloire, il travailla peu pour sa fortune; les bienfaits du Roi, qu'il avoit mérités, sont le patrimoine le plus précieux qu'il ait laissé à sa veuve & à ses enfans. Ce Prince, touché de la perte que Madame VANLOO venoit de faire, lui a conservé son logement au Louvre, & a joint à cette grace une pension honnête.

VANLOO a eu de son mariage avec Christine Somis cinq enfans: deux filles, dont l'une morte en bas âge, l'autre mariée à M. Brown, morte quelque temps avant son père; & trois garçons, dont deux lui survivent.

Nous ne donnerons pas ici la notice des différens tableaux qui ont immortalisé cet Artiste; peu de Peintres ont produit autant de bons ouvrages. Ceux qui voudroient en avoir une connoissance plus détaillée, peuvent consulter la liste imprimée à la suite de son Éloge par M. Dandré Bardon, à qui nous devons les principaux traits de cet Abrégé.

ASTRUC.

Jean Astruc naquit à Sauve, ville du bas Languedoc, dans le Diocèse d'Alais, le 19 Mars 1684. Sa famille, alliée à la plus ancienne Noblesse de cette Province, y tenoit un rang distingué. Son père étoit Ministre du saint Evangile dans cette partie du Languedoc, où les Protestans, encore tolérés, avoient le libre exercice de leur Religion. Il joignoit à une connoissance profonde des langues savantes, une littérature immense : l'étude réfléchie de l'antiquité remplissoit les vuides que les occupations de sa place lui laissoient.

Il fit abjuration peu de temps avant la révocation de l'Édit de Nantes; & quoique son fils eût été baptisé dans le Temple de Sauve, il l'éleva dans la Religion Catholique. Libre pour lors des embarras du ministère, il avoit résolu de mener une vie retirée & philosophique : l'éducation de ses enfans, à laquelle il se livroit tout entier, lui servoit en même temps d'occupation & de délassement. Le jeune Astruc, né avec les dispositions les plus heureuses, ne pouvoit manquer de faire de grands progrès sous un maître qui étoit tout à la fois précepteur éclairé, père tendre, ami sincère.

Les humanités finies, il fit sa philosophie à Montpellier, où il prit le grade de Maître-ès-Arts en 1700. Son inclination le porta à étudier la Médecine : les succès justifièrent son choix. Ayant reçu en 1702, le dégré de Bachelier, il publia une Dissertation sur la Fermentation : il fait entrer pour quelque chose dans la cause de l'effervescence, les tourbillons cartésiens, l'explosion de la matière subtile. Pour juger cet Ouvrage comme il mérite de l'être, il faut se transporter au temps dans lequel il fut composé; il faut voir le point d'où l'Auteur est parti, & mesurer l'intervalle qui se trouve entre ce point & l'état actuel de nos connoissances. La Chymie étoit encore à son aurore; sa lumière, trop foible, ne répandoit qu'un demi-jour sur la Physiologie : en un mot, c'est l'ouvrage d'un jeune homme. Mais ses erreurs mêmes avoient quelque chose de grand, qui annonçoit ce qu'il devoit être un jour. Raimond Vieussens, Auteur du Traité sur la Névrologie, ne s'y méprit point; il regarda l'Auteur comme un adversaire qui n'étoit pas à dédaigner, & lui fit l'honneur de le critiquer publiquement. M. Astruc, flatté de cette marque de distinction, répondit, mais avec tous les ménagemens & les égards qu'il devoit à l'âge & aux talens de Vieussens.

En 1703, M. Astruc fut admis au Doctorat. Ce grade, que malheureusement quelques Médecins regardent comme le terme de leurs travaux, devint pour lui un engagement de s'instruire davantage : l'espace de temps qui s'écoula depuis ce moment jusqu'en 1710, fut entièrement employé à l'étude d'un art dont il devoit un jour augmenter les progrès. La route qu'il prit dans sa méthode d'étudier, étoit toute différente de celle que l'on suivoit alors. Des hypothèses pour des faits, ne pouvoient satisfaire un esprit aussi juste que le sien : c'étoit dans les Hôpitaux, au lit des malades, qu'il alloit interroger la Nature, & lui demander la solution des problêmes qu'il trouvoit dans les livres. De retour dans son cabinet, il écrivoit ce qu'il avoit observé, comparoit ses observations avec celles des anciens, analysoit leurs ouvrages, remarquoit en quel état ils ont laissé la médecine, ce que chacun des modernes a ajouté, ce qu'ils ont fait pour reculer les bornes de l'art. Dans tous ses morceaux d'analyse, on reconnoît cette méthode sévère qu'il a suivie dans son Traité des Maladies des Femmes. Convaincu qu'on ne peut marcher d'un pas ferme & sûr dans la pratique de la médecine, si l'on n'est guidé par l'anatomie, il employa un temps très-considérable à approfondir les mystères de cette science. Les remarques qu'il a faites dans son Traité des Maladies des Femmes, sur les appendices cœcales de la matrice, prouvent que ses travaux n'ont pas été infructueux, & qu'il auroit pu tenir un rang illustre parmi les Anatomistes de notre siècle, si le temps lui eût permis de suivre ses découvertes.

Telles furent les occupations de M. Astruc pendant les premières années de son doctorat; il ne fit rien paroître pendant tout ce temps. Un silence aussi long devoit nécessairement surprendre; le Traité de la Fermentation, fait à l'âge de 18 ans, étoit une espèce d'engagement qu'il avoit pris avec le Public : l'accueil qu'on avoit fait à ce livre, sembloit donner des droits sur les travaux de son Auteur. M. Astruc répondit enfin à l'idée qu'on avoit de lui. Il publia en 1710, une Dissertation sur le Mouvement Musculaire. Cet Ouvrage fut très-bien reçu : on y trouve réunis la vérité des faits & l'élégance du style. Manget l'inséra dans son *Theatrum Anatomicum*; & on ne l'y crut point déplacé.

Dans ce temps, l'Université de Toulouse proposoit au concours une Chaire d'Anatomie & de Médecine : c'étoit y nommer M. Astruc; il l'obtint en effet. Ce fut après avoir pris possession de cette place, qu'il publia son Traité de la nature de la Digestion, sur laquelle il avoit déja proposé quelques vues nouvelles. Cette question fixoit alors l'attention des Savans de l'Europe. Hecquet, à Paris, établissoit dans les Ecoles le système de la trituration; Pitcarn, en Ecosse, la proposoit, & s'attribuoit le mérite de l'invention; il sembloit ignorer que Leuwenock étoit le premier qui en eût parlé. Le Professeur Ecossois ne pardonna point à M. Astruc d'avoir été d'un autre sentiment que lui. Le desir de la vengeance lui fit oublier que des traits de satyre, des sarcasmes ne peuvent jamais tenir lieu de raisons, & qu'une épigramme n'est pas un argument. M. Astruc, quoique vivement attaqué, ne sortit point de son caractère : il répondit aux invectives de son adversaire par une Lettre, qu'on peut citer comme un modèle de la modération & de l'honnêteté qui devroient toujours régner dans les ouvrages polémiques.

La réputation que M. Astruc s'étoit justement acquise, le fit choisir par MM. Chirac & Vieussens pour arbitre d'une dispute qui venoit de s'élever entre ces

Savans au sujet de l'acide, que M. Vieussens prétendoit savoir seul extraire du sang. Cette marque de confiance faisoit honneur aux lumières & à la prudence de M. Astruc; mais elle le mettoit dans une position bien délicate: il ne falloit pas moins que son habileté pour en sortir avec gloire. Dans la plupart des disputes, si l'on se brouille avec le parti qui a tort, on gagne l'amitié de celui qui a raison, quelquefois l'estime de tous les deux. La circonstance étoit bien différente: les prétentions de M. Chirac étoient aussi fausses que celles de M. Vieussens. M. Astruc leur prouva, en leur démontrant que la découverte qu'ils se disputoient n'étoit qu'une chimère, puisque cet acide n'existoit pas dans le sang, mais dans la terre bolaire qu'on employoit dans la distillation. M. Chirac méritoit qu'on lui dît la vérité, puisqu'il avoit la force de l'entendre. Il n'en estima pas moins l'auteur du jugement, auquel il fit avoir en 1716, la survivance de sa place.

Ce ne fut cependant que l'année suivante, que M. Astruc commença à enseigner en titre à Montpellier. Il avoit reçu de la nature tout ce qui peut faire un grand Professeur; une manière d'instruire, claire, précise, juste; une éloquence mâle & vigoureuse: on croyoit, en l'entendant parler, que le talent d'enseigner étoit le seul qu'il possédoit. Ses leçons étoient recueillies avec soin par ses disciples. Un Médecin, nommé Lamotte, voulut profiter de la réputation des Ouvrages de M. Astruc pour se faire un nom: il publia, comme de lui, un Traité de Thérapeutique, que ce célèbre Professeur avoit dicté à Montpellier. Malgré tout ce qu'il fit pour le défigurer & l'altérer, il n'étoit pas encore assez mauvais pour que le Public pût être trompé: quelques traits de génie semés dans l'Ouvrage, firent découvrir la fraude; on se hâta de le restituer à son Auteur véritable, qui le désavoua. Il n'en fut pas de même du Traité de Pathologie, imprimé sous son nom dix ans après.

Sa réputation croissoit rapidement; ses Ecoliers, dispersés dans toute l'Europe, y répandoient le nom & les louanges de leur Maître. Elles parvinrent jusqu'à la Cour; le Roi lui fit donner à Montpellier une pension de sept cens livres: on étoit bien sûr que l'intrigue n'avoit pas obtenu cette grace. L'année suivante, M. Dodart, premier Médecin, le récompensa d'une manière plus conforme à son goût, en le nommant Inspecteur des eaux minérales de Languedoc.

La peste de 1721, qui désoloit Marseille & la Provence, fut pour M. Astruc une nouvelle occasion de faire connoître sa profonde érudition & l'étendue de ses connoissances. Plusieurs Médecins célèbres, dans la vue peut-être d'inspirer au peuple une sécurité trompeuse, soutenoient que la contagion ne peut avoir lieu; que c'est un fantôme élevé par la frayeur, que la raison doit faire disparoître. Il est assez inutile de rapporter ici les différens Ecrits par lesquels ils tâchèrent de donner de la consistance à leur système; il suffit de sçavoir que M. Astruc prouva dans son Ouvrage, que la peste est un mal contagieux; qu'on ne peut s'en garantir qu'en interceptant toute communication. Après cette victoire, M. Astruc vint à Paris : ce n'étoit pas le simple mouvement d'une curiosité stérile qui le portoit à venir voir la Capitale ; un intérêt plus puissant avoit déterminé son voyage, le desir de perfectionner son Traité des Maladies Vénériennes, & son Histoire de la Faculté de Montpellier. Il se flattoit qu'il trouveroit dans le sanctuaire des sciences des secours que les Provinces n'avoient pu lui procurer. Il ne jouit pas long-temps du repos qu'il desiroit ; sa réputation l'avoit devancé & le trahissoit. Le Roi de Pologne, Electeur de Saxe, l'appella auprès de sa personne, en qualité de premier Médecin. M. Astruc n'étoit pas fait pour être courtisan : également incapable de feindre & de dissimuler, il ne concevoit pas qu'un homme né libre & indépendant, pût avoir des sentimens qui n'étoient pas les siens : aussi l'ennui le gagna-t-il bientôt à la Cour. Des affaires qui lui survinrent, fournirent un prétexte pour se retirer sans manquer à un Prince dont il n'avoit jamais reçu que des marques de bonté. Il partit comblé d'éloges, & revint à Paris, où il avoit résolu de fixer son séjour.

Les dignités l'attendoient dans cette Capitale. La ville de Toulouse n'avoit pas oublié que les premières leçons de M. Astruc avoient fait revivre l'anatomie dans ses Ecoles. L'amphithéâtre lui devoit son rétablissement & sa splendeur : de très-beaux vers latins, gravés sur le frontispice, en perpétuoient la mémoire. La Province voulut lui témoigner sa reconnoissance d'une manière aussi durable, en le nommant Capitoul. Cette même année, il fut décoré du titre de Médecin Consultant du Roi. L'année suivante le vit succéder à M. Geoffroi dans la place de Professeur au Collège Royal. Il reçut ce prix de ses travaux, avec d'autant plus de plaisir, qu'il flattoit extrêmement sa passion dominante, celle d'enseigner.

Il avoit enfin mis la dernière main à son grand Ouvrage des Maladies Vénériennes ; il le publia en 1736. L'histoire qu'il fait de cette maladie est un chef-d'œuvre de critique & d'érudition ; c'est à la découverte du Nouveau Monde, par Christophe Colomb, qu'il croit devoir rapporter l'origine de ce fléau dans nos climats. Les symptômes de ce mal, les différens déguisemens sous lesquels il cherche souvent à se masquer, les phases qu'il parcourt, les accidens terribles qui peuvent survenir, forment la seconde Partie de son Ouvrage. Que de recherches il a dû faire ; quel cahos il a fallu débrouiller, pour former un ouvrage raisonné, suivi & complet de cette affreuse maladie ! On reproche un peu trop d'uniformité à sa méthode curative. Cette objection tombe d'elle-même, lorsqu'on fait attention qu'il est impossible qu'une méthode générale puisse embrasser tous les cas ; c'est au Médecin instruit à varier son traitement, suivant les différentes combinaisons. Ce livre eut un succès prodigieux : les Libraires étrangers le contrefirent en 1738. Nous ajouterons ici à la gloire de M. Astruc, que ce Traité eut un sort aussi

brillant

brillant que les Inſtitutions de Médecine de Boerrhaave : il fut traduit dans preſque toutes les Langues.

Fortement occupé de ſa profeſſion, il trouvoit encore moyen de prendre quelques délaſſemens ; c'étoit en changeant d'objet de travail. En effet, il donna dans le même temps des Mémoires très-eſtimés ſur les Antiquités & l'Hiſtoire Naturelle du Languedoc.

D'après tout ce que nous venons de dire, on eſt ſans doute étonné de l'immenſité des connoiſſances de M. Astruc ; nous n'en avons cependant indiqué qu'une partie : ſon vaſte génie embraſſoit juſqu'à l'Hiſtoire Sacrée ; il a laiſſé des conjectures ſur les Mémoires originaux dont il croyoit que Moyſe a pu ſe ſervir pour la compoſition de la *Genèſe*. Une perſonne de beaucoup d'eſprit, en parlant de M. Astruc, diſoit : *Cet homme-là ſait tout, même la Médecine.*

La fameuſe diſpute des Médecins & des Chirurgiens fournit une nouvelle preuve de la profondeur de ſes lumières. Cinq Lettres qu'il publia ſucceſſivement ne contribuèrent pas peu au gain du procès. M. Astruc n'étoit pourtant pas encore membre de la Faculté : il le devint peu de temps après. La manière dont il entra dans cet illuſtre Corps a quelque choſe de remarquable : on négligea les formalités ordinaires ; il fut adopté d'un conſentement unanime. La Faculté crut qu'elle pouvoit déroger à ſes ſtatuts, en franchir les bornes, pour un homme dont le mérite n'en connoiſſoit point. Perſonne ne mérita jamais mieux l'exception. Pendant tout le cours de ſa vie il ne négligea aucune des aſſemblées de la Faculté. On le vit aſſiſter régulièrement à la viſite des pauvres qui s'y raſſemblent un jour de la ſemaine. Jamais il ne profita des circonſtances qui auroient pû légitimement le diſpenſer de ce ſoin.

Au milieu des infirmités de l'âge, l'eſprit ne perdoit rien de ſa force ; la vieilleſſe qui l'atteignoit, ſembloit accélérer ſa marche dans la carrière de ſes travaux. Il expoſoit en latin, au Collège Royal, toutes les maladies & la manière de les traiter dans le plus grand détail. Son exactitude à remplir cette place, ſon éloquence naturelle, l'élégance & les graces de ſa diction, le faiſoient admirer de ſes compatriotes & des étrangers. On ſuivoit ſans peine un guide qui ſavoit faire diſparoître les obſtacles, applanir les difficultés. Ses leçons étoient ſi clairement diviſées, expoſées ſi méthodiquement, que ſes écoliers les rédigeoient ſous ſa dictée. Elles n'eurent pas le ſort ordinaire de périr auſſi-tôt après avoir vu le jour. Toutes les Univerſités les adoptèrent ; la doctrine d'Astruc étoit devenue celle de l'Europe entière. L'intérêt que l'on prend ordinairement à la gloire de ſon Maître, un zèle peut-être mal entendu, portèrent ſes diſciples à donner au public quelques-uns de ſes Ouvrages. Il parut à Londres ſous ſon nom, un Traité des Maladies du Bas-ventre. Les erreurs que renferment toujours des éditions furtives, les fauſſes notions qu'on doit néceſſairement puiſer dans ces ſources altérées, allarmèrent un homme qui ne cherchoit d'autre récompense de ses travaux que l'utilité : l'amour du bien public l'emporta sur la modestie. M. Astruc se hâta de travailler ses leçons avec tout le soin que ses grandes occupations lui permettoient de leur donner.

 Le Traité des Tumeurs est le premier ouvrage qu'on ait vu de lui. L'édition fut bientôt épuisée. Un succès aussi rapide, en faisant l'éloge du livre, annonçoit l'accueil favorable que devoit avoir deux ans après le Traité des Maladies des Femmes. On desiroit depuis long-temps un ouvrage dans ce genre. La médecine ancienne n'avoit point porté ses vues sur les maux attachés à la différente constitution & à la délicatesse d'un sexe qui fait l'agrément de la société. M. Astruc étoit trop éclairé pour penser qu'un sentiment nouveau, fondé sur des faits qui renversoient les systêmes reçus jusqu'à présent, ne trouvât que des partisans. Il ne fut point surpris de voir un des médecins les plus fameux de l'Europe, lui proposer quelques doutes sur le méchanisme de la menstruation qu'il établissoit dans son ouvrage. L'honnêteté & la décence que ces deux Savans mirent dans leurs écrits, prouvent que ce n'étoit pas l'envie de censurer, encore moins un sentiment plus vil, qui avoit engagé M. Van-Swieten dans la dispute, & que M. Astruc étoit prêt à embrasser tout autre systême qui l'eût satisfait davantage. Il voulut appuyer de l'observation son sentiment; en conséquence, le Manuel des Accouchemens pour les Sages-Femmes, suivit de près le Traité précédent : ce fut son dernier ouvrage. Il se proposoit de donner incessamment son Histoire de la Faculté de Montpellier : le temps ne le lui permit pas. Ce seroit affliger les gens de lettres que de leur annoncer un projet aussi vaste, s'il n'eût pas eu son exécution. Quels seroient leurs regrets, si ces Mémoires précieux n'eussent reçu d'une plume savante la pureté & l'élégance du style ; l'exactitude des faits que M. Astruc n'avoit pu leur donner ? M. Lorry, célèbre Médecin de la Faculté de Paris, dont les ouvrages font revivre la saine Médecine Hippocratique, trop méconnue de nos jours, a bien voulu, malgré les occupations d'une pratique brillante, mettre ces Mémoires en état de paroître. La Médecine lui est encore redevable de la dernière édition du Traité de Pathologie de M. Astruc. On y trouve à la tête une Préface de l'Éditeur, qui mérite d'être distinguée des ouvrages de ce genre, par la profonde érudition dont elle est remplie. Ce livre fait desirer que le Traité de Thérapeutique, imprimé d'après des manuscrits infidèles, ait un jour le même Éditeur.

<small>Fontenelle, Eloge de M. Littre.</small> Tel fut M. Astruc. « Les Étrangers le connoissoient mieux que ne faisoit une » partie d'entre nous. Il arrive quelquefois qu'ils nous apprennent le mérite de nos » propres concitoyens, que nous négligions, peut-être parceque leur modestie » leur nuisoit de près ». Un grand Roi mandoit à un Philosophe de ses amis : *Je suis tranquille sur votre sort ; un homme tel que vous ne peut avoir pour Médecin qu'Astruc.*

 On connoît peu de détails sur la vie privée de ce Savant. Tout entier à sa profession, il ne donnoit rien à la société; très-peu d'instans à sa famille. Il savoit trop combien il devoit à l'éducation qu'il avoit reçue de son père, pour ne pas être le précepteur de son fils. C'étoit pour cette seule occupation qu'il croyoit pouvoir dérober quelques momens au travail : il mourut le 5 Mai 1768, à l'âge de 82 ans.

La Faculté de Médecine de Paris a fait placer dans son Amphithéâtre le Buste de M. Astruc, honneur qu'elle n'avoit accordé qu'à M. Winslou.

M. Astruc avoit épousé Jeanne Chaunel, d'une très-bonne famille de sa Province. Il en eut deux enfans, un fils & une fille. Son fils est M. Astruc, Président honoraire de la Cour des Aides de Paris, & Maître des Requêtes. Sa fille, mariée à M. de Silhouette, Ministre d'État, est morte un an avant son père.

RAMEAU.

Jean-Philippe Rameau, Compositeur de la Musique du Cabinet du Roi, & Associé de l'Académie de Dijon, naquit en cette ville le 25 Septembre 1683, de Jean Rameau, Organiste, & de Claudine Martinecourt. La Musique fut sa première langue : & le premier usage qu'il fit de ses doigts, fut sur le clavier d'une Épinette. Il avoit à peine atteint sa huitième année, qu'il touchoit déja parfaitement du Clavecin, & qu'il commençoit à être versé dans cet art qu'il lui étoit réservé de perfectionner. Le véritable homme de génie n'est propre qu'à l'objet pour lequel la nature l'a destiné : Le père de Rameau voulut enfin que son fils reçût l'éducation presque toujours stérile qu'on donne indistinctement à tous les jeunes gens : celui-ci n'eut le courage de suivre ses études que jusqu'à la quatrième. Il s'y appliquoit si peu, que, pendant les classes, il ne pouvoit s'empêcher de chanter ou d'écrire de la Musique.

Les heureuses dispositions ne font pas seules les vrais talens : ce n'est qu'en étudiant les modèles en chaque genre, que l'on peut parvenir à se former un goût sûr, sans lequel on n'arrive jamais à la perfection. Ce n'étoit point en France que Rameau devoit en chercher : la Musique y étoit encore trop peu avancée. Lulli avoit paru à la vérité ; mais l'Italie, cette patrie des arts, offroit de meilleurs guides. Rameau, à peine dans sa vingtième année, jugea à propos d'y aller admirer les chef-d'œuvres des grands-Maîtres. Il n'y fit pas un long séjour : Milan fut le terme de ses courses : il se repentit dans la suite de n'avoir pas pénétré plus avant.

De retour en France, il s'arrêta quelque temps à Montpellier, & fit ensuite un premier voyage à Paris, pendant lequel il prit quelques leçons du célèbre Marchand, le plus grand Organiste pour l'exécution qu'on ait entendu. Il quitta la Capitale pour se rendre à Clermont en Auvergne, où il passa un bail avec le Chapitre de la Cathédrale, qui le choisit pour son Organiste. Bientôt il desira de le résilier : mais on s'y opposa. Pour obliger le Chapitre à lui donner sa liberté, Rameau se servit d'un moyen extraordinaire qui produisit tout l'effet qu'il en attendoit. Un jour qu'il étoit à l'orgue, il forma le charivari le plus dissonant & le plus désagréable pour les oreilles les moins sensibles, mais en même-temps le plus surprenant pour les connoisseurs. On eut beau lui donner le signal ordinaire pour l'empêcher de toucher, il continua toujours : on fut forcé de lui envoyer un enfant de Chœur, dont la présence le fit sortir de l'Eglise. Le Chapitre lui fit faire des reproches : il répondit qu'il ne joueroit jamais autrement, si l'on ne vouloit pas lui accorder le congé qu'il demandoit. Il l'obtint enfin ; & témoigna sa reconnoissance en faisant entendre sur l'orgue tout ce que l'harmonie a de plus éclatant, & la mélodie de plus doux.

Dès que Rameau put faire usage de sa liberté, il se hâta de revenir dans la Capitale, le seul théâtre digne de ses talens. Sa réputation l'y avoit précédé : il y donna pendant quelques temps des leçons de clavecin. Organiste de Sainte-Croix de la Bretonnerie, il y attira bientôt une foule d'amateurs qu'il étonna par sa science, & qu'il charma par son jeu aussi agréable que brillant. Ses Cantates, quelques Motets à grands chœurs, & sur-tout ses pièces de Clavecin, toujours estimées des connoisseurs, quoiqu'exclues aujourd'hui de presque tous les concerts, lui méritèrent aussi les plus grands applaudissemens ; mais il étoit encore loin de cette célébrité que ses Opéra devoient lui assurer. S'il se livra tard à ce genre pour lequel il étoit né, ce fut en partie la jalousie des Musiciens de son temps qui en fut cause. Ils détournoient les Poëtes de lui donner des paroles : La Motte lui en refusa plusieurs fois.

Rameau avoit presque renoncé à l'espoir de travailler pour le Théâtre, quand une représentation de *Jephté* ranima son génie. Il conçut de nouveau de faire un Opéra ; mais il lui falloit un Poëme : l'Abbé Pellegrin qui fit *Jephté*, & dont les talens seroient peut-être devenus plus célèbres, s'il eût été moins indigent, lui fournit *Hyppolite & Aricie*. Mais le Poëte avoit si peu de confiance dans le mérite du Musicien, qu'il ne lui livra sa Tragédie qu'après en avoir exigé un billet de cinquante pistoles.

L'Abbé Pellegrin répara quelques temps après cette espèce d'injure, d'une manière qui lui fit honneur. Rameau ayant fini le premier acte de son Opéra, le fit répéter dans la maison d'un particulier qui se servoit de ses richesses pour protéger les Arts. L'Abbé Pellegrin assistoit à cette répétition : il fut si frappé de la beauté de la Musique, qu'il courut embrasser l'Auteur, & qu'il déchira son billet, en s'écriant, que ce n'étoit pas avec un pareil Musicien qu'on devoit prendre des suretés.

Enfin *Hyppolite* fut joué. Le feu, l'enthousiasme & l'imagination qui règnent dans cet ouvrage, feront toujours croire difficilement que l'Auteur avoit plus de cinquante ans lorsqu'il le donna. Des oreilles accoutumées aux intonations douces & faciles de Lulli ou à celles de ses imitateurs, devoient nécessairement être étonnées en entendant une Musique riche, savante, variée, pleine de force & d'harmonie, en un mot, tout-à-fait nouvelle : mais l'ignorance doit-elle rendre injuste ?

On jugea cependant Rameau sans connoître la langue qu'il parloit. *Hyppolite*, dont le seul trio des Parques étoit capable de faire la fortune, fut décrié presque généralement. Non-seulement on abandonna les représentations ; mais on se plut à répandre des brochures & des critiques qui, à défaut de raisons, conte-

Vie de M. Rameau.

noient des injures. Les revers ne découragent que les hommes médiocres. RAMEAU étoit trop grand pour se laisser abattre par celui qu'il venoit d'essuyer. *Je me suis trompé*, disoit-il, *j'ai cru que mon goût réussiroit ; je n'en ai point d'autre ; je ne ferai plus d'Opéra.* Heureusement il ne tint pas parole.

Des succès faciles annoncent presque toujours des ouvrages qui ne portent point l'empreinte du génie. RAMEAU vit *Hyppolite* tomber ; mais les applaudissemens des personnes faites pour apprécier le mérite, succédans insensiblement aux cris tumultueux de la cabale & de la multitude, assurèrent à cet ouvrage la place qu'il méritoit. Bientôt le succès le plus décidé engagea l'Auteur à faire de nouveaux efforts. Ce fut par l'Opéra des *Indes Galantes* qu'il acheva d'apporter dans la Musique la révolution que celui d'*Hyppolite* avoit commencée, & qu'il imposa le silence à l'envie, en la forçant à l'admirer. Monteclair, auteur de la Musique de *Jephté*, & le plus outré des antagonistes de RAMEAU, ne put s'empêcher, en sortant d'une première représentation des *Indes Galantes*, d'aller le remercier du plaisir que cet Opéra lui avoit causé. Campra avoit dit auparavant au prince de Conti qui lui demandoit son sentiment sur *Hyppolite*, qu'il y avoit dans cet Opéra de la Musique pour en faire dix.

RAMEAU montra par les *Indes Galantes* qu'il pouvoit à son gré se monter à tous les tons. Quelle force, quelle vigueur dans l'acte entier des *Incas* ! sur-tout quelle majesté dans le morceau, *Clair flambeau du monde* ! quelle noble harmonie dans celui de *Brillant soleil*, dont la parodie devint le Vaudeville du temps ! quelle fierté dans l'air sublime des *Sauvages* ! quelle touche riante que celle du divertissement des *Fleurs* ! la Musique y est aussi fraîche, aussi variée que les objets qu'elle peint.

La gloire de RAMEAU, affermie par les Opéra d'*Hyppolite* & des *Indes Galantes*, ne fit que s'accroître par la multitude des ouvrages qui les suivirent. Ce n'est pas toujours par le nombre des productions d'un Auteur, qu'on doit juger de sa fécondité. Les *Indes Galantes* seules étoient une preuve de celle de RAMEAU. Mais ce qui la prouva davantage encore, c'est que dans vingt-deux Opéra & quelques Intermèdes qu'on a de lui, il ne se répéta jamais. Il y est toujours nouveau, & toujours lui-même. Sublime comme Corneille, il excita l'admiration ; sombre comme Crébillon, il inspira l'horreur ; & tendre comme Racine, il fit couler des larmes. Quelquefois jouant avec les grâces, il emprunta les pinceaux de l'Albane ; ou rival de Momus, il fut le dieu de la gaieté. Passions, sentimens, tout fut du ressort de son génie.

Il est rare que le même dégré de perfection se trouve dans tous les ouvrages des Auteurs célèbres. Les productions des Musiciens sont sur-tout plus sujettes que les autres à moins d'égalité. Traducteurs eux-mêmes, ils dépendent souvent des paroles sur lesquelles ils travaillent. RAMEAU, admirable dans presque tous ses ouvrages, l'eût été davantage, sans doute, si comme Lulli, il eût été secondé par Quinaut. Il n'eut que deux excellens poëmes: *Dardanus* & *Castor & Pollux*. Aussi quel avantage n'en a-t-il pas tiré? Il fut vaincu par lui-même dans ce dernier, le chef-d'œuvre des Opéra, puisqu'on peut le regarder comme le sien. Ce dernier Opéra, fait pour immortaliser RAMEAU, fit le désespoir de Mouret. Le grand succès de *Castor* lui causa tant de jalousie, qu'il en perdit entièrement la tête. On fut obligé de l'enfermer à Charenton, où dans ses accès de folie il répétoit continuellement le chœur admirable du quatrième acte, *Qu'au feu du tonnerre*, &c.

Ce qui distingua sur-tout RAMEAU, & ce qui doit lui assurer l'empire de la Scène Lyrique, ce sont ses airs de ballets, ses ouvertures; enfin toutes ses symphonies. Il n'exprimoit point alors les sentimens des autres; il peignoit les siens, il créoit. Le mérite de ses airs de danse a été tellement reconnu, que l'Italie elle-même nous les a enviés, en les adaptant à ses Opéra. Il excella sur-tout dans les Tambourins & dans les Pantomimes. Celle de Pigmalion est charmante. Les étrangers ne rendent pas moins de justice à ses Ouvertures, d'autant plus étonnantes, qu'elles n'ont entr'elles aucune ressemblance, & qu'elles ont toutes des *motifs* différens. « Dans Pigmalion, dit M. de Chabanon, c'est un grand effet de bruit;

<small>Eloge de Rameau.</small> » dans les *Talens*, c'en est un de caractère; dans *Castor*, c'en est un de chant. » Celle des *Paladins*, le dernier Opéra de RAMEAU, sans être de la force des autres, mérite un éloge particulier. Cet Opéra lui-même, quoique l'ouvrage d'un homme de 77 ans, offre les traits les plus vifs & les plus saillans. C'est une des productions de l'Auteur, qu'il estimoit davantage, & où il se trouve le plus de chant. Elle se rapproche beaucoup, ainsi que l'Opéra de *Platée*, & les *Talens Lyriques*, de nos Comédies à Ariettes qui nous ont donné un genre de plus.

Dans les Chœurs, les Symphonies & les morceaux mesurés, RAMEAU laissa loin de lui ses rivaux; il fut quelquefois au-dessous d'eux dans le Récitatif. On ne peut sur-tout refuser à Lulli de lui être supérieur dans ce genre. Il négligea trop cette partie, à qui il seroit si essentiel de donner une existence nouvelle, & que lui seul étoit capable de réformer. Mais il craignoit, sans doute, les désagrémens auxquels l'innovation expose presque toujours. Il avoit encore présens ceux que la première représentation d'*Hyppolite* lui avoit fait essuyer. Après avoir fait les belles scènes de *Dardanus* & de *Castor & Pollux*, il ne lui restoit pourtant qu'un pas à faire pour nous laisser le modèle d'un Récitatif intéressant. On peut lui reprocher de n'avoir pas eu la force de le franchir: espérons des artistes plus courageux.

Une observation se présente ici naturellement. C'est que tous les Opéra de RAMEAU ont été plus goûtés, quand on les a remis au Théâtre, que lorsqu'ils <small>Année Litt. Octob. 1760.</small> ont été donnés pour la première fois. En 1760 le Public rendit une justice
éclatante

Vie de M. Rameau.

éclatante aux talens de ce Muſicien : c'étoit à une repréſentation de *Dardanus* ; on l'apperçut à l'amphithéâtre ; on ſe retourna de ſon côté, & on battit des mains pendant un quart d'heure : après l'Opéra, les applaudiſſemens le ſuivirent juſques ſur l'eſcalier. *Dardanus* n'avoit pas eu les mêmes ſuccès dans ſa nouveauté.

Toutes les repriſes de *Pigmalion*, dont la Motte avoit compoſé les paroles, mais où le Muſicien fait oublier le Poëte, ont toujours été vues avec un plaiſir nouveau. Un Organiſte eſtimé a mis ſur le Clavecin l'ouverture de cet Opéra. RAMEAU, qui regardoit la choſe comme impoſſible, fut en même-temps ſi étonné & ſi ſatisfait de l'entendre, qu'il engagea l'Auteur, qui vouloit conſerver cette pièce pour lui, à en faire part à tous les Organiſtes & Claveciniſtes. Depuis, cette ouverture, & pluſieurs autres morceaux des Opéra de RAMEAU, ont été joués ſur l'orgue du Concert Spirituel : on les entend toujours avec la plus grande ſatisfaction.

Les Fêtes de l'Hymen, qui furent repriſes en 1765, reçurent auſſi du Public l'accueil le plus flatteur ; mais ce qu'on doit ſe rappeller ſur-tout, c'eſt l'impreſſion générale que fit *Caſtor & Pollux* à la repriſe qu'on en donna la même année. Quoiqu'il fut joué dans une ſaiſon où les plaiſirs de la campagne & de la promenade ſont préférés à ceux que procurent les Spectacles, il y eut, pendant tout le temps qu'on le repréſenta, la plus grande affluence de monde. Il eut ſans interruption trente repréſentations qui furent également ſuivies.

Si RAMEAU pratiqua ſon art en homme de génie, il fut l'approfondir en Savant & en Philoſophe. Lorſqu'il parut, la Muſique n'avoit aucune règle certaine, & le Compoſiteur ne ſuivoit ſouvent d'autres guides que ſon inſtinct, ſon goût & ſes caprices. La nature qui lui avoit révélé une partie de ſes ſecrets, lui avoit auſſi réſervé la gloire d'établir les principes d'une ſcience ſur laquelle on n'avoit fait encore que des recherches infructueuſes. Les Merſenne, les Deſcartes, & pluſieurs autres Savans, avoient écrit ſur la théorie de la Muſique ; mais leurs ſpéculations plus ingénieuſes que ſolides, & qui n'étoient point éclairés par la pratique, n'avoient, au lieu de la lumière, répandu que les ténèbres & la confuſion.

Ce fut à l'aide des Mathématiques que RAMEAU parvint à les diſſiper ; débrouillant le cahos des accords ſans nombre que l'uſage avoit introduits dans la Muſique, il vit qu'ils pouvoient ſe réduire à deux : l'un *conſonnant*, & l'autre *diſſonant*. La ſuite des ſons fondamentaux de ces accords lui donna la baſſe fondamentale. Une pareille invention, dont l'honneur lui appartenoit entièrement, lui parut beaucoup plus précieuſe, lorſque le phénomène des réſonnances du corps ſonore lui fournit la preuve qu'il avoit découvert une vérité. « Ce phénomène étoit connu avant RAMEAU, mais il l'examina plus ſoigneu-

<small>Eloge de Rameau, par M. de Chabanon.</small>

» fement; & y appliquant ſes principes, il en fit la baſe de ſon ſyſtême ».
Ce ſyſtême ſe trouve développé dans ſon Traité de la *Génération Harmonique*; qui fut ſoumis à l'examen de l'Académie des Sciences. Il eut pour Commiſſaires MM. de Mairan, Nicole & d'Alembert, dont il mérita les ſuffrages. Ce dernier trouva ſes principes ſi admirables, qu'il les adopta dans ſes Elémens de Muſique qui parurent en 1752.

Mémoires de Trévoux, 1752.

Avant RAMEAU, quinze années ſuffiſoient à peine pour apprendre à toucher le clavecin : il a abrégé la route ordinaire, & dix-huit mois d'étude inſtruiſent aujourd'hui de cette partie ſi difficile & ſi eſſentielle. C'eſt encore à lui qu'on eſt redevable d'une méthode facile pour connoître les règles de la compoſition.

La recherche de la vérité mène ſouvent à des erreurs. RAMEAU étoit ſi ſatisfait de la découverte du principe ſonore, qu'il crut y appercevoir l'origine de toutes les Sciences. Juſte dans ſes principes, il ne le fut pas toujours également dans les conſéquences qu'il en tira; & l'Académicien célèbre (*a*) qui lui donna des éloges, ſe vit obligé de le combattre. Le fameux Euller écrivit auſſi contre lui. RAMEAU eſſuya beaucoup d'autres critiques auxquelles il répondit : il fut ſouvent peut-être attaqué trop vivement; peut-être auſſi le fut-il quelquefois injuſtement; mais on doit lui reprocher d'avoir montré dans ſes défenſes trop peu de modération, & trop d'amour pour ſes opinions.

RAMEAU aimoit tellement ſon art, qu'il s'occupa juſqu'au dernier moment de ſa vie des moyens de le perfectionner. Il ſe repentoit ſouvent de n'avoir pas employé à la recherche des principes, le temps qu'il avoit donné à la compoſition. La grande quantité d'ouvrages excellens qu'il a laiſſés ſur la théorie de la Muſique, ſuffiſoit pourtant à ſa gloire. L'analyſe de ces Ouvrages demanderoit une diſcuſſion trop étendue : il ſuffira de dire qu'ils jouiſſent de la plus grande réputation. Il eſt fâcheux que l'Auteur, en les compoſant, ne ſe ſoit mis à la portée que d'un très-petit nombre de lecteurs. Quoique les ſujets qu'il y traite ſoient arides & ſouvent hériſſés de calculs, il auroit pu les préſenter ſous un aſpect plus lumineux; mais RAMEAU n'avoit pas le mérite du ſtyle.

Plus un homme a de célébrité, & plus les particularités qui le regardent deviennent intéreſſantes. RAMEAU avoit une taille fort au-deſſus de la médiocre; & ſa maigreur étoit extrême. Sa figure étoit comme ſon ame, celle du génie. Ses yeux étoient pleins de feu, & les traits de ſon viſage fièrement prononcés.

Le vuide qu'il trouvoit dans la ſociété, la lui faiſoit négliger. Il ſe promenoit

---

(*a*) M. d'Alembert.

Vie de M. Rameau.

seul la plus grande partie du jour. Souvent ne pensant à rien, il paroissoit enfoncé dans les méditations les plus profondes.

Le Jardin du Palais-Royal étoit sa promenade ordinaire. Un jour qu'il s'y étoit rendu, un petit chien, qu'une dame portoit sous son bras, ne cessoit d'aboyer toutes les fois que Rameau passoit à côté de la dame. Le Musicien se contenta d'abord de témoigner par des signes beaucoup d'impatience : à la fin, s'approchant de celle qui tenoit le chien : *Madame*, lui dit-il, *de grace faites taire cet animal, il a la voix on ne peut pas plus désagréable*. Ce trait peut paroître puéril, mais c'est un trait de caractère.

Né pour la gloire, il devoit s'y montrer sensible : mais sa modestie lui faisoit fuir les éloges. Il avoit pour habitude de se placer dans une petite loge pendant les représentations de ses Opéra ; mais il s'y cachoit de son mieux : le Public ne pouvoit l'appercevoir sans se tourner de son côté, & sans faire retentir la Salle de ses applaudissemens. Il paroissoit alors embarrassé.

Rameau n'eut jamais d'autre maître de composition que son génie. Il composoit plus facilement la Musique instrumentale que la vocale. Il s'étoit exercé de meilleure heure à la première ; & d'ailleurs il n'étoit point obligé de s'asservir à des paroles auxquelles il falloit souvent qu'il prêtât un sens & de l'expression.

Il ne pouvoit souffrir d'être interrompu lorsqu'il travailloit. Quand il avoit trouvé quelque chose d'heureux, sa joie éclatoit dans toute sa personne : au contraire, il étoit furieux, s'il ne jugeoit pas ses productions dignes de ses efforts.

Il possédoit le talent de faire parfaitement sentir les Ouvrages de sa composition. Il falloit qu'il en eût un bien supérieur pour parvenir à réformer l'Orchestre de l'Opéra. Les Musiciens qui le composoient, lorsqu'il fit représenter son *Hippolyte*, étoient si médiocres, qu'il fut obligé souvent de supprimer plusieurs morceaux qu'il leur étoit impossible d'exécuter. A force de soins, de patience & de répétitions, il fut les créer de nouveau.

Aux répétitions de ses Opéra, il se tenoit assis dans le parterre, où il vouloit être seul. Si quelqu'un venoit l'y troubler, & s'approchoit de lui, il le repoussoit avec la main sans le regarder. Dans ces momens, il s'exprimoit avec tant de chaleur & de volubilité, que souvent sa bouche se desséchoit au point, que pour continuer de parler, il étoit obligé de manger quelque fruit, ou de prendre quelque rafraîchissement.

Ses Ouvrages sont une preuve que son goût n'étoit point exclusif. Quoique Musicien François, il fut, tant qu'il osa, imiter de la Musique Italienne ce qu'il y trouvoit de supérieur à la nôtre ; & ne crut pas, comme beaucoup d'enthousiastes, que nous avions seuls une Musique, tandis qu'il n'est pas encore décidé que nous en ayions une qui nous soit propre.

En travaillant pour sa gloire, l'homme de génie doit envisager en même-temps celle de ses concitoyens. Ses lumières & ses connoissances sont des trésors qui appartiennent à sa patrie, & qu'il doit être jaloux de répandre sur tous ceux qu'il présume pouvoir en faire un bon usage. Persuadé de cette vérité, RAMEAU ne refusa jamais ses secours à personne; quiconque venoit le consulter, étoit sûr d'en être accueilli. Il existe encore plusieurs Musiciens célèbres, auxquels il s'empressa de rendre service, & qui ajoutent à leur mérite en publiant ses bienfaits. Il aimoit autant à faire valoir les talens des autres, qu'à faire briller les siens; & s'il montra quelquefois trop d'amour pour ses découvertes dans la Musique, c'étoit moins parce qu'elles lui faisoient honneur, que parce qu'il sentoit combien elles étoient utiles.

Il n'appartient qu'aux hommes médiocres d'être envieux : RAMEAU ne le fut de personne; la gloire de Lulli ne l'importuna jamais. Il le surpassa sans doute : il fit plus, il le loua, & s'en montra souvent le défenseur. Loin que des succès étrangers pussent lui porter ombrage, il s'empressoit d'applaudir aux talens de ses contemporains. Il encourageoit sur-tout les jeunes Auteurs. Il ne dédaignoit point d'assister souvent aux intermèdes de l'Opéra-Comique, dans lesquels il reconnut des beautés véritables, & qu'il ne traitoit point de *petit genre*, quoiqu'il eut fait *Castor* & *Pollux*. Il trouva la musique des *Troqueurs* admirable. Que d'éloges n'eût-il pas donnés à l'Auteur charmant de *Lucile* & du *Tableau Parlant!*

Une affection paternelle ne l'aveugloit pas au point de croire toutes ses productions sans défauts. Il écoutoit volontiers les observations des personnes éclairées, & n'hésita pas souvent de retrancher des morceaux de Musique auxquels il avoit paru d'abord fort attaché. Il pensoit que l'esprit avoit sa vieillesse comme le corps. Il eut la franchise d'avouer dans les derniers temps de sa vie, qu'il sentoit le sien s'affoiblir; il disoit alors à quelqu'un, sur ce qu'on desiroit qu'il ajoutât quelques nouveautés dans l'Opéra de *Castor: J'ai plus de goût qu'autrefois, mais je n'ai plus de génie.*

Le ton de liberté qui règne dans sa Musique, annonçoit l'indépendance de son ame. Il faisoit peu sa cour, & n'avoit de relation avec les Grands que lorsqu'il leur étoit nécessaire.

Le vrai moyen d'encourager les talens, est de les récompenser. RAMEAU en méritant les éloges de son Prince, eut part à ses bienfaits: Sa Majesté lui accorda une pension de 2000 livres, & lui donna le titre de Compositeur de la Musique du Cabinet : cette place fut créée pour lui.

Il obtint ces différentes récompenses après avoir fait la musique des intermèdes
de

Vie de M. Rameau.

de la *Princesse de Navarre*, Comédie de M. de Voltaire, & celle du *Temple de la Gloire*, Opéra du même Auteur: ces deux productions lui méritèrent les plus grands applaudissemens; elles furent données pour le mariage du Dauphin dernier mort, dont la perte ne cessera jamais d'exciter nos regrets.

Le choix qu'on vient de faire de *Castor & Pollux* dans la distribution des Fêtes destinées à célébrer le mariage qui cause aujourd'hui notre joie, est un nouvel hommage qu'on rend aux talens de Rameau. Il étoit sur le point d'être décoré de l'Ordre de S. Michel, lorsque la mort vint l'enlever. Ennobli par ses talens, il le fut aussi par des Lettres du Prince: il ne fut point de l'Académie des Sciences, mais il mérita d'en être.

Tel fut Rameau. Cet Artiste célèbre est mort le 23 Août 1764. Il avoit épousé Marie-Louise Mangot qui lui survit, & dont il a laissé plusieurs enfans, deux filles, & un fils, Officier de la Chambre du Roi.

Rameau, fils d'un Musicien, eut un frère & une sœur qui l'étoient aussi. La ville de Dijon, qui avoit perdu Rameau, craignant aussi de se voir enlever son frère, le fixa dans sa patrie par l'exemption des charges publiques, & par une pension, modique à la vérité, mais toujours honorable aux talens.

La mort de Rameau devoit exciter les regrets de tous ceux qui chérissent les Arts ou qui les cultivent. Plusieurs Poëtes les exprimèrent dans leurs vers. La Capitale & la Province s'empressèrent aussi de les témoigner par différens services solemnels qu'ils firent célébrer. Dans celui qui se fit à l'Oratoire, aux frais des Directeurs de l'Opéra, & qui attira un très-grand concours de monde, on adapta aux prières de l'Eglise plusieurs beaux morceaux de *Dardanus* & de *Castor*.

Il y eut un second Service dans l'Eglise des Carmes du Luxembourg. M. *Philidor* avoit composé la Musique qui reçut des applaudissemens. Un pareil hommage étoit une dette dont l'Auteur de *Tom-Jones* s'acquittoit envers Rameau. Celui-ci avoit des droits sur sa reconnoissance par l'estime qu'il lui accordoit, & par les éloges qu'il lui donna lorsque le *Maréchal* parut.

En rendant compte des différens honneurs que chacun s'est empressé de rendre à la mémoire de Rameau, on ne doit point négliger de donner des éloges au zèle que ses compatriotes & les Académiciens de Dijon ont fait éclater pour célébrer sa gloire. Sur une simple annonce de l'Auteur du Journal Encyclopédique, qui avoit imprimé qu'on proposoit une souscription pour élever une statue à Rameau, plusieurs d'entr'eux se hâtèrent d'écrire à Paris pour se faire inscrire. L'avis se trouva faux; ils en témoignèrent leurs regrets.

M. le Goux, ancien Grand-Bailli de la Noblesse du Dijonnois, & Académicien Honoraire, vient de ranimer leur joie en faisant travailler au buste de ce grand homme, qui doit être placé dans une salle de l'Académie de Dijon, à côté de plusieurs autres personnes illustres par leurs talens, à qui cette ville a donné le jour.

On voit aussi le buste de Rameau dans les foyers de l'Académie Royale de Musique. Chaque Musicien devroit l'avoir devant lui toutes les fois qu'il compose: ses traits lui rappelleroient ses chef-d'œuvres; & peut-être qu'animé de son génie, il parviendroit lui-même à l'immortalité.

Depuis la mort de Rameau l'envie s'est réveillée, & l'a poursuivi jusques dans son tombeau. Un de nos plus célèbres Musiciens s'est efforcé d'affoiblir la gloire de l'Auteur de *Castor*: il a sans doute des talens supérieurs;

<blockquote>Mais pour siffler Rameau l'on doit être un Orphée.
<small>*Discours sur l'envie, par Voltaire.*</small> </blockquote>

LE COMTE D'ARGENSON.

Marc-Pierre de Voyer de Paulmy, Comte d'Argenson, Baron des Ormes, de Saint-Martin, naquit à Paris le 16 Août 1696, d'une famille originaire de Touraine, non moins illustre par son ancienneté que par une suite de grands Hommes qu'elle a produits.

L'origine de cette Maison, qui a possédé pendant long-temps, & qui possède encore la Charge de Grand Bailly de Touraine, se perd dans la nuit des temps; & ses titres remontent au-delà du treizième siècle. Les vertus & les talens des Citoyens distingués qu'elle a donnés à l'État, seront à jamais consacrés dans les Fastes de notre Histoire.

Si Messieurs de Voyer occupèrent toujours des places importantes, ils s'y montrèrent toujours dignes de la confiance dont le Prince les honora; & dans le Ministère comme dans les différens Emplois dont ils furent chargés, l'amour du bien public dirigea toutes leurs opérations.

Le goût des Sciences & des Arts semble aussi s'être perpétué avec leurs vertus & leur nom. René de Voyer de Paulmy, Comte d'Argenson, mort Ambassadeur à Venise, ne fut pas moins recommandable par ses services envers la République des Lettres, que par ceux qu'il rendit à sa Patrie. Le fils marcha sur les traces du père, & ses productions furent dignes des éloges du grand Corneille.

Ce fut aussi par l'amour le plus vif pour les Lettres & les connoissances les plus étendues dans presque tous les genres, que l'illustre Magistrat, qui gouverna la Police avec tant de sagesse, & qui fut ensuite Président du Conseil des Finances, Garde des Sceaux de France & Ministre d'Etat, mérita d'être reçu Honoraire de l'Académie des Sciences, & l'un des Quarante de l'Académie Françoise.

Avec un tel modèle sous les yeux, Monsieur d'Argenson son fils, pouvoit-il ne pas devenir lui-même un grand Homme? Favorisé des dons de la nature, il sçut faire valoir de bonne heure les heureuses dispositions qu'il en reçut; parvenu à cet âge où l'on se laisse volontiers entraîner par les charmes d'une imagination facile, il ne dédaigna pas de se livrer à l'étude pénible de la Jurisprudence; & s'il y trouva d'abord des épines, il en fut bientôt dédommagé, en se familiarisant avec ces Loix admirables qui feront toujours regarder les Romains comme les plus habiles Législateurs qui aient existé.

Il y avoit déjà quelque temps qu'il avoit terminé son Droit, lorsqu'il fut reçu Avocat du Roi au Châtelet de Paris: il obtint cette Place en 1718; & quoiqu'il ne fût alors que dans sa vingt-deuxième année, il l'exerça avec la plus grande distinction. Ses Plaidoyers firent en même temps honneur à son esprit, à son cœur & à son jugement. L'année suivante on le vit successivement passer du Châtelet au Parlement de Paris, en qualité de Conseiller; & du Parlement au Conseil, en qualité de Maître des Requêtes. Dans ces deux Tribunaux il ne se montra pas moins Juge intègre que Magistrat éclairé.

 Monsieur le Duc d'Orléans, Régent, qui s'occupoit sans cesse du soin de rechercher le mérite & de le récompenser, ne tarda pas à connoître les talens supérieurs de Monsieur d'ARGENSON. Il crut qu'il ne pouvoit en faire un essai plus avantageux, qu'en lui confiant l'administration d'une Place où son père avoit si bien mérité de la Patrie. Le système de *Law*, qui jouissoit alors de la plus grande faveur, portoit dans les fortunes le plus affreux renversement, & dans l'Etat entier le trouble & la confusion. L'injustice & la fraude marchoient par-tout têtes levées; mais Paris étoit le principal théâtre où elles exerçoient leur tyrannie.

 Pendant presque tout le temps que l'orage dura, la jeunesse de Monsieur d'ARGENSON, encore mineur, ne trouva pas sa prudence en défaut un seul instant. Son zèle qui se multiplioit avec les maux, cherchoit sans cesse à prévenir tous les dangers. Mais enfin son père, par les conseils duquel il se conduisoit, & qui pouvoit mieux que personne prévoir les funestes conséquences du système, lui fit abandonner la Police pour le faire passer à l'Intendance de Tours.

 Si la Province eût été consultée, elle n'eût pas fait un autre choix. Elle devoit naturellement desirer de se voir administrer par un homme dont les Ancêtres, en puisant le jour dans son sein, y avoient aussi puisé leurs vertus, & l'avoient autrefois gouvernée pendant la paix, & défendue pendant la guerre. Quel bien ne devoit-elle pas en attendre, & quel bien n'en reçut-elle pas? Pendant que la Touraine eut l'avantage de le posséder, il ne songea qu'aux moyens de la rendre heureuse. Il y parvint, en y faisant des établissemens utiles, en y favorisant le commerce & la culture des terres, & en modérant avec équité la charge fâcheuse, mais nécessaire, des Impositions.

 Cependant cette Province ne le conserva que peu de temps. Bientôt de nouvelles conjonctures le ramenèrent sur le grand théâtre où il avoit déjà brillé. On lui confia encore une fois l'administration de la Police; &, quoique privé des conseils de son père que l'Etat avoit perdu en 1721, il y rappella au Public ces principes excellens d'après lesquels Monsieur d'Argenson, Garde des Sceaux, s'y étoit conduit, & dont les précieux effets se font encore sentir aujourd'hui.

 Cette époque devint celle de la fortune & de l'avancement de Monsieur d'ARGENSON. Il fut presque dans le même temps revêtu, sur la démission de son frère aîné, de la Charge de Grand-Croix Chancelier de l'Ordre de Saint Louis, Charge qui avoit été créée pour son père, & démembrée en sa faveur de la Chancellerie de France.

 Monsieur le Duc d'Orléans croyant ne pouvoir remettre le soin de ses propres affaires en des mains plus habiles, le choisit pour son Chancelier & pour Chef de

Vie du Comte d'Argenson.

son Conseil. Dans cette place, qu'il exerça par la suite auprès de M. le Duc d'Orléans, fils du Régent, le Comte d'Argenson sçut, par le plus grand amour pour la Justice, le désintéressement le plus noble, la générosité la plus éclairée; enfin, par l'administration la plus sage & la plus active, travailler en même temps à sa gloire & à celle du Prince qui en avoit fait choix. Les occupations de cette nouvelle place & son attachement pour les Princes qui la lui avoient confiée, ne lui permirent pas de conserver long-temps, après la mort de Monsieur le Régent, les fonctions de Lieutenant de Police. Il s'en démit en 1724, & fut fait Conseiller d'Etat; sa retraite excita dans Paris des regrets universels; deux ans après il fut reçu de l'Académie des Sciences, où il soutint avec éclat le titre distingué décerné uniquement à la supériorité de ses talens.

M. d'Aguesseau qui en connoissoit le prix, s'empressa de l'admettre au nombre des Magistrats chargés avec lui de la rédaction des Ordonnances & des Loix. Les différentes places que Monsieur d'Argenson avoit remplies, ne lui avoient pas laissé la liberté de se livrer de nouveau à la Jurisprudence, & de cultiver les connoissances qu'il y avoit acquises dans les premiers momens de sa jeunesse. Sa vive pénétration, jointe à une application sérieuse, lui tint lieu d'une étude plus suivie, & le mit bientôt en état d'approfondir les matières les plus difficiles, & de seconder les vues du Magistrat éclairé qui l'avoit associé à ses travaux.

Le même Chancelier jetta aussi par la suite les yeux sur lui pour lui confier l'administration de la Librairie. Cette partie, en même temps qu'elle demande des lumières, demande aussi beaucoup de soins & d'activité: le Comte d'Argenson y apporta tout ce qu'elle exigeoit. La protection dont il honora toujours les productions utiles & les Gens de Lettres estimables, servirent à justifier le choix que le Chef de la Justice avoit fait de lui. Cette nouvelle occupation n'empêcha pas Monsieur d'Argenson d'être en même temps à la tête du Grand Conseil, en qualité de Premier Président. Son génie, aussi rapide qu'étendu, sçavoit se porter à la fois sur mille objets différens, & n'avoit besoin que de voir pour avoir tout approfondi.

En 1740, Monsieur d'Argenson fut nommé Intendant de Paris. Après avoir, dans une place semblable, gouverné la Touraine au gré de la Province entière, après avoir fait mouvoir avec tant d'habileté les ressorts immenses de la Police, les soins de l'Intendance de Paris ne pouvoient pas l'embarrasser. Il s'acquitta avec applaudissement des fonctions de ce nouvel emploi; mais destiné à des objets plus importans, il ne l'exerça pas long-temps; bientôt le Roi le fit Ministre, & lui donna entrée au Conseil d'Etat. Il y porta des vues sages, un cœur droit & l'esprit le plus fécond en ressources.

Quel homme étoit plus capable de conduire dans le Ministère un grand Département: il aimoit le bien, & sçavoit le faire. Le Roi le chargea en 1743 de celui de la Guerre, & lui donna aussi par la suite la Surintendance des Postes; & enfin le

Département de Paris. Si la confiance, dont le Comte d'ARGENSON venoit d'être honoré, étoit faite pour le flatter, les dangers qui environnoient alors sa place, devoient en même temps l'effrayer. Il arrivoit au Ministère dans la circonstance la plus délicate; & tout autre que lui y auroit échoué. Les obstacles, loin de l'intimider, ne firent que ranimer son zèle: il falloit, pour ainsi dire, recréer notre armée. La campagne de Bohême, où le plus jeune de ses fils eut le malheur de périr d'un coup de tonnerre sur les remparts de Prague, avoit réduit nos troupes dans l'état le plus déplorable. Réparer les pertes considérables qu'elles avoient essuyées, n'étoit pas chose fort facile: ses soins & son intelligence sçurent pourtant remédier à tout. Bientôt il compléta les Régimens qui avoient été maltraités; il en augmenta même le nombre, & forma les Grenadiers Royaux, dont l'établissement utile a fait naître ensuite le Corps distingué des Grenadiers de France. Enfin le Roi, se disposant à porter ses armes en Flandre, eut, en peu de temps, la satisfaction de se voir une armée redoutable qui, animée de sa présence, devoit lui faire espérer les succès les plus prompts & les plus brillants.

Ce n'étoit pas assez d'avoir remis entre les mains du Roi l'armée la plus nombreuse & la plus formidable, il falloit encore la pourvoir & la mettre en état de faire face à tous les évènemens de la Guerre. Le Comte d'ARGENSON prévoyoit tout, pourvoyoit à tout: les mesures étoient également bien prises pour les sièges & pour les combats. Tant de prévoyance ne contribua pas peu sans doute aux triomphes rapides qui signalèrent les premières armes de LOUIS *le Bien-aimé*.

Le Comte d'ARGENSON ne quitta pas son Maître, & fut témoin de ses succès. Quel plaisir n'éprouva-t-il pas, en voyant ce jeune Monarque portant pour diadême une couronne de lauriers, qu'il ne devoit pas moins aux soins & aux conseils de son Ministre, qu'à l'habileté de ses Généraux? Sa joie éclata sur-tout, lorsque, descendant dans les Hôpitaux pour y apporter des ordres bienfaisans, il eut l'avantage d'y conduire le Prince Conquérant, qui ne dédaigna point d'y descendre lui-même, & d'y venir consoler les artisans de sa gloire & les compagnons de ses travaux. Quelle douce émotion dût se répandre alors dans le cœur des Soldats, témoins de la présence de leur Souverain! Un de ses regards fixé sur leurs blessures, étoit seul capable de leur faire oublier leurs maux. Ils ne furent pas moins enchantés des attentions du Ministre. Le Comte d'ARGENSON veilla scrupuleusement à ce que les personnes préposées pour leur soulagement, leur rendissent les services que ceux-ci étoient en droit d'en attendre, & sçut, par sa vigilance, hâter la guérison de plusieurs.

Ce fut par de semblables traits que le Comte d'ARGENSON mérita, à juste titre, d'être appellé le père du Soldat. Vivement touché de son sort, il chercha toujours l'occasion d'en adoucir la rigueur. Né avec un pareil fonds de sensibilité, quelles atteintes cruelles son ame ne dût-elle pas ressentir, lorsque le Roi fut sur le point de

mourir

Vie du Comte d'Argenson.

mourir à Metz de la maladie dangereuse qui le surprit au milieu de sa course. Ce coup inopiné qui sembla frapper sur la Nation entière, tant elle en parut affectée, fut un coup de foudre pour le Comte d'ARGENSON. Qu'on se le représente au chevet de son Maître expirant, & qu'on juge de sa douleur. Rien, sur-tout, ne peut exprimer celle dont il fut pénétré, lorsque LOUIS, recueillant ses esprits & rouvrant à la lumière ses yeux presque éteints, lui adressa ces paroles mémorables : *Mandez au Maréchal de Noailles qu'il se souvienne que, pendant qu'on portoit Louis XIII au tombeau, le Grand Condé gagnoit la bataille de Rocroi.* Heureusement ce Prince, l'objet de la tendresse de ses Peuples, fut rendu à leurs souhaits, & put bientôt se préparer à de nouveaux exploits.

La Flandre en devint encore le théâtre. Quelle journée que celle de Fontenoi, où la victoire, long-temps incertaine, fut enfin obligée de se décider en faveur des François! La veille de ce combat, le Roi avoit montré la plus grande gaîté: le jour même de l'action il fut éveillé le premier, & éveilla lui-même à trois heures le Comte d'ARGENSON, qui, dans l'instant, envoya avertir le Maréchal de Saxe. M. le Marquis de Voyer, fils de ce Ministre, & aujourd'hui Lieutenant Général des Armées du Roi, commandoit alors le Régiment de Berri, à la tête duquel il fit des prodiges de valeur.

Dans le cours de cette Campagne comme dans la précédente, l'activité du Comte d'ARGENSON ne se rallentit pas un seul instant, & l'armée fut toujours servie avec la plus grande exactitude. De quelle utilité ne fut-il pas au Maréchal de Saxe, pendant tout le temps que cette guerre dura, en lui fournissant des moyens & des ressources qui, joints à ceux du Général, firent toujours marcher la victoire sur les pas de LOUIS, & nous amenèrent enfin cette paix si désirée qui suivit immédiatement le siège de Mastricht.

LOUIS, à qui la douceur de son règne avoit déja valu le nom de *Bien-aimé*, se félicitoit d'une paix qui le mettoit à même de mériter de plus en plus un titre si flatteur. Oubliant ses travaux guerriers, il parut n'avoir d'autre desir que le bonheur de ses peuples. Secondé du Comte d'ARGENSON, pouvoit-il ne pas voir bientôt ses espérances couronnées? Ce Ministre, non moins jaloux de la gloire de son Prince que le Prince lui-même, s'empressa de lui procurer les moyens de travailler au grand ouvrage qu'il méditoit. Il commença par lui faire verser les graces les plus abondantes sur l'Etat Militaire. Peut-on payer trop cher le sang de ces braves Citoyens qui se dévouent à la défense de la Patrie ! Des privilèges honorables devinrent le prix de leurs services; & désormais ils purent, avec leurs vertus, transmettre la Noblesse à leurs enfans.

Quelle émulation le Comte d'ARGENSON ne sçut-il pas inspirer à tous ceux que le desir de la gloire anime, lorsqu'il annonça le projet de supprimer la vénalité des Régimens? Il sentit combien il étoit injuste & dangereux en même temps pour l'État que les richesses obtinssent un commandement qui ne devroit être la récompense que des talens & d'une expérience consommée. Il ne put ordonner d'abord que la diminution du prix des Régimens à chaque mutation. Mais de-là devoit insensiblement & sans exciter beaucoup de murmures, résulter l'extinction totale d'une vénalité honteuse, qui n'auroit jamais dû être tolérée dans un Gouvernement bien policé.

Enfin ce Ministre mit le sceau à sa réputation, & immortalisa en même temps le règne de Louis XV par cet établissement admirable connu sous le nom d'*Ecole Militaire*. C'est-là que la Patrie rassemble sous ses aîles les jeunes rejettons d'une quantité de familles qui n'ont pas l'avantage de joindre à la Noblesse les faveurs de la fortune. Tout y est prodigué pour leur éducation: le Comte d'Argenson voulut, qu'en y formant des guerriers, on y formât des hommes. Aussi eut-il soin d'y réunir aux Commandants les plus versés dans la Science Militaire, les maîtres les plus habiles dans tous les genres, & les plus irréprochables par leurs mœurs. C'est dans les leçons de ces Maîtres éclairés que les disciples, destinés à être à leur tour l'appui de la Patrie, puisent à la fois des connoissances & des vertus. Le Comte d'Argenson, qui les regardoit tous comme ses propres enfans, avoit pour eux les soins d'un père tendre: il étoit rare qu'il se passât une semaine sans qu'il s'informât de leurs progrès, ou qu'il fût le témoin de leurs travaux. Sa présence les encourageoit, & fit peut-être éclore des talens. Il ne négligeoit aucun moyen de leur donner de l'ardeur & de l'émulation: & s'il plaça leur asyle près de la retraite de ces vieux soldats qu'on voit errer sur les bords de la Seine, couverts de blessures & de lauriers; ce fut sans doute parce qu'il imaginoit qu'un pareil spectacle étoit capable de leur élever l'ame, & de leur inspirer le plus vif desir pour la gloire.

Telles furent les principales opérations du Comte d'Argenson, pendant qu'il fut chargé du Département de la Guerre. Il ne se distingua pas moins dans le Département de Paris, & dans celui des Académies qui en faisoient partie. Cette Capitale, quoique parfaitement gouvernée, depuis que lui & son père avoient eu l'administration de la Police, ne jouissoit pas encore d'une assez grande sûreté; il pourvut entièrement à sa tranquillité, en y établissant des Patrouilles, & en augmentant le nombre de ses Corps-de-gardes.

Les Lettres & les Sciences qui firent toujours ses plus chères délices, lui eurent aussi les plus grandes obligations. Il recherchoit avec empressement ceux qui les cultivoient avec succès, leur servoit d'appui auprès du Souverain, & leur ouvrit souvent la source des bienfaits. Pénétré de cet attachement pour les Lettres, il ne négligea rien de ce qui pouvoit contribuer à leur gloire & à leur avancement. C'est à ses soins que la Bibliothèque du Roi doit une partie des Livres qu'elle renferme. En travaillant à en augmenter la richesse, il n'eut pas moins en vue de procurer des secours aux personnes qui veulent s'instruire, que d'assembler une Collection curieuse qui pût constater les lumières & le bon goût de sa Nation. Il se forma pour lui-même une Bibliothèque aussi considérable que bien choisie, qui lui fut souvent d'une grande ressource, & lui fournit, sur-tout dans sa retraite, de véritables plaisirs.

L'Académie des Inscriptions & Belles-Lettres, où il fut admis en 1749, éprouva pareillement des marques de son zèle & de son estime. Quelquefois il se déroboit aux affaires de l'État, pour coopérer aux travaux de cette Compagnie, & prendre place à ses séances. Il n'en sortoit jamais sans y laisser des traces de la protection particulière qu'il lui accordoit : c'est à cette même protection qu'elle est redevable de plusieurs Réglemens utiles qu'on y observe encore exactement. Décidé à faire travailler à l'Histoire du Roi par une suite de Médailles, & de ne rien épargner pour que ce Monument pût au moins le disputer à celui qu'on a élevé à la mémoire de *Louis XIV*, le Comte d'ARGENSON n'hésita pas de jetter les yeux sur cette même Académie. On ne sçauroit trop regretter l'interruption de ce superbe Ouvrage dont la continuation seroit si fort à desirer.

L'affabilité ne cessa jamais d'être le partage du Comte d'ARGENSON. Il contenta toujours toutes les personnes qui eurent affaire à lui, même celles dont il ne lui étoit pas possible de satisfaire les demandes. Mais ses refus étoient si honnêtes, qu'on ne pouvoit le quitter sans se répandre en éloges sur son compte. Il falloit le voir dans ses audiences, qu'il donnoit très-fréquemment. Son abord étoit noble & gracieux : sa présence en imposoit sans intimider. Il écoutoit tout le monde avec complaisance, & ses réponses étoient pleines de bonté. Il saisissoit tout avec la plus grande facilité, & s'exprimoit de même. Les Mémoires qu'on lui présentoit étoient toujours bien accueillis : il prenoit la peine de les lire, & tous fixoient son attention. Quand il s'agissoit de rendre la justice, ou d'accorder des graces, le rang ne lui faisoit aucune illusion. Le bon droit & le mérite sollicitoient plus fortement auprès de lui que les titres les plus brillans.

En 1757, Monsieur le Comte d'ARGENSON éprouva une disgrace, qu'il soutint avec autant de courage, qu'il avoit montré de zèle à servir l'Etat. Si elle excita sa sensibilité, ce ne fut que parce qu'elle lui annonçoit la perte des bonnes graces de son Maître, & qu'elle lui enlevoit les moyens de faire le bien de sa Patrie, & d'être utile à ses Concitoyens. Rendu à sa terre des Ormes, il y oublia bientôt les honneurs du faîte desquels il venoit de descendre. Entre ses amis, sa famille & ses livres, que lui restoit-il à desirer? Livré à ses propres réflexions, il ne pouvoit y trouver que de la consolation ; il n'avoit que des actes de vertu & de bienfaisance à se rappeller.

Dans le sein du repos & de la tranquillité, il jouit pendant plusieurs années de la meilleure santé. Mais la goutte dont il étoit attaqué depuis très-long-temps, s'étant jettée sur ses poulmons, il s'affoiblit insensiblement. Le Roi, informé de l'état où il se trouvoit, lui accorda la permission de revenir à Paris. Mais il reçut trop tard cette consolation. Il mourut en 1764, âgé de soixante-huit ans, regretté du Roi, de sa Patrie, & pleuré de sa famille & de ses amis.

Le Comte d'ARGENSON avoit épousé en 1719 Anne l'Archer, fille unique de Pierre l'Archer, Conseiller au Parlement de Paris, dont il n'a laissé que Marc-René de Voyer de Paulmy d'Argenson, Marquis de Voyer, qui, aux grades distingués qui le décorent, réunit l'avantage de les avoir mérités. Il a aussi laissé un Neveu digne héritier de ses talens. Nommer M. le Marquis de Paulmy, c'est faire son éloge. Personne n'ignore ses travaux utiles dans le Ministère de la Guerre. Il fut associé à ceux de son oncle en 1741, & les a continués seul après la retraite de ce Ministre. On connoît aussi ses succès dans les différentes Ambassades dont il a été chargé, & son amour éclairé pour les Lettres.

M. GILBERT DE VOISINS.

Pierre Gilbert de Voisins, Chevalier, Marquis de Villênes & de Bouconvilliers, Conseiller d'Etat ordinaire & au Conseil des Dépêches, Docteur Honoraire & Doyen d'honneur de la Faculté de Droit, ancien Premier Avocat Général au Parlement de Paris, naquit en cette Ville le 13 Août 1684 de Pierre Gilbert de Voisins, Président de la Seconde Chambre des Enquêtes du Parlement, & de Françoise-Geneviève Dongois, petite nièce du célèbre Boileau.

La famille des Gilbert est très-ancienne dans la Magistrature. Sous le règne de Charles VIII, Jean Gilbert, un de ses Auteurs, occupoit déja une place de Général des Finances, place importante qui exigeoit autant d'intégrité que de lumières. Presque tous ses descendans ont été successivement, pendant l'espace de deux siècles, Conseillers au Parlement, & se sont distingués, sur-tout par ces sentimens d'honneur & de probité qui semblent assigner à leur famille un caractère particulier, & faire naître en faveur du nom une prévention aussi juste qu'honorable.

M. Gilbert, destiné dès l'enfance à la Profession qui avoit illustré ses Ancêtres, reçut dans la maison paternelle une éducation entièrement relative à cet état. Son père voulut être son premier Instituteur; en secondant le goût naturel de son fils pour les Lettres, il eut soin de lui inspirer de bonne heure l'horreur du luxe, l'amour de la simplicité, l'esprit de modération, devenus trop rares aujourd'hui, & qui étoient alors la base, &, si l'on peut s'exprimer ainsi, la sauvegarde des vertus du Magistrat.

Après avoir fait d'excellentes Humanités, M. Gilbert se livra à l'étude du Droit, qui devoit être la science de toute sa vie, & fut reçu au serment d'Avocat le 20 Juin 1702. C'est dans l'exercice de cette Profession, qui conduisoit autrefois aux premières dignités de la Magistrature, qu'il annonça les heureuses dispositions qu'il a développées depuis avec tant d'éclat. Il plaida comme Avocat dans différentes Jurisdictions, & les applaudissemens qu'il mérita sous ce titre, le suivirent au Châtelet où il fut reçu en qualité d'Avocat du Roi au mois de Novembre 1703.

Ce Tribunal a été regardé de tout tems comme l'École des jeunes Magistrats qui se destinent aux fonctions du Ministère Public. Une foule de Causes, souvent importantes, & presque toujours liées à l'Ordre Public, présentent sans cesse de nouvelles occasions à leur éloquence, & leur donnent en même temps cette connoissance pratique des affaires sans laquelle la science des Loix seroit pour le Magistrat, une théorie plus satisfaisante qu'utile : M. Gilbert fit admirer pendant quatre ans dans cette place des talens déjà formés, auxquels on ne desiroit qu'un plus vaste théâtre.

La Charge d'Avocat Général du Parlement, à laquelle il étoit appellé par la voix du Public & du Barreau, étoit dès-lors l'unique objet de ses desirs & de son ambition. Il disoit lui-même, dans un âge plus avancé, « qu'il n'avoit jamais eu » d'autre maîtresse ». Mais toutes les Places étoient remplies; & en attendant un moment plus favorable à ses vues, il obtint l'agrément d'une Charge de Conseiller au Parlement qu'il exerça jusqu'en 1711.

Si ses travaux, dans ce nouvel état, ne furent pas aussi éclatans, ils n'en sont pas moins dignes de nos éloges & de notre reconnoissance. Se sacrifier dans une pénible & laborieuse obscurité au bonheur de ses Concitoyens; remplir avec un zèle toujours nouveau des fonctions souvent fastidieuses & toujours difficiles, dans lesquelles le courage n'est pas même soutenu par les regards publics; se défendre sans cesse des ruses de l'intérêt & de la chicane, & des pièges plus cachés & plus redoutables de la prévention; n'attendre enfin, ne desirer d'autre récompense de ses travaux que le témoignage de sa propre conscience, tels sont les devoirs que la Justice impose à ses Ministres : personne n'en a mieux senti l'étendue que M. Gilbert, & ne les a remplis avec plus d'exactitude. Son intégrité, ses lumières, son équité impartiale lui attirèrent bientôt la confiance & la considération de sa Compagnie. Sa réputation l'avoit même précédé au Conseil; à peine y fut-il reçu en qualité de Maître des Requêtes, qu'il fut chargé de rapporter devant le Roi les affaires les plus importantes. Son mérite & ses talens, quelque peu de soin qu'il prit de les faire valoir, n'échappèrent point aux regards pénétrans du Prince qui gouvernoit la France pendant la minorité. Il choisit M. Gilbert pour servir au Conseil des Finances qu'il venoit d'établir, & cette distinction si briguée ne lui coûta pas même la peine de la desirer.

Peut-être M. Gilbert auroit-il pu, en suivant cette nouvelle carrière, que la faveur de M. le Régent lui rendoit plus facile, parvenir rapidement aux premières dignités; mais son goût, son inclination naturelle le rappelloit au Barreau, il attendoit avec impatience l'occasion de reprendre des fonctions qu'il n'avoit pas quittées sans regret.

Elle se présenta enfin. Il obtint en 1718 une place d'Avocat Général au Parlement. Il lui auroit été difficile de choisir un moment plus favorable. Une suite d'affaires, aussi dignes d'intéresser le Public par la singularité piquante de leurs circonstances, que de fixer par leur importance & leurs difficultés l'attention des Magistrats, se succédèrent d'année en année, & ouvrirent un vaste champ à ses talens. Telles furent les Causes de Madame de Choiseul, des Demoiselles Ferrand, de Kerbabu, des Princes de Montbelliard & de Madame la Duchesse de Modène. Les Extraits de ses Plaidoyers qu'on a conservés dans le Journal des Audiences, peuvent donner une idée de l'impression que fit sur l'esprit des Juges & du Public cette éloquence mâle & sévère qui s'animoit par dégrés, frappoit le but

Vie de M. Gilbert de Voisins.

avec force, & tiroit toutes ses preuves des grands principes de l'ordre & de l'intérêt public.

Rien ne peint mieux la modestie de M. Gilbert & son amour religieux pour ses devoirs, que l'exactitude avec laquelle il travailloit les causes dans lesquelles il devoit porter la parole. Sa pénétration naturelle, aidée d'une expérience de vingt années & de l'étude la plus approfondie de nos Loix, le rendoit supérieur aux plus grandes affaires : cependant il ne manquoit jamais, lorsque l'objet étoit important, de composer sur la matière un Traité complet, dont il formoit ensuite son Plaidoyer ; on en conserve dans sa famille soixante-quatre entièrement écrits de sa main.

On peut juger par-là de l'attention qu'il donnoit aux affaires publiques, que les troubles dont l'Eglise de France étoit alors agitée rendirent aussi fréquentes que délicates. Également éloigné de cette inflexibilité qui n'admet aucun tempérament, & d'une foiblesse dangereuse, il fit paroître, dans ces temps difficiles, une fermeté d'autant plus estimable, qu'elle fut toujours tempérée par l'esprit de douceur & de conciliation qui faisoit la base de son caractère : les Réquisitoires qu'il prononça dans ces occasions, ou sur les autres matières de Droit Public qui se présentèrent de son temps, furent regardés comme des modèles d'érudition & de critique.

Il ne s'acquit pas moins de réputation par ses Harangues & sur-tout par ses Mercuriales, Discours que le premier Avocat Général prononce alternativement avec le Procureur Général, & dont le but est d'exercer sur les Magistrats une censure salutaire : personne n'étoit plus digne que lui de remplir cette fonction délicate : pour faire aimer la vertu, il lui suffisoit de la peindre telle qu'elle existoit dans son cœur. Toute sa conduite étoit elle-même une censure muette qui donnoit un nouveau poids à ses discours, & prêtoit, sans qu'il s'en apperçût, de nouvelles armes à son éloquence.

A peine M. Gilbert se vit-il à la tête du Parquet en qualité de Premier Avocat Général, qu'il fut obligé de porter la parole au Lit de Justice du 8 Juin 1725. L'État se ressentoit encore des suites funestes d'un système qui avoit pensé le perdre ; pour réparer le désordre qu'il avoit causé dans les Finances, on avoit recours à des opérations toujours onéreuses pour les Sujets, dont les fortunes particulières n'avoient pas moins souffert de la révolution de 1720. Le Roi fut obligé de tenir un Lit de Justice pour l'enregistrement des nouveaux Edits. M. Gilbert y parla avec cette fermeté qu'inspire le véritable amour du bien public, il ne craignit point de mettre sous les yeux d'un Prince bienfaisant, le tableau des maux & des besoins d'un Peuple qu'il desiroit vivement de soulager : il n'apprit qu'avec étonnement par une Lettre de M. le Comte de Maurepas, que son Discours avoit déplû au Premier Ministre, qui ne permit pas en effet qu'on l'imprimât dans le Procès-verbal du Lit de Justice.

Cet événement ne rallentit point son ardeur pour les intérêts du Prince & de la Patrie. Il fut encore chargé de porter la parole au fameux Lit de Justice du 3 Septembre 1732. Les éloges qu'il reçut furent pour cette fois sans mélange, & l'on vit la Cour s'accorder avec toute la France pour applaudir au zèle de ce généreux Magistrat; on ne doit pas oublier la réponse qu'il fit à cette occasion à M. de Villars, qui s'empressoit au sortir de l'Assemblée, de lui témoigner le plaisir qu'il avoit eu à l'entendre : « M. le Maréchal, lui répondit M. GILBERT, » vous auriez beaucoup mieux parlé que moi, si vous aviez voulu ».

Ce sentiment, que la nature inspire à tous les hommes & qui les porte à se regarder souvent avec plus de complaisance dans leur postérité que dans eux-mêmes, agissoit vivement sur le cœur de M. GILBERT, il étoit encore fortifié par tout ce que l'estime la mieux fondée peut ajouter à la tendresse paternelle : elle le détermina en 1739 à se démettre de sa place d'Avocat Général en faveur de son fils aîné, pour lequel il avoit obtenu sans peine l'agrément de Sa Majesté.

Depuis cette époque, il resta pendant seize mois entiers sans occuper de nouvelle place. Mais il n'en fut pas plus oisif. En qualité de Maître des Requêtes Honoraire, il avoit le droit de siéger au Parlement, &, tant que des fonctions incompatibles ne l'empêchèrent pas d'en user, il regarda toujours ce droit comme un devoir. C'est dans le même temps qu'il entreprit le dépouillement de l'immense Recueil des Manuscrits de Brienne. Madame la Marquise de Vieilbourg, sa parente, lui avoit légué l'unique copie qui ait été faite de cette Collection précieuse, due aux soins d'Antoine de Loménie, Secrétaire d'État. Le défaut de Table la rendoit presqu'inutile, il eut le courage de l'entreprendre, & le courage plus admirable de l'exécuter. Ce travail fastidieux, dont l'idée seule effrayeroit le plus laborieux Compilateur, lui servit de délassement pendant dix-huit années. Il en a composé un Répertoire raisonné qui forme trois gros volumes in-4°. entièrement écrits de sa main.

Avec un goût aussi décidé pour le travail, avec toutes les ressources que les Lettres & les Sciences fournissent à ce petit nombre d'hommes privilégiés qui sçavent en goûter les charmes, M. GILBERT sçut toujours se défendre de l'ennui dont le poids accable si souvent ceux qui après avoir vécus long-temps dans le tourbillon des affaires, se voyent condamnés à l'inaction de la vie privée. Mais ses lumières & son expérience qui le rendoient précieux à l'État, ne permirent pas qu'on le laissât jouir long-temps de ce laborieux loisir; au mois de Mai 1740, le Roi le nomma Conseiller d'État, & successivement Commissaire pour la discussion des Affaires des Gabelles, & Premier Président au Grand Conseil pour l'année 1744.

C'est dans le même temps que M. GILBERT perdit en moins d'un mois, deux fils auxquels il n'a manqué que des années pour parvenir à la plus haute considération.

L'année

L'année 1754 ne lui fut pas moins funeste. Ses larmes coulèrent pour la troisième fois sur le seul fils qui lui restoit. Ce Magistrat, digne, par l'assemblage des plus rares qualités, des regrets de tous les gens de bien, avoit quitté la place d'Avocat Général, dont la foiblesse de sa santé ne lui permettoit plus de remplir les fonctions, pour passer à celle de Président à Mortier; il fut exilé à Soissons avec une partie de la Grand'Chambre, & c'est dans cette Ville qu'une maladie prompte & cruelle l'enleva à sa famille & à la Magistrature. M. GILBERT fut long-temps inconsolable; il aimoit son fils, comme il aimoit la vertu: il le perdoit à cet âge où les pertes du cœur sont irréparables. Il voulut perpétuer sa douleur & la mémoire de ce fils chéri dans une Epitaphe qu'il composa lui-même, & que nous rapporterons ici comme un modèle de cette simplicité noble & touchante qui fait le véritable caractère du style lapidaire:

Hic Jacet
PETRUS-PAULUS GILBERT DE VOISINS,
Supremi Senatus Præses
Anteà in eodem Advocatus Regius.
Hic augustæ Suessionum
Acerbo bonis omnibus funere ereptus
Anno ætatis suæ XXXIX
Die XV Maii M. DCC. LIV.
Uxor ægrè Superstes
Parentes turbato mortalitatis ordine
Mœstissimi
Veram immortalitatem
Quam in animo semper habuit
Ipsi sibique adprecantes.
P. P.

L'éducation d'un petit-fils qui lui restoit seul d'une nombreuse famille, lui offrit des motifs de consolation plus solides & plus durables. Il s'y livra avec toute l'attention que peut inspirer la tendresse la plus éclairée. On le voyoit quelquefois, comme le Pere d'Horace, accompagner ce tendre rejetton chez les Maîtres auxquels il confioit la direction de ses études, le recommander à leurs soins, solliciter pour lui leur amitié, & lui donner par ses exemples, comme par ses préceptes, le goût des sciences & l'amour de la vertu. Le plus heureux succès a couronné ses travaux. Il a eu le bonheur de voir avant sa mort cet élève chéri faire admirer, dans la même place qu'il avoit occupée autrefois, des talens solides, une droiture de cœur, & une maturité de jugement peu commune dans un âge que la plupart des hommes abandonnent à la dissipation & aux plaisirs.

En 1757, le Roi nomma au Conseil des Dépêches M. GILBERT, dont il estimoit les lumières & la vertu ; la confiance qu'elles lui avoient acquise s'accrut encore dans cette nouvelle place ; il ne s'agitoit gueres d'affaires importantes au Conseil sur lesquelles le Roi ne voulût avoir son avis : souvent même il fut chargé par le Gouvernement de la rédaction de Mémoires particuliers, & il a eu part à presque tous les Réglemens utiles qui ont paru de son temps.

Si une vie longue peut être regardée comme un bienfait de la Providence, c'est sur-tout lorsqu'elle est exempte des infirmités par lesquelles on achete si chèrement dans la vieillesse quelques momens d'existence. M. GILBERT a joui de ce rare bonheur, & l'on peut dire, dans ce sens, qu'il a beaucoup plus vécu que le commun des hommes. Soixante années de travaux continuels n'avoient altéré ni la vigueur de son esprit, ni son zèle, & avoient à peine diminué ses forces. Le dernier jour de sa vie, semblable à ceux qui l'avoient précédé, a été consacré au bien public & à la Justice ; il est mort à Paris le 20 Avril 1769, âgé de quatre-vingt-cinq ans : le matin même il avoit encore tenu Bureau chez lui.

Nous avons peint jusqu'ici M. GILBERT dans l'exercice des fonctions publiques. Sa vie privée peut offrir un spectacle moins éclatant, mais également utile : il remplissoit les devoirs de père, de maître & d'époux avec la même fidélité que ceux de Citoyen & de Magistrat. Sa conduite ne s'est jamais démentie, parce qu'elle étoit sans cesse éclairée par une droiture & une probité inaltérable qui paroissoient tellement nées avec lui, qu'on eût dit qu'il étoit vertueux, non-seulement par choix, mais par une heureuse nécessité.

La sévérité de ses mœurs, le sérieux de ses occupations ne prenoient point sur les graces naturelles de son esprit, auquel une littérature très-étendue fournissoit encore de nouvelles ressources. Sa conversation étoit également intéressante & instructive. Admirateur de la simplicité des anciens Magistrats, il la retraçoit dans ses discours comme dans ses mœurs. Jamais il n'a connu le luxe, ni les desirs honteux qu'il fait naître. Son désintéressement étoit extrême, & ses actions portèrent toujours l'empreinte de cette vertu.

Ces qualités étoient d'autant plus estimables, qu'elles avoient leur source dans une piété éclairée, & dans un grand amour de la Religion ; il en respectoit les dogmes, il en pratiquoit les maximes, & il ne voyoit qu'avec douleur les progrès de cet esprit de système qui cherche à en ébranler les fondemens. Son ame, qui s'élevoit par un effort sublime au-dessus de toutes les choses de la terre, se courboit avec simplicité sous le joug de la Religion ; elle animoit toutes ses vertus, elle en ennoblissoit les motifs, & leur donnoit cette consistance solide que ne peut leur assurer la simple Philosophie humaine.

Il étoit l'aîné de deux frères avec lesquels il a toujours vécu dans une union qui fait également honneur à leur caractère & au sien. L'un, Nicolas-Gabriel, connu dans le monde sous le nom de Marquis de Villênes, après avoir servi long-temps avec distinction, est mort Brigadier des Armées du Roi. L'autre, Greffier en Chef du Parlement, avoit perdu la vue à l'âge de trente-cinq ans. Son érudition & l'étendue de ses connoissances en tout genre, ont toujours fait regretter que son infirmité ne lui ait pas permis de remplir les places dont elles le rendoient si digne.

M. GILBERT avoit épousé le 25 Juillet 1714 Anne-Louise de Fieubet, fille de Paul de Fieubet, Chevalier, Seigneur de Beauregard & de Civry, Maître des Requêtes Ordinaire de l'Hôtel. Il en a eu cinq enfans: deux filles mortes en bas âge, & trois garçons, les deux cadets sont morts sans postérité en 1744: l'aîné, mort à Soissons, a laissé un fils qui, après avoir rempli avec succès une Charge d'Avocat du Roi au Châtelet, a été Greffier en Chef du Parlement. Il a épousé en 1768 Mademoiselle de Merle.

On nous sçaura gré, sans doute, d'insérer ici l'Épitaphe de ce Magistrat composée par M. le Beau, Secrétaire perpétuel de l'Académie des Inscriptions & Belles-Lettres. C'est un portrait fidèle des vertus de M. GILBERT, qui joint au mérite de la ressemblance celui de la correction & du coloris.

Hic Jacet
PETRUS GILBERT DE VOISINS,
In Supremo Senatu per XXV *annos Regius Advocatus,*
Comes Consistorianus,
In Regium de expediendis rebus Consilium ascitus,
Vir
Priscâ Nobilitate ac moribus antiquis
Huic sæculo relictus ad exemplum,
Christianæ pietatis quam à teneris imbiberat retinentissimus,
Eloquentiâ, Juris Universi peritiâ
Omni Litterarum, omni virtutum genere, perpetuâ vitæ dignitate
Amplissimos Magistratus exornavit:
Regis bonique publici studio flagrans, rei suæ negligens,
In victu cultuque simplex, luxus circumfluentis contemptor,
Ad æterna totus aspirans,
Sine fuco modestus, sapiens sine fastidio,
Nullas ætatis expertus vices,
Non animo, non ingenio consenuit:
Deo, Regi, Patriæ extremum etiam spiritum impendit
Anno ætatis LXXXIV, *die* XX^a *Aprilis* M. DCC. LXIX.
Propè cineres sanctissimæ Uxoris viroq. simillimæ depositus.

Ex numerosâ gente nepos superstes unus
Avi vestigia deosculans, iisque inhærere percupiens
Hoc monumentum mærens posuit.

MADAME DU CHÂTELET.

Gabrielle-Émilie le Tonnelier-de-Breteuil, Marquife du Châtelet, d'une Maifon très-ancienne de Picardie, établie à Paris depuis plus de trois cens ans, naquit le 17 Décembre 1706. Elle étoit fille de Nicolas le Tonnelier-de-Breteuil, Baron de Preuilly, Introducteur des Ambaffadeurs & Princes Etrangers auprès du Roi, & d'Anne de Froullai ; & coufine-germaine de feu François-Victor le Tonnelier-de-Breteuil, Miniftre & Secrétaire d'Etat de la Guerre.

Parmi les femmes de notre Nation qui fe font rendues célèbres par leurs Écrits, la Marquife du Chatelet doit, fans contredit, tenir le premier rang. Avant elle, plufieurs s'étoient fait connoître avantageufement, foit par des Romans agréables, foit par des ouvrages de Poëfie, où brillent également les graces de l'efprit & les charmes du fentiment. Plufieurs auffi, en fe livrant à l'étude des Langues, en faifant paffer dans la nôtre les beautés de celles qu'elles avoient étudiées, & en enrichiffant leurs Traductions de Commentaires eftimables, avoient mérité d'être comptées au nombre des Savans. Mais très-peu, prenant le compas d'Uranie, avoient tenté de pénétrer les fecrets de la nature, & d'approfondir les calculs abftraits de l'aride Géométrie. Il étoit réfervé à Madame du Chatelet, en donnant des ouvrages fur des objets qui ne font du reffort que d'un très-petit nombre d'hommes, de le difputer aux plus grands Philofophes, & d'être à la fois la rivale des *Leibnitz* & des *Newton*.

Le goût des Sciences, pour lefquelles cette habile Mathématicienne paroiffoit appellée, ne fut pas le feul qui l'entraîna. Elle cultiva long-temps les Belles-Lettres avec autant d'ardeur que de fuccès, & confacra les premiers momens de fa jeuneffe à nourrir fon efprit de la lecture des Anciens. Virgile fut un de ceux pour qui elle montra le plus de prédilection : elle ne pouvoit fe laffer de relire l'Énéïde, qu'elle avoit même commencé de traduire. Quel dommage qu'elle n'ait point achevé ! nous n'aurions plus à defirer une bonne traduction du chef-d'œuvre des Poëmes Épiques.

Nos meilleurs Écrivains firent également de bonne heure fes plus chères délices : elle en favoit par cœur les endroits les plus beaux. Elle aimoit fur-tout les bons vers, & les retenoit aifément ; mais fon oreille délicate ne pouvoit fe prêter à en entendre de médiocres. Ceux de M. de Voltaire n'avoient pas peu contribué à la rendre difficile.

Les Langues étrangères piquèrent auffi fa curiofité. En peu de temps elle fe mit à même d'entendre facilement & le *Taffe* & *Milton*. Elle fit encore une étude plus particulière de fa propre Langue, fur laquelle elle a laiffé des Obfervations manufcrites qui n'auroient point été défavouées par le célèbre Auteur du *Traité des Tropes*. * La pureté avec laquelle tous fes Ouvrages font écrits, eft une preuve qu'elle la poffédoit dans le plus haut degré de perfection.

* M. du Marsais.

Elle chérissoit tout ce qui pouvoit lui rappeller les beautés de la Nature. Les beaux Arts, qui en sont l'imitation, ne lui offrirent pas moins d'attraits que l'Éloquence & la Poësie. La Musique la flattoit beaucoup : née sensible, pouvoit-elle ne pas l'être aux charmes de l'Harmonie !

Ces connoissances préliminaires servirent de flambeau à Madame DU CHATELET pour se conduire dans les sentiers tortueux de la Métaphysique. *Leibnitz*, ce Philosophe, aussi ingénieux que profond, fut le guide, à l'aide duquel elle fit les premiers pas dans cette carrière épineuse. Mais si elle lui eut d'abord des obligations, elle s'acquitta amplement de la reconnoissance qu'elle lui devoit, en portant la lumière dans ses Écrits, & en les mettant à portée d'être lus. Sa Philosophie, souvent inintelligible, reçut un nouveau jour dans le premier Ouvrage qu'elle publia sous le titre d'*Institution de Physique*, & qui fut composé pour M. le Comte du Châtelet-Lomont son fils.

Si cet Ouvrage mérite des éloges par l'ordre & la clarté que l'Auteur y a répandus, le Discours qui le précède, & que M. de Voltaire appelle avec justice un chef-d'œuvre d'éloquence & de raison, est fait pour exciter le plus vif intérêt. C'est à son fils que Madame DU CHATELET s'adresse dans ce Discours : elle lui peint d'abord, comme le plus sacré des devoirs de l'homme, l'obligation où sont les pères & mères de s'occuper de l'éducation de leurs enfans ; elle l'invite ensuite à mettre à profit l'aurore de sa raison pour tâcher de se préserver de l'ignorance si commune parmi les personnes de son rang. « Il faut, lui dit-elle, accoutumer » de bonne heure votre esprit à penser & à pouvoir se suffire à lui-même : vous » sentirez dans tous les temps de votre vie, quelles ressources & quelle consolation » on trouve dans l'étude ; & vous verrez qu'elle peut même fournir des agrémens » & des plaisirs ».

Elle lui conseille principalement celle de la Physique ; lui rend compte du plan qu'elle veut embrasser dans les leçons qu'elle se propose de lui en donner, & lui trace en peu de mots les obligations dont cette Science est redevable aux Philosophes qui ont paru depuis *Descartes*. En lui rappellant le systême de ce dernier & celui de *Newton*, elle lui fait part des disputes sanglantes qu'ils ont fait naître, & l'exhorte en même temps à se garantir de tout esprit de parti, toujours si contraire à la découverte de la vérité. « C'est assurément, continue-t-elle, bien » mal-à-propos qu'on a fait une espèce d'affaire nationale des opinions de *Descartes* » & de *Newton*. Quand il s'agit d'un livre de Physique, il faut demander s'il » est bon, & non pas si l'Auteur est Anglois, Allemand ou François ». Que d'applications ne pourroit pas recevoir de nos jours cette sage leçon : combien de gens qui ne font dépendre leur jugement sur les Ouvrages, que de la réputation des Auteurs, ou d'une aveugle prévention !

Madame DU CHATELET recommande aussi à son fils de ne pas porter jusqu'à l'idolâtrie le respect qu'on doit aux grands Hommes. Ces réflexions présentées avec autant de force que de sentiment, la conduisent insensiblement à l'entretenir de *Leibnitz*, & des idées de ce Philosophe sur la Métaphysique. Mais en parlant de cet Auteur, elle paroît elle-même s'écarter de ses préceptes, & tomber dans cet enthousiasme outré contre lequel elle desire qu'on soit en garde. Ce léger défaut est le seul de cette Préface qui renferme à la fois beaucoup de moralités utiles, & une excellente analyse de l'ouvrage pour lequel elle est destinée.

Toute science dont l'étude peut éloigner du chemin de la vérité, n'est pas faite pour fixer quiconque est impatient d'y arriver. Madame DU CHATELET la recherchoit avec trop d'empressement, & avoit trop de justesse dans l'esprit pour se repaître long-temps des chimères de la Métaphysique. Elle connut *Newton*; & *Leibnitz* lui fut sacrifié. Elle abandonna volontiers les imaginations de celui-ci pour se livrer entièrement à la Doctrine lumineuse du premier. Quels avantages n'y trouva-t-elle pas ? Après se l'être rendue familière par le travail le plus opiniâtre, le desir de mettre le sceau à sa réputation, & celui d'être utile, lui firent entreprendre l'ouvrage le plus hardi qui soit jamais sorti de la plume d'une femme. En faisant usage de la Langue Latine, le Philosophe Anglois n'avoit écrit que pour le petit nombre des Savans : Madame DU CHATELET écrivit pour tout le monde en traduisant le Livre des *Principes*, & sur-tout en y ajoutant un admirable Commentaire. Par cette entreprise courageuse, elle servit en même temps ses intérêts, les Lettres, & étendit peut-être la gloire de *Newton*.

Présenter une notice de l'Ouvrage que Madame DU CHATELET eut la constance & le mérite de traduire, c'est faire connoître la difficulté de l'entreprise, & donner en même temps l'idée la plus exacte de l'immensité & de la supériorité des talens de la Traductrice. Les *Principes Mathématiques de la Philosophie naturelle de Newton* sont divisés en trois Livres, que l'Auteur a fait précéder de quelques Notions préliminaires sur le Temps, l'Espace & le Mouvement. Le premier Livre, qui est lui-même divisé en différentes Sections, & où l'on donne une explication très-claire de la méthode des *premières* & *dernières Raisons*, traite principalement du mouvement des Corps considérés absolument. Le mouvement des Corps dans les milieux résistans, fait l'objet du second Livre des *Principes*. Dans le troisième, *Newton*, en admettant l'attraction mutuelle des Astres les uns vers les autres, suivant la raison composée de leurs masses, & du quarré inverse de leurs distances, essaie de donner l'explication de leurs différens mouvemens. Quelquefois il passe le but, mais rarement il s'en éloigne de beaucoup. Si par hasard il s'en écarte, Madame DU CHATELET l'y ramène aussi-tôt dans son *Commentaire Algébrique*.

Ce Commentaire, infiniment supérieur à la Traduction, est composé de deux parties, & précédé d'une histoire rapide de l'Astronomie, depuis *Pythagore* jusqu'à nos jours, qui lui sert d'introduction. La première partie consiste dans l'exposition & l'explication des principaux phénomènes du Systême du Monde.

La seconde est employée à la solution analytique des principaux problêmes qui concernent ce Système. C'est aussi dans cette dernière Partie que Madame DU CHATELET porte jusqu'à l'évidence la démonstration de plusieurs théorèmes fameux.

Quand on fait attention à la sécheresse des matières qu'elle y a traitées, & à leur peu d'analogie, avec cette vivacité, ces graces & cette délicatesse qui sont vraiment le propre de son sexe, l'étonnement se mêle à l'admiration. On se rappelle alors les Vers que lui adressoit Monsieur de Voltaire dans son Épître sur *la Physique de Newton*.

> Comment avez-vous pu, dans un âge encor tendre,
> Malgré les vains plaisirs, ces écueils des beaux jours,
> Prendre un vol si hardi, suivre un si vaste cours,
> Marcher après *Newton*, dans cette route obscure
> Du labyrinthe immense où se perd la Nature ?

Il est vrai qu'elle y fut conduite sous les auspices de M. Clairaut. A peine avoit-elle achevé un Chapitre de son Commentaire, qu'elle s'empressoit de le soumettre à son jugement. Mais elle fit toujours seule tous les calculs; & le célèbre Géomètre qui la guidoit, ne lui servit jamais que pour les revoir, & pour y faire quelques légères corrections. C'est donc à tort que des personnes, aussi envieuses que mal instruites, ont voulu lui contester les differentes productions qui ont été mises au jour sous son nom : elles lui appartiennent indubitablement.

Qui ne connoîtroit Madame DU CHATELET que par ses Ouvrages, ne la connoîtroit que fort imparfaitement. Ses mœurs ne furent pas moins estimables que ses talens. Faite par sa figure, son rang & ses lumières pour être distinguée de la plupart des personnes avec lesquelles elle vivoit, elle ne s'aperçut jamais des avantages qu'elle réunissoit. Elle étoit passionnée pour la gloire, mais sans ostentation. Dans toutes les actions de sa vie, elle conserva toujours la plus grande simplicité. « Jamais, dit M. de Voltaire, dans l'Éloge Historique qu'il a placé à la tête de ses Œuvres, & où nous avons puisé les principaux traits de cette vie, « jamais femme ne fut si savante qu'elle ; & jamais personne ne mérita
» moins qu'on dit d'elle, c'est une femme savante : elle ne parloit jamais de
» Science qu'à ceux avec qui elle croyoit pouvoir s'instruire, & jamais pour se
» faire remarquer. On ne la vit point rassembler de ces cercles où il se fait une
» guerre d'esprit, où l'on établit une espèce de tribunal ; où l'on juge son siècle
» par lequel, en récompense, on est jugé très-févèrement. Elle a vécu long-
» temps dans des Sociétés où l'on ignoroit ce qu'elle étoit ; & elle ne prenoit pas
» garde à cette ignorance.

» Née avec une éloquence singulière, cette éloquence ne se déployoit que
» quand elle avoit des objets dignes d'elle. Ces Lettres, où il ne s'agit que de
» montrer de l'esprit, ces petites finesses, ces tours délicats que l'on donne à
» des

Vie de Madame du Châtelet.

» des choses ordinaires, n'entroient point dans l'immensité de ses talens ; le mot
» propre, la précision, la justesse & la force étoient le caractère de son éloquence ;
» elle eût plutôt écrit comme *Pascal* & *Nicole*, que comme Madame *de*
» *Sévigné* ».

Ce portrait doit paroître d'autant plus ressemblant, que celui par lequel il est tracé, fut à portée plus que personne d'observer & de juger Madame DU CHATELET. Tout le monde connoît la liaison intime qui exista pendant plus de vingt années entre cette Dame célèbre & *M. de Voltaire*. Leur goût réciproque pour les Belles-Lettres & la Philosophie, servit à former cette intimité si flatteuse, sur-tout pour le dernier. Elle ne lui fut pas moins utile. Sans les avis de son illustre amie, plusieurs de ses Pièces ne renfermeroient peut-être pas un aussi grand nombre de beautés. Il ne faisoit rien qu'il ne la consultât ; & il se trouva bien de ses conseils. Quelques taches déparoient Alzire : elle les lui fit effacer. C'est lui-même qui nous l'apprend. On peut voir à ce sujet l'Épître, où, en lui dédiant cette Tragédie, il lui fait part en même temps des sentimens de sa reconnoissance.

Une femme qui ne seroit que sçavante, ou bel esprit, seroit certainement coupable envers la Société. Madame DU CHATELET n'eut jamais de ce côté-là le moindre reproche à se faire. Son amour pour l'étude ne lui fit pas oublier ses devoirs un seul moment. Elle prit soin elle-même de l'éducation de son Fils, à qui elle montra la Géométrie, & ne crut point au-dessous d'elle d'entrer dans les détails qu'exigeoit le gouvernement de sa maison. Non seulement elle se montra très-jalouse de remplir les devoirs de la Société, elle en recherchoit encore tous les amusemens avec avidité. Elle ne s'y trouva jamais déplacée, même parmi les femmes dont, malgré sa grande supériorité sur elles, elle eut l'art de se faire aimer. Elle ne tenoit pas l'aiguille avec moins de plaisir que le compas : tout ce qui étoit de leur ressort étoit du sien, hors la médisance.

Loin de se plaire à médire, ou à trouver des ridicules, elle cherchoit à excuser ceux que la malignité relevoit en sa présence. Elle avoit une telle grandeur d'ame, que, quoiqu'elle sçût très-bien qu'elle étoit elle-même exposée aux traits de la satyre, elle ne voulut jamais tirer la moindre vengeance de ses ennemis. Elle les plaignoit plus qu'elle ne les redoutoit. On lui remit un jour une mauvaise brochure, dans laquelle un de ces Autéurs, qui ne se plaisent qu'à noircir les réputations, avoit eu la hardiesse de parler d'elle en termes peu ménagés ; elle dit : *Que si l'Auteur avoit perdu son temps à écrire ces inutilités, elle ne vouloit pas perdre le sien à les lire* : & le lendemain elle s'intéressa pour le faire sortir de prison sans qu'il en ait jamais rien sçu.

Tout ce qu'on peut reprocher à Madame DU CHATELET, c'est d'avoir pris trop peu de soin de sa santé, & de l'avoir sacrifiée à sa gloire. Long-temps avant de mourir, elle avoit prévu le coup funeste qui la frappa. Craignant alors qu'il ne lui restât pas assez de temps pour terminer le *Commentaire* qu'elle avoit entrepris, elle fit des efforts incroyables, consacra au travail les jours & les nuits, & hâta le moment de sa mort pour assurer à ses Ouvrages l'immortalité. « Elle sentit, dit encore *M. de Voltaire*, sa fin s'approcher ; & par un mélange singulier de sentimens qui sembloient se combattre, on la vit regretter la vie, & regarder la mort avec intrépidité. La douleur d'une séparation éternelle affligeoit sensiblement son ame ; & la philosophie dont cette ame étoit remplie, lui laissoit tout son courage. Un homme qui s'arrachant tristement à sa famille qui le pleure, fait tranquillement les préparatifs d'un long voyage, n'est que le foible portrait de sa douleur & de sa fermeté : de sorte que ceux qui furent les témoins de ses derniers momens, sentirent doublement sa perte par leur propre affliction & par ses regrets, & admiroient en même temps la force de son esprit, qui mêloit à des regrets si touchans, une constance si inébranlable ». Elle mourut à Lunéville, âgée de quarante-trois ans, & regrettée même des Courtisans. Plusieurs Académies Étrangères s'étoient fait honneur de se l'associer. La vérité vit périr en elle un de ses plus forts soutiens : ses amis pleurent encore sa perte.

Elle avoit épousé Florent, Marquis du Châtelet-Lomont, Lieutenant Général des Armées du Roi, Grand Bailli d'Auxois, Gouverneur de Semur, & Grand Maréchal des Logis de la Maison du Roi de Pologne, Duc de Lorraine & de Bar. De ce Mariage sont issus trois enfans, desquels elle n'a laissé que Monsieur le Comte du Châtelet-Lomont, aujourd'hui Lieutenant Général des Armées du Roi, & dont le nom ne paroîtra jamais déplacé à côté de celui de son illustre Mère.

On ne croit pas pouvoir mieux terminer la vie de Madame DU CHATELET qu'en rapportant un Quatrain charmant de sa composition, qui sert à prouver l'universalité de ses talens. *M. de Voltaire* lui avoit envoyé pour Étrennes les Vers suivans :

> Une Etrenne frivole à la docte Uranie !
> Peut-on la présenter ? oh très-bien, j'en réponds.
> Tout lui plaît, tout convient à son docte génie :
> Les Livres, les Bijoux, les Compas, les Pompons,
> Les Vers, les Diamans, les Biribis, l'Optique,
> L'Algèbre, les Soupers, le Latin, les Jupons,
> L'Opéra, les Procès, le Bal & la Physique.

Madame DU CHATELET répondit :

> Hélas ! vous avez oublié
> Dans cette longue kyrielle,
> De placer le nom de l'Amitié :
> Je donnerois tout le reste pour elle.

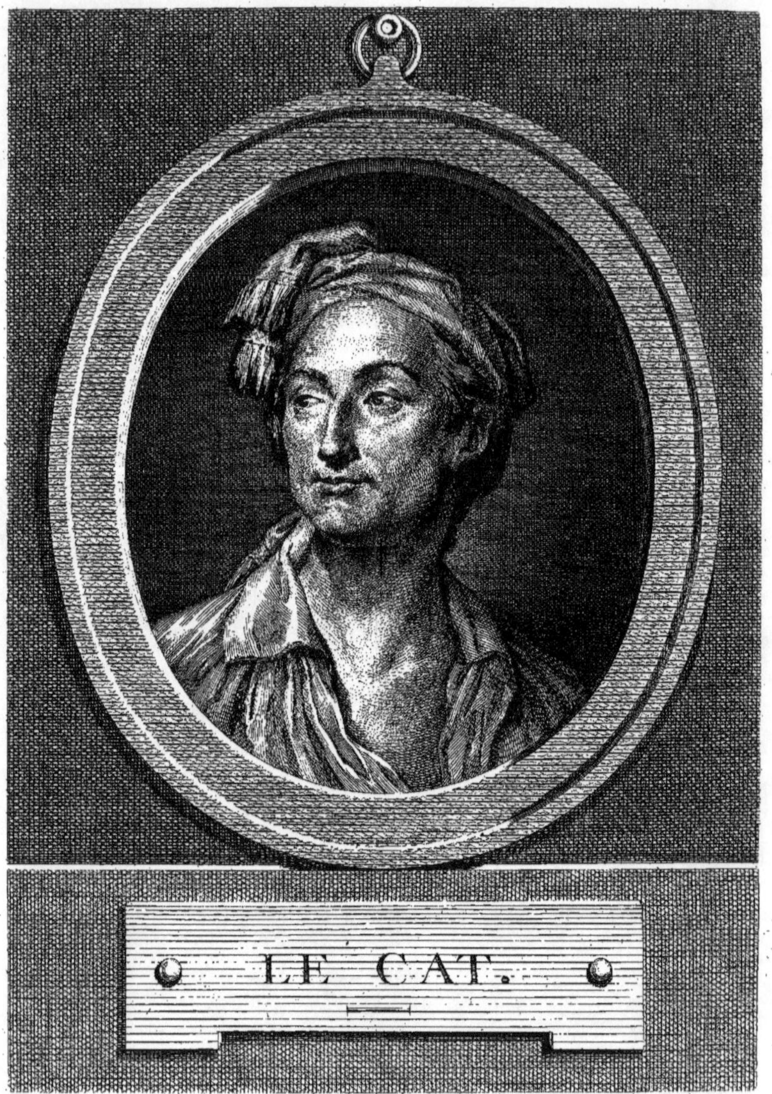

Restout del. *Henriquès Sculp. 1771.*

LE CAT.

Claude-Nicolas Le Cat, Écuyer, Docteur en Médecine, Chirurgien en chef de l'Hôtel-Dieu de Rouen, Lithotomiste pensionnaire de la même ville, Professeur & Démonstrateur Royal en Chirurgie & Anatomie, Correspondant de l'Académie des Sciences de Paris, Doyen des Associés Regnicoles du Collège Royal de Chirurgie de cette Capitale, Membre des Académies Royales de Londres, de Madrid, de Porto, de Berlin, de Saint-Petersbourg, de l'Institut de Bologne, Secrétaire perpétuel de l'Académie des Sciences de Rouen, naquit, le 6 Septembre 1700, à Blerancourt, bourg considérable du Marquisat de ce nom. Son père y exerçoit la Chirurgie avec distinction. C'étoit moins au titre d'élève de M. Maréchal, premier Chirurgien du Roi, qu'il devoit sa réputation, qu'à des talens supérieurs, un zèle infatigable, & un désintéressement plus grand encore. Il ne paroît pas étonnant, d'après cela, que les places avantageuses que lui offroit M. Maréchal, n'aient pu balancer un instant dans son cœur l'amour de la patrie & l'attachement qu'il avoit pour sa famille. Mais on sera surpris, sans doute, que peu sensible au sentiment naturel aux pères de se voir revivre dans leurs enfans, il n'ait pas été flatté de trouver un successeur dans son fils. En effet, lorsque des exemples domestiques ouvroient au jeune Le Cat une carrière dans laquelle il n'eût eu qu'à suivre une route toute frayée; on le destinoit à l'État Ecclésiastique. La volonté du père ne faisoit pas la vocation du fils. L'inclination de ce dernier le portoit à l'étude du génie. Sans autre maître qu'une forte inclination pour les Mathématiques, sans autre guide que la nature, dès l'âge le plus tendre, il traçoit, comme Pascal, des figures de Géométrie. De si heureuses dispositions marquoient assez la place qu'il devoit occuper dans l'ordre de la société; mais ses parens ne voulurent pas se prêter à ses desirs. Forcé de choisir entre l'État Ecclésiastique & celui de ses pères, il préféra la Chirurgie. Cette profession lui devint dans la suite d'autant plus chère, qu'elle étoit plus conforme à son goût pour tout ce qui appartenoit à la Physique. C'étoit pour le satisfaire encore plus particulièrement, que pendant ses premières années d'étude en Chirurgie, il fit paroître une Dissertation sur le Balancement des arcs-boutans de l'église de S. Nicaise de Rheims. Il démontre dans cet ouvrage, que la solidité de ces arcs-boutans n'est point du tout altérée par le mouvement qu'ils éprouvent lorsqu'on sonne.

En 1725, il parut un phénomène qui donna lieu à M. Le Cat de développer dans un plus grand jour ses connoissances physiques: c'est la fameuse Aurore Boréale qu'on vit cette année. C'étoit la première qui attiroit l'attention des Physiciens; elle devoit nécessairement étonner le vulgaire, dont l'imagination prompte à s'effrayer, met au rang des prodiges ce qu'elle ne conçoit pas. M. Le Cat combattit l'erreur populaire par une Lettre, dans laquelle il prouva que ce météore ne peut être le préfage d'aucun événement finiftre. On remarque dans ces deux ouvrages, cet efprit de Géométrie qu'il conferva toujours, qu'il porta peut-être trop loin dans la pratique d'un art dont les principes, quoique très-certains, demandent dans leur application des exceptions fans nombre.

C'étoit en éclairant le peuple, en renverfant fes préjugés, que M. Le Cat s'annonçoit dans la République des Lettres. Mais fes fuccès même fembloient l'éloigner de la nouvelle carrière qu'il fe propofoit de parcourir. Il s'en apperçut; auffi les années qui s'écoulèrent jufqu'en 1731 furent-elles toutes employées à l'étude de la Chirurgie, fous les plus grands maîtres. On ne vit rien paroître de lui pendant tout ce temps. Il ne fut pas perdu pour la fociété. Dans le loifir & le filence du cabinet, M. Le Cat augmentoit la maffe de fes connoiffances; livré uniquement à l'étude & à l'obfervation de la nature, il formoit ce fonds de richeffes qu'il a répandues depuis avec tant de profufion. Ce fut à la fin de cette même année qu'il crut pouvoir rompre un filence auffi long. Il defira la furvivance de Chirurgien en chef de l'Hôtel-Dieu de Rouen, mais il la defira comme la récompenfe de fes travaux; & lorfque la protection de M. de Treffan, Archevêque de cette ville, dont il étoit Chirurgien, paroiffoit un titre fuffifant pour avoir cette place, s'il l'eût demandée; il ne voulut l'obtenir que par la voie du concours. Il ne fixa cependant fa réfidence à Rouen qu'en 1733, & ne fe fit recevoir Maître en Chirurgie dans cette Capitale que l'année fuivante. Il étoit pour lors Docteur en Médecine de Rheims depuis deux ans.

Auffi-tôt après, M. Le Cat fit des cours publics d'Anatomie. Ses leçons n'étoient pas des démonftrations fèches & arides; les talens du Profeffeur répandoient des charmes & de l'agrément fur les matières qu'on en croiroit le moins fufceptibles; & l'intérêt qu'il favoit infpirer, faifoit difparoître cette horreur fecrette dont on ne peut fe défendre à la vue des objets fur lefquels s'exerce l'Anatomie. Il joignoit à ces leçons un cours d'Opérations, dans lequel il pratiquoit, fous les yeux de fes difciples, les diverfes manières d'opérer, qu'une étude réfléchie de fon art lui avoit fait découvrir. Il expofoit en même-temps les différens changemens qu'il trouvoit à propos de faire dans les inftrumens, pour affurer le fuccès des opérations. A ces deux cours, on en vit bientôt fuccéder un troifième qui devoit être néceffairement la clef des deux autres, celui de Phyfique expérimentale; & tous étoient faits avec le zèle le plus vif, l'exactitude la plus fcrupuleufe. On étoit bien loin de penfer que cet habile Démonftrateur ne retiroit d'autre fruit de fes travaux que le plaifir d'être utile, & de former des Élèves qui puffent concourir avec lui au bien de l'humanité. Le lieu dans lequel il donnoit fes leçons, devint bientôt trop étroit. Son École particulière, érigée par le Roi en École publique, faifoit defirer un édifice qui répondît à la célébrité du maître. M. Le Cat donna lui-même le plan d'un amphithéâtre.

Vie de Le Cat.

La plus grande partie de ce bâtiment fut construite à ses frais. Dans le temps qu'il consacroit ce monument aux progrès de l'Anatomie, il réunissoit chez lui des Savans en tout genre, des Amateurs éclairés. Ces assemblées formèrent une Société littéraire qui donna naissance à l'Académie des Sciences de Rouen, dont M. Le Cat a depuis été Secrétaire perpétuel.

Ses talens se trouvoient trop resserrés dans la ville de Rouen ; ils demandoient à se développer sur un théâtre plus vaste. L'Académie de Chirurgie, fondée par M. de la Peyronnie, s'élevoit par les soins de son Protecteur. Des Prix qu'elle proposoit aux Chirurgiens étrangers, établissoient entr'eux & ceux de Paris une correspondance qui devoit augmenter l'utilité de cette nouvelle Compagnie. M. Le Cat remporta l'*accessit* du Prix qu'elle distribua pour la première fois. Ce fut là l'époque de ses triomphes académiques. Depuis cette année jusqu'en 1738, il remporta tous les prix proposés. Des succès aussi constans firent craindre à l'Académie que M. Le Cat n'eût bientôt plus d'antagonistes ; aussi crut-elle devoir le prier publiquement de ne plus concourir. « C'est, disoit-elle, un nouveau triomphe que » l'Académie est obligé de lui décerner pour ne point décourager ceux qui tra- » vaillent. Il est temps qu'un concurrent aussi formidable se repose sur ses lauriers ». Il n'y avoit qu'un seul moyen de lui faire goûter ce repos ; c'étoit de le rendre honorable en lui donnant une place d'Associé. En effet, l'année suivante, lorsqu'il devint Membre de l'Académie, il cessa de concourir. Il publia en 1739 une Dissertation sur les remèdes dissolvans de la Pierre, & en particulier sur celui de Mademoiselle Stephens. Cet ouvrage fut promptement suivi d'un autre plus ample. Le public l'accueillit favorablement & lui rendit justice. C'est le Traité des Sens, ouvrage d'une Philosophie lumineuse, rempli des connoissances les plus profondes. L'Auteur l'enrichit dans la suite de plusieurs augmentations très-considérables, & le fit paroître complet en 1756, sous le titre de *Traité des Sensations, des Passions en général & des Sens en particulier*. Il y joignit un volume de Supplément intitulé, *La Théorie de l'Ouïe*, ouvrage qui avoit remporté le Prix de Toulouse. Au mois de Décembre de cette année il fut reçu Correspondant de l'Académie Royale des Sciences de Paris, à laquelle il avoit envoyé un grand nombre d'Observations curieuses.

Les triomphes de M. Le Cat sollicitoient pour lui. Des Mémoires couronnés dans presque toutes les Académies de l'Europe, le firent recevoir successivement, les années suivantes, à la Société Royale de Londres, à l'Académie de Madrid, à celles de Berlin, de Bologne, des Curieux de la nature de Saint-Petersbourg. Cette dernière, qui est dans l'usage de donner une espèce de nom de guerre à ses Associés, l'appelloit, dans le Diplôme qu'elle lui envoya à son insçu, *Plistonicus*, le Remporteur de Prix. C'étoit une allusion flatteuse aux fréquens triomphes de M. Le Cat en ce genre. Les derniers Prix qu'il a obtenus sont ceux de Toulouse & de

Berlin; nous avons parlé plus haut du premier. Le sujet de celui de Berlin étoit de déterminer la nature du fluide nerveux, & son usage pour le mouvement des muscles. Dans cette Dissertation, M. Le Cat, d'après beaucoup d'expériences faites sur les animaux, prouve la médiation des nerfs, l'existence du fluide nerveux, & la façon dont il produit ses différens effets. Peut-être quelque jour ce mystère, un des plus obscurs de la Physiologie, se dévoilera-t-il aux yeux des Physiciens: peut-être des Observateurs plus heureux découvriront-ils un système qui satisfasse davantage; mais du moins il sera difficile d'en trouver un où il règne plus d'esprit.

La Capitale envia bientôt à la Province un Savant qu'elle croyoit devoir lui appartenir. M. de la Peyronnie lui offrit à Paris un établissement très-avantageux: quoique M. Le Cat l'eût refusé avec ce noble & rare désintéressement, dont son père lui avoit donné l'exemple, les sollicitations du premier Chirurgien alarmèrent sa patrie; elle craignit de perdre un Citoyen aussi précieux. La Ville, pour reconnoître le zèle & la générosité qu'il avoit témoigné dans ses derniers établissemens, lui avoit accordé une gratification annuelle de mille livres: mais elle savoit trop combien M. Le Cat étoit peu sensible à l'intérêt; le sacrifice qu'il venoit de faire d'une fortune brillante en étoit une nouvelle preuve. Elle voulut se l'attacher par des liens plus forts, ceux de l'amour & de l'amitié. On lui fit épouser Marguerite Champossin, fille unique d'Antoine Champossin, originaire du Comté de Nice: leur union fut telle, que leurs goûts devinrent bientôt les mêmes. Tandis que le mari soutenoit l'ardeur des Elèves en Chirurgie par des Prix distribués à ses dépens dans des séances publiques; Madame Le Cat, animée du même esprit, excitoit l'émulation des Élèves de l'École de Dessin. Ils continuèrent ces soins généreux jusqu'à ce que le Corps-de-Ville voulut dans les dernières années prendre les frais sur son compte: c'étoit un particulier qui avertissoit des Magistrats du bien qu'ils devoient faire.

De nouveaux ouvrages ajoutèrent encore à la réputation de M. Le Cat. Les principaux sont; un Traité sur la cause de l'évacuation périodique du sexe, un autre sur la couleur de la peau humaine en général, de celle des Nègres en particulier: quelle beauté de style! quelle richesse d'observations dans ces deux ouvrages! il seroit difficile de décider qui mérite le mieux la palme, de l'Ecrivain ou du Naturaliste. On trouve, sur-tout dans le Traité de la couleur de la peau, des expériences très-ingénieuses sur l'encre de la Choroïde, sur la Sèche, insecte poisson; expériences d'après lesquelles l'Auteur croit être en droit de déterminer la nature du principe de la couleur des Nègres. Si l'on peut faire un reproche à M. Le Cat, c'est d'avoir trop souvent, dans ses ouvrages, porté un œil curieux sur les mystères d'une Physique inutile; c'est d'avoir entrepris d'expliquer des phénomènes que les Auteurs s'étoient contentés d'admirer. « Je pense, disoit-il, que
» la

» la connoissance isolée des faits ne peut produire que des demi-savans ; il n'y a de
» science vraie & complette que celle des causes ». Ignoroit-il donc que la science
de la Médecine n'est qu'une chaîne de vérités à la connoissance desquelles on est
conduit par des principes certains & invariables ; qu'elle ne peut avoir d'autre
base que celle de l'observation de la nature ; qu'elle dégénéreroit en un abus plus
dangereux que l'empirisme, si elle n'étoit appuyée que sur des hypothèses &
des conjectures ? Le Lecteur nous pardonnera ces réflexions : nous ne devons pas
dissimuler les défauts, ce seroit louer mal-adroitement ; la perfection n'appartient
qu'à la Divinité ; l'homme parfait n'est qu'un être de raison.

<small>Traité de la couleur de la peau.</small>

Cette manie de vouloir tout expliquer par les causes, égara quelquefois M. LE CAT ; mais dans ses égaremens même on reconnoît la marche du grand homme, on y retrouve les traces du génie. Il parut à Rouen un de ces gens adroits, dont l'industrie s'assure toujours un ample revenu sur la crédulité du peuple : celui-ci se donnoit pour un mangeur de cailloux. M. LE CAT n'y vit rien de merveilleux ; il fit paroître une Dissertation, dans laquelle il exposoit la manière dont la digestion de ces cailloux se faisoit, les effets qui devoient en résulter : c'étoit l'histoire de la Dent d'or ; il n'y manquoit qu'une seule chose, la vérité du fait.

Ce fut à-peu-près dans le même-temps que parut sa Réfutation du Discours de Jean-Jacques Rousseau contre les Sciences. Le succès de l'ouvrage qui fut couronné par l'Académie de Dijon, la célébrité de l'Auteur, son éloquence mâle & vigoureuse, sa manière de penser sublime & hardie, rien ne put arrêter M. LE CAT ; il ne voyoit qu'un outrage fait aux Sciences, outrage qui lui paroissoit impardonnable. Il fit imprimer le Discours sur une colonne, la Réfutation sur l'autre : le parallèle ne lui fut point désavantageux.

Le temps, lorsqu'on a l'art de l'employer, est beaucoup plus long que n'imaginent ceux qui ne savent que le perdre. Toutes ces occupations, étrangères en quelque sorte à l'exercice d'une profession qui semble exclure les travaux du cabinet, n'empêchoient pas M. LE CAT de pratiquer les opérations de Chirurgie les plus difficiles. Il avoit sur-tout perfectionné celle de la Taille, sur laquelle il donna deux Dissertations : il la faisoit si heureusement, que le Magistrat de Rouen fit publier en 1759, que de sept Printems, pendant lesquels cet habile Lithotomiste avoit taillé dans cette Province, il y en avoit cinq dans lesquels il ne lui étoit mort aucun sujet. Une pension de deux mille livres de rente sur les Octrois de la Ville de Rouen, accordée en qualité de Lithotomiste, étoit la preuve & la récompense de la sûreté de sa méthode. Ses succès dans la Médecine & la Chirurgie l'ont fait appeler dans différentes Provinces du Royaume, & même à Paris pour un malade abandonné des plus habiles Médecins de cette Capitale ;

on étoit si fort prévenu en sa faveur, qu'on s'attendoit de lui voir faire des miracles.

L'Académie de Rouen, à laquelle il avoit donné naissance, venoit de recevoir par des Lettres-Patentes du Roi une existence durable; il en fut nommé Secrétaire perpétuel : on sent assez quels talens exige une place de cette espèce. « Il faut, dit ” Fontenelle, qu'un Secrétaire entende & parle bien toutes les différentes langues ” des Savans; celle d'un Chimiste, par exemple, & celle d'un Astronome; qu'il soit ” auprès du public leur interprète commun; qu'il puisse donner à tant de matières ” épineuses & abstraites, des éclaircissemems, un certain tour & même un agrément ” que les Auteurs négligent quelquefois de leur donner, & que cependant la plu- ” part des lecteurs demandent ». Quel autre pouvoit remplir cette fonction plus dignement que M. Le Cat? Fontenelle, qu'on peut citer en même-temps, & comme un Juge éclairé, & comme un modèle à suivre dans cette partie, lui faisoit des complimens sur sa manière d'écrire. L'éloge du père Mercastel, celui de M. de Moyencourt, ceux de M. du Boccage, de Fontenelle même, de MM. Gunz, Guérin, Leprince Sculpteur, le père Castel, tous Membres & Associés de l'Académie de Rouen, prouvent que l'amitié ou la politesse n'avoient pas dicté ces complimens.

Il semble qu'il eût manqué quelque chose à la gloire de cet illustre Auteur s'il n'eût pas éprouvé l'ingratitude & l'injustice. On voulut lui contester la part qu'il avoit eue à l'établissement de l'Académie de Rouen; le Doyen de cette Compagnie fut obligé d'attester par un certificat, l'authenticité d'un fait dont la reconnoissance auroit dû conserver la mémoire.

On attendoit avec impatience une édition complette des œuvres de M. Le Cat; il s'en occupoit sérieusement. Elle étoit sur le point d'être achevée, lorsque l'incendie, qui consuma son Cabinet en 1762, enleva au public un grand nombre d'ouvrages dont l'Auteur n'a pu nous transmettre que le nom. Le feu n'épargna rien; une des plus riches collections d'histoire naturelle fut la proie des flammes: un seul jour vit périr le fruit de quarante ans de travaux & de veilles. Les bienfaits du Souverain auroient réparé cette perte, si elle eût été réparable. Sa Majesté lui fit donner une nouvelle pension de deux mille livres; elle lui accorda en même-temps des Lettres de Noblesse, que le Parlement & la Chambre des Comptes de Rouen, par une distinction particulière, enregistrèrent sans frais.

M. Le Cat, encouragé par des récompenses aussi flatteuses, employa les dernières années de sa vie à l'édition des Mémoires de l'Académie de Rouen. Dans la Préface du premier volume, il répond à quelques objections faites contre la multiplicité de ces Compagnies & des Livres : il prouve par une histoire succinte des Belles-Lettres, des Arts & des Sciences, la possibilité de faire des progrès dans les uns, & d'empêcher la décadence des autres. Ce fut au milieu de ces occupations qu'il mourut à Rouen, le 20 Août 1768, âgé de soixante-huit ans moins quelques jours.

Tel fut le Citoyen vertueux que la Société perdit en la personne de M. Le Cat. Tel fut le Savant que les Arts se virent enlever par une mort qui paroîtra toujours prématurée. Homme de Lettres éclairé, Physicien industrieux, Chirurgien habile, il embrassoit plusieurs genres, dans chacun desquels il eût pu prétendre à la plus haute réputation. L'envie, qui ne l'avoit pas épargné pendant sa vie, le poursuivit après sa mort: elle voulut, mais en vain, flétrir de son souffle impur, les fleurs qu'on s'empressoit de répandre sur la tombe de cet homme illustre. Un Écrivain, qu'on dit célèbre, chargé de faire son éloge, osa produire une satyre sanglante: sa plume, ou plutôt celle de l'injustice, y trace un portrait infidèle, dans lequel, sans aucun ordre, l'art ne paroît avoir esquissé quelques beautés, que pour faire mieux ressortir les défauts; des teintes plus légères devoient du moins en adoucir les traits. Nous ajouterons ici à la louange de la sage Compagnie à laquelle on présenta cet assemblage informe, qu'elle défendit qu'il parût en public, & le condamna à rentrer dans l'obscurité dont il n'auroit jamais dû sortir.

M. Le Cat ne perdoit rien à être vu sur le théâtre du monde. Les agrémens de son esprit faisoient desirer son commerce; les qualités du cœur le rendoient très-sûr. Il avoit une gaieté naturelle que l'étude des matières les plus abstraites n'obscurcit jamais d'aucun nuage: c'étoit dans le sein des Muses qu'il se délassoit de ses travaux; il pouvoit dire comme Ariste:

> Je ne contracte point, grace à leur badinage,
> D'un Savant orgueilleux l'air farouche & sauvage.

Les autres passions se ressentoient de l'ardeur de celle qu'il avoit pour les Sciences. Une extrême vivacité lui faisoit supporter impatiemment la critique, sur-tout lorsqu'elle étoit anonyme. Un caractère franc, plein de candeur, mais fier & hardi, le portoit à reprendre les défauts des autres avec chaleur, & le rendoit apologiste, peut-être un peu trop sincère, de ses propres vertus. L'instruction gratuite n'étoit pas le seul secours que reçussent de lui les jeunes gens, aux besoins desquels la fortune n'avoit pas pourvu. Citoyen zélé, ami généreux, M. Le Cat devoit être bon pere, époux tendre; il le fut aussi. Il avoit épousé sa femme à l'âge de treize ans. *Il m'a servi de père*, disoit cette Dame vertueuse, *& s'il n'avoit pas été mon mari, j'aurois voulu qu'il eût été mon meilleur ami.* Ils n'eurent d'autre fruit d'une union qui ne souffrit jamais la moindre altération, qu'une fille, mariée à M. David, Maître en Chirurgie de Paris, qui a succédé à la réputation comme aux places de son beau-père.

L'ABBÉ PRÉVÔT.

Dessiné par J.F. Schmidt. Gravé par Thereze De Vaux.

L'ABBÉ PREVOST.

Antoine-François Prevost d'Exiles naquit le premier Avril 1697 à Hefdin, petite ville d'Artois. Sa famille, l'une des plus anciennes & des plus confidérées de ce lieu, lui fit faire fes Humanités chez les Jéfuites de la même Ville, & une feconde année de Réthorique, au Collége d'Harcourt, à Paris. Ses premiers Inftituteurs avoient démêlé, dans le cours de fes études, le germe des talens qu'il a développés depuis. Toujours éclairée fur fes véritables intérêts, jaloufe de s'aggrandir, moins par le nombre que par le choix de fes membres, cette Société crut voir dans le jeune Prevost un fujet propre à augmenter la réputation littéraire, dont elle ne s'honoroit pas moins que du zèle de fes Miffionnaires; il ne fe fit pas folliciter beaucoup par les perfonnes de cet Ordre qui l'invitèrent à prendre leur habit. Entraîné par une paffion violente pour l'étude & pour la gloire, il ne vit dans les chaînes qui lui étoient propofées, que l'heureufe liberté de s'inftruire & de s'immortalifer.

Mais à peine eut-il paffé quelque temps dans le Cloître, qu'il crut que le bonheur ne s'y rencontroit pas. Il étoit encore à cet âge où l'on fe flatte de le fixer: ébloui par cette chimère, il prit tout-à-coup le parti des armes, dans l'efpérance d'un meilleur fort & d'un avancement rapide. Sa naiffance & fa fortune lui permettoient d'afpirer à des grades honorables; mais il lui falloit des années & des occafions pour les mériter. Bientôt il regretta les douceurs de fa retraite; il y revint, & peu de temps après en fortit encore pour reprendre les armes.

Le jeune Prevoft n'avoit été jufqu'alors égaré, que par la recherche du bonheur & l'amour de la gloire. Une paffion plus impérieufe vint le tyrannifer & multiplier fes fautes & fes infortunes. Elle prit naiffance dans un voyage qu'il fit en Hollande. « Vif & fenfible au plaifir, j'avouerai, dit-il, que la fageffe demandoit des pré- » cautions qui m'échappèrent ». Il étoit aifé de le féduire; il entroit dans cette faifon orageufe où l'on chérit fes erreurs. La fin malheureufe d'un engagement trop tendre, le conduifit enfin au tombeau: c'eft de ce nom qu'il qualifioit la retraite où il vint pleurer fes égaremens. Il s'enfevelit pendant quelques années dans l'Ordre de Saint Benoît, & prit ce parti violent avec tant de fecret, que fes parens & fes amis ignorèrent ce qu'il étoit devenu.

Dès qu'il eut fini fon Noviciat, on l'envoya à l'Abbaye de Saint Ouen à Rouen, où il fe rendit affez célèbre pour exciter les regrets & la jaloufie des Jéfuites. Ils ne pouvoient lui pardonner d'employer des talens qu'ils avoient perfectionnés, à illuftrer une autre Congrégation que la leur. Il fut attaqué vivement par le Pere Lebrun, à qui, pour fe venger, il donna l'exemple de la modération dans fa défenfe. On rapporte même qu'il retira des mains de fon Imprimeur un manufcrit, qui, en affurant fon triomphe, auroit peut-être humilié une Société qu'il aimoit encore.

Après avoir étudié la Théologie à l'Abbaye du Bec, enseigné les Humanités à Saint-Germer, prêché à Evreux, il vint augmenter le nombre des Savans de l'Abbaye de Saint-Germain-des-Prés. Son dessein n'étoit pas d'y demeurer oisif; mais ses Supérieurs ne consultèrent, sans doute, ni son goût, ni le genre de ses talens, dans les travaux où sa plume fut employée. Il rédigea lui seul presqu'un volume entier du *Gallia Christiana*. Quelle idée doit-on se former de la patience & de la soumission de l'Auteur de *Cleveland* qui se livre, sans résistance, à l'étude de la Diplomatique!

Dans les longues soirées d'hiver, il étoit l'ame des assemblées de la Communauté; son imagination s'y délassoit de la contrainte qu'elle avoit supportée pendant le jour. Il s'énonçoit avec tant d'esprit & de graces, qu'il avoit le droit de parler souvent, & le talent de paroître ne pas parler assez. Un soir, on le pria de conter des aventures: il commence le récit d'un événement qui fixe l'attention de tous ses confrères; les yeux s'attachent sur lui seul; on desire, on craint le dénouement; mais les incidens se multiplient, la narration est si coulante & l'intérêt si vif, qu'au milieu de la nuit personne ne se doute encore qu'il est tems de dormir; on ne se lasse point d'entendre; Don Prevost, las de parler, remet la suite au lendemain & amuse ainsi pendant plusieurs soirées son auditoire.

Cependant la gêne de ses devoirs & la sécheresse de ses occupations rallentirent la ferveur de son zèle. C'étoit l'exposer à de trop rudes épreuves; & cette ame sensible auroit enduré plus aisément les ennuis de la vie contemplative, que les recherches laborieuses qui captivoient son imagination. Il eût dû prévoir ces dégoûts; mais il passoit si rapidement d'un état à un autre, qu'il n'avoit jamais le tems d'interroger son cœur, & de se rendre certain de sa persévérance. On eût dit qu'il se reposoit sur l'expérience du soin de lui choisir l'état qui lui étoit propre, & qu'il ne se donnoit la peine d'en peser les devoirs, que lorsqu'il avoit perdu la liberté d'en changer.

Son cœur s'étoit fait dans le monde une douce habitude d'aimer. Les charmes de l'amitié peut-être auroient pû le consoler des pertes de l'amour; mais si l'amitié vit encore parmi nous, ce n'est point dans les Monastères qu'elle s'est réfugiée. Don Prevost, né tendre & compatissant, se trouvoit étranger dans un monde où rien ne remplissoit le vuide de son ame. La voix des plaisirs, qu'il avoit abandonnés, interrompoit le silence de sa retraite, & lui répétoit sans cesse qu'il n'étoit formé que pour eux. « Je reconnus, dit-il, que ce cœur si vif étoit encore brûlant sous la » cendre. La perte de ma liberté m'affligea jusqu'aux larmes: il étoit trop tard. Je » cherchai ma consolation, pendant cinq ou six ans, dans les charmes de l'étude; » mes livres étoient mes amis fidèles, mais ils étoient morts comme moi ».

A ses regrets se joignirent les instances de tous ceux qui s'intéressoient à son repos: ils le pressoient de passer dans une autre branche de l'Ordre de Saint Benoît, où il

Vie de l'Abbé Prevost.

pût se livrer sans contrainte à un genre de travail plus conforme à son génie. Ses amis sollicitèrent en sa faveur un Bref de translation; la Cour de Rome voulut bien l'accorder; il fut adressé à l'Evêque d'Amiens pour être fulminé. Don PREVOST, ne doutant plus du retour de sa liberté, quitte le froc, prend un habit d'Ecclésiastique, & se rend chez le Prélat au jour marqué. Il avoit eu la précaution de laisser dans sa cellule des lettres à l'adresse de ses Supérieurs, où il leur expliquoit les causes de sa sortie. Mais qu'elle fut sa surprise lorsque l'Evêque lui dit, qu'étant informé de la légèreté de son caractère, il vouloit avant tout s'assurer des motifs de ce nouveau changement. Honteux de sa démarche précipitée & du mauvais succès qu'elle avoit eue, il n'osa plus reparoître dans une maison qu'il avoit quittée si brusquement, & pourvut à sa sûreté en repassant en Hollande.

La Congrégation de Saint Maur le regretta sincèrement; le Général de l'Ordre fit écrire au frère de l'Abbé PREVOST, alors Prémontré, que s'il vouloit revenir, il seroit réintégré dans sa place; son frère ignoroit le lieu de sa retraite, & ne put l'instruire de ces dispositions favorables.

Sa sensibilité lui tendit bientôt de nouveaux pièges: le hazard lui fit lier connoissance avec une Demoiselle de mérite & de naissance, aussi intéressante par ses malheurs que par sa jeunesse & sa beauté. Le cœur de l'Abbé PREVOST ne savoit point résister à tant d'attraits; le voile de la pitié s'étendit sur ses égaremens; & lui-même ne se crut que généreux & compatissant, lorsqu'il trahissoit tous ses devoirs. Il offrit à cette infortunée le peu qu'il possédoit; elle le trouva digne d'être son bienfaiteur. Diverses raisons l'ayant contraint de quitter la Haye pour passer en Angleterre, il lui fit connoître la nécessité de son départ, & lui promit des secours en quelque lieu qu'elle s'établît. Cette Demoiselle, pénétrée de reconnoissance, ne voulut point s'en séparer; & ce témoignage d'affection resserra plus étroitement les chaînes qui les unissoient.

Une si douce liaison fut mêlée de quelque amertume. L'Abbé *Lenglet du Fresnoy*, chassé de Sorbonne, prisonnier à la Haye, espion chez le Prince Eugène, renfermé dix ou douze fois à la Bastille, se crut en droit d'attaquer les mœurs de cet homme de lettres qui excitoit son envie, & dont il étoit plus aisé de critiquer la conduite que les ouvrages. Dans sa Bibliothèque des Romans, publiée sous le nom emprunté *du Chevalier Gordon de Percel*, il osa dire, qu'il s'étoit laissé enlever par une femme ou par une fille, voulant insinuer, par cette fable, qu'il en étoit le ravisseur. A cette imputation calomnieuse, l'Abbé PREVOST se contenta d'opposer, dans *le Pour & le Contre*, un récit ingénu & vrai de ses aventures, où il ne déguise ni ses fautes, ni ses bonnes qualités, & ne laisse échapper rien qui décèle son ressentiment. « Ce Medor, dit-il, si chéri des belles, est un homme de 37 ou
» 38 ans, qui porte sur son visage & dans son humeur les traces de ses anciens cha-
» grins; qui passe quelquefois des semaines entières sans sortir de son cabinet, &

« qui y emploie tous les jours sept ou huit heures à l'étude ; qui cherche rarement
» les occasions de se réjouir ; qui résiste même à celles qui lui sont offertes, & qui
» préfère une heure d'entretien avec un ami de bon sens, à tout ce qu'on appelle
» plaisirs du monde & passe-tems agréables ; civil d'ailleurs par l'effet d'une excel-
» lente éducation, mais peu galant ; d'une humeur douce, mais mélancholique ;
» sobre enfin & réglé dans sa conduite. Je me suis peint fidèlement, sans examiner
» si ce portrait flatte mon amour-propre, ou s'il le blesse ».

Ses égaremens ne lui faisoient point oublier le soin de sa gloire. Il donna en 1729 les *Mémoires & Aventures d'un Homme de Qualité qui s'est retiré du monde*. Le héros de ce Roman est un esprit sombre & chagrin qui imprime dans tous les cœurs la tristesse qui le suit ; dans ses accès de philosophie, il perd des pages entières à moraliser. Le tissu de ses aventures est bisarre, &, comme l'a très-bien remarqué l'Abbé Desfontaines, les caractères des personnages ont je ne sçais quoi de singulier qui blesse les personnes judicieuses ; mais une narration coulante, un style noble, naturel & correct, un intérêt bien soutenu, une morale sublime font disparoître ces taches & assurent à l'Auteur une place distinguée dans cet Art.

Son génie fécond & facile pouvoit s'exercer sans doute dans un genre plus sérieux ; mais sa vie étoit un Roman : il crut ses semblables destinés à des révolutions de fortune aussi subites que celles qu'il avoit éprouvées, & il pensa qu'un Livre, où de pareils événemens ameneroient une morale instructive, seroit pour eux un préservatif contre les passions qui les agitent & les revers qui les abattent.

Il étoit loin d'imaginer que l'art des Romanciers fût dangereux & futile, quand il ne s'éloigne point du but qu'il doit se proposer. Il sçavoit que les Orientaux, de qui nous le tenons, l'ont consacré à instruire l'humanité par une morale touchante & sublime ; & que les Grecs & les Latins ornoient souvent les vérités les plus utiles des charmes de la fiction. Cet Art ingénieux lui paroissoit en quelque sorte s'accorder avec les devoirs austères de son état ; *Héliodore*, Evêque de Trica, *Athenagoras*, *Saint Jean Damascène*, *Pie II*, & d'autres personnages illustres qui l'ont cultivé, comme lui, dans la vue d'épurer les mœurs, osoient en porter le même jugement.

Son premier ouvrage en ce genre eut assez de succès pour faire des imitateurs serviles. Le titre seul de leurs productions en annonce la stérilité. Tels sont : *Les Mémoires d'une Fille de qualité qui ne s'est pas retirée du monde* ; *les Mémoires d'une Dame de qualité retirée du monde*. Que ces glaneurs seroient pauvres, s'ils étoient contraints de restituer tout ce qu'ils ont dérobé !

L'Abbé Prevost, à qui la critique avoit reproché les teintes sombres qui régnent dans ces Mémoires, produisit un nouveau Roman, où l'objet de ce reproche devint un sujet d'éloges. L'histoire de *Cleveland*, fils naturel de Cromwel, inspira la terreur, &, d'une voix unanime, l'Auteur obtint, dans le Roman, la place où

M. de

Vie de l'Abbé Prévost.

M. de Crébillon s'étoit élevé dans la Tragédie. On fut étonné de la vigueur de son coloris & de la fécondité de son imagination. Ce ne fut qu'après avoir dévoré cet ouvrage, qu'on s'avisa d'en critiquer l'invention, le plan & les détails.

A peine eut-il achevé cet effrayant tableau, que pour s'égayer, il peignit les amours du *Chevalier des Grieux* & de *Manon l'Escaut*, Romans ingénieux, où le vice, toujours en action & toujours malheureux, donne un nouveau lustre à la vertu réduite en morale. On se demande, après l'avoir lû, par quelle magie l'Auteur fait si bien intéresser au sort d'une fille plongée dans la débauche, & d'un jeune homme qui ne connoît de principes & de devoirs, que pour en faire un sacrifice perpétuel à l'idole de son cœur.

Dans le même temps il entreprit un Journal sous le titre du *Pour & Contre*, & promit, comme tous ceux qui se livrent à ce genre de travail, de la modération & de l'impartialité; il eut le rare mérite de tenir parole & de n'offenser personne, même en disant la vérité. Cet ouvrage périodique, composé de vingt volumes, renferme un très-grand nombre de pièces ou de fragmens de Littérature qu'on chercheroit vainement ailleurs; il est écrit purement, & donne une idée très-favorable de l'érudition & du discernement de l'Auteur.

Mais on doit être prévenu que depuis la page 83 de la dix-neuvième feuille, jusqu'à la feuille trente-troisième de ce Journal, il fut contraint de recourir à une main étrangère, & que la fin du dix-septième volume & le dix-huitième tout entier sont de M. *le Febvre de Saint-Marc.*

L'Abbé *D. F.* qui, en premier lieu, l'avoit remplacé dans ce travail, se rendit coupable envers lui de plusieurs plagiats. Il enrichit ses feuilles d'un grand nombre des Remarques de l'Abbé PREVOST sur l'Histoire de M. de Thou. Ce dernier, toujours incapable de nuire, même à ses ennemis, ne se seroit jamais plaint de ce vol, si son Copiste eût, sans le nommer, avoué que ces Remarques étoient d'un autre. Mais il ne put le voir tranquillement s'approprier jusqu'à sept pages de suite de son Ouvrage, dans une seule feuille, & que dans la plupart des autres, il ne se lassoit pas d'emprunter de lui, tantôt trois, tantôt quatre pages, sans daigner indiquer la source où il puisoit avec aussi peu de discrétion.

Il est bon de remarquer que c'étoit cette même Traduction de M. de Thou, que ce Plagiaire s'étoit efforcé de décrier avant qu'elle fût devenue publique. Il n'avoit pas même rougi d'avancer, qu'à l'exemple du fertile *du Ryer*, le nouveau Traducteur travailloit *fami non famæ*. L'Abbé PREVOST n'en publia que le premier volume; il rencontra, dans cette carrière, un rival, à qui le Public donna la préférence. Ce revers fut réparé par de nouveaux succès dans le genre où il s'étoit déja distingué. Il mit au jour, en 1735, l'*Histoire du Doyen de Killerinne*; voici comme l'annonce le même Journaliste dont on vient de parler: « Le style de cet Ouvrage, » comme celui de tous les Ecrits de M. P.... est vif, nombreux & élégant, sans

» affectation; personne ne peint mieux que lui ». La suite de cette notice est le langage d'un ennemi jaloux qui se lasse de rendre hommage à la vérité; quelquefois cependant sa critique seroit fort juste, si elle étoit moins amère; à l'en croire, *cet Ouvrage est une fiction qui heurte par-tout la vraisemblance, & qui offre une ignorance absolue des mœurs & des usages*; il est certain qu'en cette partie l'Auteur s'éloigne souvent du vrai. Le tumulte des camps, le silence du cloître, & l'exil l'avoient privé d'une connoissance parfaite du monde; l'esprit, quel qu'il soit, ne sauroit y suppléer. Mais ses ouvrages sont des galeries de tableaux intéressans & variés de toutes les foiblesses du cœur humain; s'il observe mal le costume, il sait du moins saisir la nature & la peindre d'une main habile. Son plus grand tort, en publiant ce Roman, fut de l'annoncer comme une *histoire ornée de tout ce qui peut rendre une lecture utile & agréable*. Il ressemble, par ce titre présomptueux, à ceux qui, prêts à commencer un récit amusant, préviennent qu'ils feront bien rire; on ne rit point.

L'*Histoire d'une Grecque moderne*, les *Campagnes Philosophiques*, les *Mémoires pour servir à l'Histoire de Malthe*, parurent successivement après *le Doyen de Killerinne*; on y remarque à-peu-près les mêmes beautés & les mêmes défauts. Pour apprécier chacun de ces Romans en particulier, il faudroit se répéter. Ils n'ajoutèrent à la réputation de l'Auteur qu'une preuve plus complette de la fécondité de son imagination. On doit ranger dans une autre classe l'*Histoire de Marguerite d'Anjou*, imprimée en 1740, & celle de *Guillaume le Conquérant*, publiée en 1742; la première pouvoit être assez intéressante en ne s'écartant point de la vérité historique; mais pour la rendre plus agréable & plus touchante encore, il l'embellit de tous les ornemens de la fiction. Il donna la seconde pour une histoire fidèle: cependant il met en œuvre tant de ressorts de politique, tant de motifs d'intérêt, de vengeance & d'amour, que le lecteur est persuadé qu'il a plus souvent recours à son imagination brillante, qu'aux vieilles chroniques de la Normandie.

Chaque année de sa vie étoit marquée par de nouvelles productions. Il traduisit en 1743 une *vie de Cicéron*, écrite en Anglois par M. Midleton. Cet ouvrage, qui comprend cinq volumes, se ressent un peu de la rapidité du travail. Mais quoique le style en soit moins pur, il a cette abondance & cette élégance qui caractérisent ses autres écrits. Cette traduction est nécessaire à ceux qui veulent connoître à fond les ouvrages de ce grand Orateur; elle en développe le sens, & présente une peinture exacte & fidèle des mœurs des Romains, dans les derniers temps de la République.

Ce travail l'engagea naturellement à la traduction des *Lettres de Cicéron*, qui sont, pour ainsi dire, les pièces justificatives de l'histoire de sa vie.

Il nous donna d'abord les *Lettres à Brutus*; elles sont précédées d'une *Réponse de M. Midleton à M. Tunstal, Orateur de l'Université de Cambridge*, qui avoit attaqué la vie de ce Consul, fondée sur ses Lettres, dont la plupart lui paroissoient apocryphes. Peu de temps après il publia les *Epitres Familières*, & les enrichit de notes excellentes, dont il faut convenir qu'il étoit redevable à M. *Midleton*. Sa grande facilité lui fut nuisible; avec plus de recherches & de soins, il se seroit servi d'expressions plus énergiques, auroit trouvé plus d'équivalens, évité les périphrases, & quelquefois même des contre-sens.

Dans l'intervalle qu'il mit entre ces différentes traductions, il donna celle des *Voyages de Robert Lade*, histoire intéressante, qui contient des observations curieuses sur les Colonies & le Commerce des Européens dans les autres parties du monde. Cet ouvrage fut suivi d'un Roman intitulé, *les Mémoires d'un Honnête Homme*; il eut peu de cours à sa naissance & ne mérite guère d'être tiré de l'oubli.

L'énumération de tant d'écrits nous a fait omettre l'époque de son retour en France; sa réputation l'avoit fait desirer à la Cour d'un Prince qui se plaisoit à rassembler & à protéger dans ses États les hommes les plus distingués dans les Lettres. Mais la fortune ne put l'emporter dans son cœur sur l'amour de la Patrie. Il y revint sous la protection du Cardinal de Bissy qui l'avoit connu à Saint-Germain-des-Prés, & fut reçu dans l'Abbaye de la Croix-Saint-Leufroy. M. le Prince de Conti le nomma, peu de temps après, son Aumônier; tout sembloit l'assurer d'un sort heureux & tranquille. Ce moment de calme fut trompeur : la pitié généreuse de l'Abbé Prevost devint encore pour lui la source d'une nouvelle disgrace.

Il aidoit de sa bourse un malheureux Ecrivain chargé d'une nombreuse famille. L'unique revenu de cet homme étoit le produit d'une Gazette à la main; il s'imagina que le moyen de multiplier les souscriptions, étoit d'écrire avec une liberté républicaine; mais peu satisfait de son style, il eut recours à son bienfaiteur pour le châtier. L'Abbé Prevost eut la foiblesse de corriger de sa main une de ces feuilles. L'Auteur indiscret fut arrêté, ses papiers saisis; on l'interrogea; il eut la bassesse de déclarer que celui qui l'aidoit à vivre, avoit daigné lui prêter de l'esprit. Cet événement força l'Abbé Prevost de s'évader. Il se retira à Bruxelles, où son nom lui mérita de nouveaux protecteurs.

Sa faute étoit si légère, qu'il obtint facilement la permission de revenir à Paris & de reprendre ses fonctions auprès du Prince de Conti. Ce fut alors que M. le Chancelier d'Aguesseau, dont l'estime valoit celle de tous ses contemporains, eut assez bonne opinion de ses talens, pour le charger d'écrire une *Histoire Générale des Voyages*. Mais les encouragemens qu'il reçut de cet illustre Magistrat, loin de l'enorgueillir, le rendirent plus timide & plus modeste. Cette grande entreprise étonna son courage, & dans la crainte de succomber sous le faix & de s'égarer, il suivit pas à pas les traces des auteurs Anglois qui, dans le même temps, travailloient à cette histoire. Il recevoit leur Ouvrage feuille à feuille, & traduisoit trop fidèlement ce qu'il ne devoit qu'extraire. Par cette méthode, il ne pouvoit rassembler toutes les parties de cette Histoire, sous un seul point de vue, & réparer les défectuosités d'un plan, dont il ne connoissoit ni la distribution, ni l'étendue.

Néanmoins son discernement & son goût lui firent éviter des redites fastidieuses, & chercher de plus heureuses transitions. Au huitième volume, le secours des Compilateurs Anglois lui manqua : ils n'avoient entrepris cet Ouvrage important pour le Commerce & la Navigation, que dans la confiance que le Gouvernement subviendroit aux frais de l'exécution. Une guerre onéreuse ruina leurs espérances : les bienfaits que le Ministère Anglois accorde aux Gens de Lettres, sont au nombre de ces superfluités que l'on retranche dans les besoins de l'Etat.

Ainsi l'Abbé Prevost fut contraint de remplir seul cette tâche laborieuse ; il s'en acquitta si bien, qu'on regrette encore qu'il n'ait pas toujours marché dans cette carrière sans aide & sans guide.

Madame la Duchesse d'Aiguillon lui disoit un jour à l'occasion de cette Histoire : « Vous pouviez faire mieux que cet Ouvrage, mais personne ne pouvoit le faire » aussi bien ».

Un riche Financier lui offrit d'en payer l'impression ; c'étoit lui proposer un bénéfice de plus de cent mille livres, il eut le noble orgueil de le refuser. Le même amateur le pressa d'accepter de lui une rente viagère, & n'y réussit pas davantage. L'Abbé Prevost connoissoit tous les devoirs de la reconnoissance & tout le prix de sa liberté.

On doit placer au rang des Livres les plus utiles, celui qu'il fit paroître dans le même temps sous le titre de *Manuel Lexique*. C'est un recueil de termes techniques qu'il n'avoit composé que pour son usage particulier. Engagé par état à traiter quantité de matières différentes, il avoit pris soin d'éclaircir les mots obscurs ou douteux, à mesure qu'il avoit eu occasion de s'en servir ; ce répertoire, continué long-temps avec méthode, lui parut remplir, dans la Langue Françoise, l'objet que *Thomas Dyche* s'est proposé dans son Dictionnaire Anglois, & bientôt il le publia dans l'unique dessein d'être utile.

La connoissance parfaite qu'il avoit de la Langue Angloise, & l'extrême facilité d'écrire dans la sienne, l'engagèrent à nous faire connoître l'immortel *Richardson*, ce Peintre sublime du cœur humain. *Clarisse* & *Grandisson*, chefs-d'œuvre qu'il suffit de nommer pour faire leur éloge, ont fait couler autant de pleurs en France qu'en Angleterre.

Nous lui devons encore une Traduction de l'excellente *Histoire de l'infortunée Maison de Stuart*, Ouvrage d'un Philosophe qui a le courage d'écrire avec impartialité au milieu d'un Peuple enthousiaste. En remerciant l'Abbé Prevost de la peine qu'il avoit prise de le traduire, il lui mandoit : « Dans le grand nombre de » volumes que vous avez donnés au Public, il ne vous est rien échappé contre les » mœurs, ni contre le prochain ». Cet éloge vrai, est d'autant plus flatteur, qu'il est rarement mérité.

Au

Au milieu de tant de travaux, cet Écrivain infatigable ne craignit point de se charger de la conduite du *Journal Étranger*, & l'auroit soutenue, si des engagemens antérieurs lui eussent permis d'y donner plus de temps.

On dit que son Libraire, appréhendant que la suite de l'*Histoire des Voyages* ne fût retardée par cette nouvelle entreprise, la lui fit abandonner, en lui donnant dix mille francs.

Nous nous contenterons de nommer les derniers Romans qui sont sortis de sa plume : *le Monde Moral* ; l'*Histoire de Miss Bidulphe* ; *Almoran & Hamet* ; les *Lettres de Mentor à un jeune Seigneur*. De ces quatre productions, la première n'est due qu'à lui, les autres sont traduites de l'Anglois.

Il avoit été choisi par le Prince de Condé pour travailler à l'Histoire de sa Maison, & s'y disposoit, lorsqu'en retournant à Saint-Firmin, près de Chantilly, lieu de sa résidence, il mourut d'apoplexie le 23 Novembre 1763, âgé de 66 ans.

Cet homme qui, dans le cours d'une vie si agitée & si studieuse, n'avoit paru méditer que sur des fictions, avoit dessein de s'occuper le reste de ses jours de trois sujets bien différens.

Dans le premier, il se flattoit de prouver la vérité de la Religion par ce qu'il y a de plus certain dans les connoissances humaines ; méthode historique & philosophique, dit-il, qui entraîne la ruine des objections.

Le second auroit été l'Histoire de la Conduite de Dieu pour le soutien de la Foi depuis l'origine du Christianisme.

Et le dernier, l'Esprit de la Religion dans l'ordre de la Société.

Il est triste qu'une mort imprévue nous ait privé de l'exécution de ce projet. C'est à celui qu'une étude approfondie & une longue expérience de nos foiblesses, ont éclairé sur nos besoins, à nous donner des principes, & les moyens de les mettre en pratique.

L'Abbé Prevost a obtenu les foibles distinctions dont les Gens de lettres les plus célèbres sont honorés parmi nous. Quelques-unes de ses pensées recueillies au hazard & sans choix ont été imprimées en un volume *in-12*, & son Portrait a été gravé. On lit au bas ces vers :

> Écrivain délicat, Critique ingénieux,
> On ne peut mieux vanter son mérite sublime,
> Qu'en publiant qu'un de nos demi-Dieux,
> Le Grand Conti, le protège & l'estime.

Peut-on voir sans admiration que cet Auteur, dont la jeunesse fut livrée à tant d'égaremens, nous ait laissé un si prodigieux amas d'Écrits, sans perdre la réputation d'Écrivain élégant ? A quel dégré de perfection auroit-il donc atteint, s'il eût joui d'un sort plus heureux ; si, dans le calme & dans l'indépendance, associant l'étude des Anciens à ses propres ouvrages, il se fût renfermé dans un

petit nombre de volumes; s'il eût pris soin de consulter des amis éclairés & sévères;
& sur-tout s'il eût été enflammé par le vaste desir de se faire un grand nom. Il
avoit tous les talens nécessaires pour s'immortaliser : il ne lui a manqué que de
sçavoir mieux en prendre les moyens.

Les qualités de son cœur auroient dû le rendre respectable, si l'état qu'il avoit
indiscrétement embrassé, lui cût imposé des devoirs moins rigoureux. Il étoit doux,
généreux, compatissant, affable; jamais il ne sentit cette basse jalousie qui ternit
& dégrade ceux qui en sont atteints, & qui ne sert qu'à relever les talens qu'elle hait.
Il aimoit ses rivaux; il pardonnoit à ses ennemis; la seule vengeance qu'il se permit
contre l'Abbé Desfontaines, fut de faire imprimer l'extrait d'une Lettre qu'il reçut
de lui en réponse à ses plaintes d'une Critique injuste & grossière : « *Alger mourroit*
» *de faim, s'il étoit en paix avec tous ses ennemis* ».

M. JOLY DE FLEURY.

Guillaume-François Joly, Chevalier, Seigneur de Fleury, de Grigny, de Brionne, &c. Procureur-Général du Roi au Parlement de Paris, naquit en cette ville le 11 Novembre 1675, de J. François Joly de Fleury, Conseiller au Parlement, & de Magdeleine Talon, fille d'Omer Talon, Avocat Général, connu par ses *Mémoires*, & plus encore par son intégrité.

La famille des Joly, l'une des plus anciennes de la Robe, est originaire du Duché de Bourgogne. Elle occupoit depuis longtemps les premières places du Parlement & de la Chambre des Comptes de Dijon, lorsque François Joly vint sur la fin du XVIe siècle s'établir dans la Capitale, & acquit près de Montlhéry la Terre de Fleury-Morangis, dont sa branche continue de porter le nom.

François Joly en quittant la Bourgogne, étoit venu exercer à Paris la profession d'Avocat, & il la suivoit avec assez de distinction pour être Chef du Conseil du Cardinal de Richelieu. Ce fut par l'exercice de la même profession que son arrière petit-fils voulut ouvrir la carrière qu'il a parcourue. Le Barreau avoit été la première école des Lhopital, des Montholon, des Pasquier ; ce fut celle d'un homme qui devoit réunir tous leurs talens. M. Joly de Fleury fut reçu en 1695 au serment d'Avocat, & ce titre stérile pour tant d'autres, fut pour lui le commencement de sa gloire.

Lorsqu'il parut, le célèbre Daguesseau remplissoit l'une des places d'Avocat Général, & les causes étoient défendues par des Orateurs dignes de ce grand Magistrat : Nivelle & Dumont s'y distinguoient sur-tout ; le premier, par une éloquence mâle qui lui étoit naturelle ; le second, par le talent de varier ses moyens, selon l'impression qu'ils pouvoient faire sur les différens Juges. Tels furent les adversaires que M. Joly de Fleury eut à combattre, dès les premiers pas qu'il fit au Barreau. A toutes les causes qu'il plaidoit il recevoit de nouveaux éloges, & quoique très-jeune, il les méritoit.

La dernière action d'éclat où il ait paru comme Avocat des parties, fut la cause de Desmaretz, Pensionnaire de la Musique du Roi. Ce Musicien accusé d'avoir séduit la fille d'un Président à l'Election de Senlis, avoit fait à son tour informer contre son accusateur, & il dénonçoit à la Justice un assassinat prémédité. Tous deux avoient été décrétés par le Châtelet. Tous deux appelloient de ces sentences. La cause de Desmaretz fut confiée à M. Joly de Fleury. Dumont défendit le Président. Ce fut Desmaretz qui perdit sa cause ; mais sa défaite ne nuisit point au triomphe de son défenseur. L'éloge public que lui donne l'Avocat Général est trop détaillé pour qu'on puisse le regarder comme le simple tribut de l'usage. « Il faudroit, » dit-il aux Juges, avoir une partie de cette vive éloquence qui semble croître tous

« les jours dans l'illuſtre défenſeur de Deſmaretz, pour vous retracer dignement les
« nobles, les ingénieuſes couleurs dont il s'eſt ſervi pour peindre l'innocence de ſa
« partie...... Une réplique auſſi véhémente que celle que vous venez d'entendre,
« & dans laquelle il a paru avoir également entrepris, & de ſe ſurpaſſer lui-même,
« & de ſurmonter ſon redoutable adverſaire, nous diſpenſe d'entrer dans une répé-
« tition peu exacte des raiſons qu'il vous a propoſées. »

C'étoit Dagueſſeau qui parloit ainſi de M. JOLY DE FLEURY, & l'Orateur qu'il louoit avoit à peine 25 ans. Au mois de Novembre 1700, M. JOLY DE FLEURY fut pourvu d'un office d'Avocat Général en la Cour des Aides; il ſuccédoit à J. Fr. Le Haguais, Magiſtrat célèbre par ſes talens, & qui a conſervé la réputation d'Orateur, même depuis qu'on a ſçu que Fontenelle lui avoit quelquefois ſervi de ſecrétaire. Les applaudiſſemens que M. JOLY DE FLEURY avoit recueillis au Barreau, le ſuivirent à la Cour des Aides, où il ſçut ſe faire admirer, quoiqu'il remplaçât M. Le Haguais. Il n'étoit pas encore entièrement conſacré à la Magiſtrature. On l'avoit deſtiné à l'Etat Eccléſiaſtique, & l'on prétend même qu'il fut titulaire d'un bénéfice dans le Diocèſe de Paris.

La mort de ſon frère aîné changea tout-à-coup les vues qu'on avoit ſur lui. Joſeph Omer Joly de Fleury, qui exerçoit une charge d'Avocat Général au Parlement, fut enlevé en 1704 à la fleur de ſon âge : il laiſſoit un fils; mais ce fils étoit trop jeune pour qu'on pût eſpérer qu'il remplaçât ſon père avant pluſieurs années. On jetta les yeux ſur l'Avocat Général de la Cour des Aides ; il paſſa au Parlement le 21 Janvier 1705, & le neveu en laiſſant la Magiſtrature à ſon oncle, fut conſacré à l'état que celui-ci abandonnoit.

De nouveaux lauriers attendoient au Parlement celui qui avoit parlé avec tant de ſuccès à la Cour des Aides. En peu d'années M. JOLY DE FLEURY ſe trouva premier Avocat Général, & ſon génie ſembla s'étendre à meſure que le théâtre où il paroiſſoit étoit devenu plus vaſte. L'Edit qui appelloit à la Couronne les Princes légitimés, le Teſtament de Louis XIV, les procédures de la Cour de Rome contre la Monarchie de Sicile, fournirent des occaſions brillantes à ſon éloquence & à ſes talens pour les affaires publiques. Ce fut ſur ſon Requiſitoire que la Régence fut donnée au Duc d'Orléans, malgré la volonté du feu Roi, qui n'avoit pas prévu le danger d'une autorité diviſée.

Une des fonctions du premier Avocat Général, c'eſt d'être avec le Procureur Général le cenſeur du Sénat où il exerce ſes fonctions, & de faire alternativement le diſcours qu'on nomme *Mercuriale*; ce fut avec M. Dagueſſeau que M. JOLY DE FLEURY partagea cette noble occupation. Les talens de ces deux hommes étoient pareils; leur réputation fut bientôt égale.

La mort du Chancelier Voiſin, arrivée en 1717, leur ouvrit encore à tous deux une carrière nouvelle. Le Procureur Général devint Chancelier, & ne voulut être

Vie de M. Joly de Fleury.

remplacé que par M. Joly de Fleury. En revenant du Palais-Royal, où le Régent l'avoit fait venir, Daguesseau rencontra M. Joly de Fleury, qui étoit aussi mandé par le Prince. Il lui annonça qu'il étoit Chancelier: « *Mais ce qui me console,* ajouta-t-il, *c'est que vous êtes Procureur Général* ».

Jamais choix ne fut plus approuvé. Dire qu'il fut célébré jusques sur le Parnasse, ce seroit une remarque inutile à la gloire du Magistrat, si dans ces occasions les vers les plus mauvais ne faisoient souvent anecdote. Un Sonnet que les Journaux ont conservé, nous apprend que depuis plusieurs années la voix publique donnoit à M. Joly de Fleury, le nom de l'*Aigle du Palais*. Le nouveau Procureur Général fut presqu'en même temps nommé l'un des membres du Conseil de Conscience que le Régent avoit établi pour les matières Ecclésiastiques, & qui subsista jusqu'au mois d'Octobre 1718.

Ce ne sont point les places qui font les hommes, mais c'est d'après elles qu'il faut les juger; & ce qui caractérise l'homme véritablement grand, c'est que sa conduite puisse être rapprochée du tableau de ses devoirs. Tel fut M. Joly de Fleury. Devenu l'homme du Roi, de la patrie, & de la Religion, il s'appliqua toujours à concilier des intérêts qui ne doivent jamais être séparés. Dans ces affaires délicates dont la Régence offrit plus d'un exemple, on a vu M. de Fleury représenter avec courage le danger qu'il y auroit eu à lui lier les mains. D'autres fois, aussi ingénieux qu'intrépide, il se prêtoit à des adoucissemens qui ne trahissoient point son ministère, & par des expédiens que le moment faisoit naître, il parvenoit au but qu'il s'étoit proposé.

En 1718, Rome voulut soutenir un decret fameux, par des lettres* qui augmentoient les troubles, au lieu de les calmer. Elles furent flétries par les Tribunaux: l'Arrêt que rendit le Parlement de Paris est dû entièrement au zèle de M. Joly de Fleury. Dans une assemblée que le Régent avoit tenue au Palais-Royal, l'abbé Dubois, & le Magistrat qui faisoit les fonctions de Garde des Sceaux pendant la disgrace du Chancelier, vouloient demander qu'on se bornât à une simple suppression. Mais le courage & les lumières du Procureur Général écartèrent cet avis, qui ne fut pas même proposé. Ceux qui vouloient servir la Cour de Rome, au mépris de nos libertés, eurent recours à une autre voie qui ne fut pas plus heureuse. En l'absence du premier Avocat Général, c'étoit à M. Joly de Fleury à porter la parole. On excita le Régent à demander une lecture de son discours avant qu'il fût prononcé. M. de Fleury l'apporta; les principes qu'il contenoit ne furent attaqués que par l'abbé Dubois. Mais quoiqu'il eût cherché à les affoiblir, ce discours fit ensuite sur le Parlement tout l'effet qu'il devoit produire; le Procureur Général fut reçu appellant comme d'abus, & l'écrit de Rome eut le sort qu'il devoit avoir en France.

* Lettres *Pastoralis officii*.

Si toutes les actions de M. Joly de Fleury n'ont pas été des actions d'éclat, elles ont toutes été utiles; & dans une vie aussi remplie que la sienne, celles qui n'ont pas été animées par les regards publics, sont peut-être les plus dignes de nos éloges. A la charge de Procureur Général est unie depuis 1582 celle de Trésorier garde des chartres & papiers de la Couronne. Dès que M. de Fleury fut revêtu de ces deux places, son premier soin fut de connoître par lui-même un dépôt si précieux pour notre histoire, & d'y mettre un ordre nécessaire pour sa conservation. Le trésor des chartres, qui est comme on sait dans le bâtiment de la Sainte-Chapelle du Palais, est composé de deux chambres au-dessus l'une de l'autre; dans la plus basse sont les layettes, c'est-à-dire, les actes publics originaux, revêtus de leurs formes, tels que les Traités de paix, les engagemens du Domaine, &c. L'autre chambre est destinée aux Registres de la Chancellerie, qui y ont été placés successivement depuis Philippe-Auguste jusqu'à Henri III. De ces deux parties, la première étoit la seule qui fût arrangée. Les Registres, encore dispersés, attendoient d'une main habile la même opération que Dupuy & Godefroy avoient faites pour les layettes.

Ce fut à ce travail aussi important que fastidieux, que M. Joly de Fleury consacra plusieurs années. L'ouvrage avoit été commencé par Daguesseau; mais il étoit à peine entamé. A l'aide de plusieurs inventaires que M. de Fleury eut l'art de recouvrer, il parvint bientôt à faire une revue exacte des registres, & à connoître ceux que la négligence avoit fait perdre. Son premier plan avoit été de les ranger selon l'ordre chronologique; travail immense, *auquel*, disoit-il, *sa vie n'eût pas suffi*, & qui d'ailleurs n'étoit guères possible pour les premiers registres où les règnes sont souvent mêlés. Il suivit donc l'ordre des cottes, adopté par ses prédécesseurs; mais il suppléa ce qu'ils avoient omis. Il fit une notice abrégée de tous les registres, qu'il a quelquefois accompagnée de discussions historiques & critiques, lorsque les registres lui ont paru mériter ce travail. Ses soins ont aussi fait rentrer dans le dépôt plusieurs manuscrits que la facilité des premiers gardiens en avoit fait sortir.

C'étoit au milieu de ces occupations que M. Joly de Fleury se délassoit des travaux ordinaires du Parquet. Il tira de même de la poudre des Greffes plusieurs registres qui sembloient perdus pour le Parlement. Des pièces jusqu'alors inconnues, devinrent entre ses mains une source utile pour l'éclaircissement de notre Droit & de notre Histoire. L'avidité de ses recherches, & les dépouillemens qu'il faisoit, ne nuisoit en rien à la vivacité & aux graces de son esprit. On s'empressoit encore de venir à ses Mercuriales, où sans employer une censure amère, il rappelloit le jeune Magistrat à des devoirs que les plaisirs font trop souvent oublier. L'admiration qu'il excitoit redoubla en 1744, lorsque les trois Avocats Généraux allèrent, avec les députés du Parlement, féliciter en Flandres le vainqueur de Fontenoi. L'absence de ces Magistrats fut de trois semaines. Pendant tout ce temps, le Procureur Général remplit seul le ministère public aux audiences de la Grand'Chambre & de la Tournelle. Le Barreau qu'il
avoit

Vie de M. Joly de Fleury.

avoit étonné avant 25 ans, ne vit pas avec moins de surprise la facilité qui dictoit encore les discours d'un Orateur presque septuagénaire.

Quelqu'étendues que fussent les fonctions de sa place, il les remplissoit toutes avec une égale activité. Mais de toutes les prérogatives de sa dignité, celle qui lui fut toujours la plus chère, fut de se voir par état le protecteur du malheureux. Il s'occupa aussi de l'éducation de la jeunesse. Ce fut lui qui en 1746 proposa d'établir ces prix solemnels que l'Université distribue tous les ans aux élèves choisis dans ses dix Colléges. Un Chanoine de l'Eglise de Paris avoit légué pour une fondation une somme considérable; mais le zèle de l'abbé Le Gendre s'étoit laissé éblouir par un projet qui avoit quelque chose de bisarre. M. DE FLEURY, de concert avec l'abbé Piat, alors Recteur de l'Université, fit changer la destination de ces fonds, & assura au fondateur la gloire d'un établissement utile.

C'est par cette action qu'il a terminé l'exercice de sa place de Procureur Général. Il s'en démit la même année en faveur de l'aîné de ses fils, qu'il avoit fait recevoir en survivance dès 1740. Mais en accordant au père une retraite que trente années de service, & une extrême délicatesse rendoient nécessaire, on lui conserva la survivance de l'office dont il se démettoit.

La retraite de M. JOLY DE FLEURY fut celle d'un citoyen qui devoit à lui-même la considération dont il jouissoit. Il ne se passoit rien d'important à la Cour ni au Parlement qui ne fût communiqué à ce Magistrat. En 1752 il fut un des commissaires nommés pour les affaires Ecclésiastiques qui s'agitoient alors. La lettre qu'il reçut du Chancelier contient; qu'étant essentiel dans une affaire de cette importance d'être aidé par des lumières supérieures, le Roi comptoit qu'en qualité de citoyen & de Magistrat, il ne refuseroit pas les siennes, & que Sa Majesté n'exigeoit de lui que ce que sa santé lui permettroit de faire.

Son cabinet ouvert tous les jours après midi étoit devenu un Tribunal privé où le pauvre venoit comme le riche, Tribunal d'autant plus honorable pour celui qui y présidoit, que ses arrêts furent toujours sans appel, & que la soumission étoit volontaire. Les Magistrats, les Savans s'empressoient aussi de le consulter, principalement sur le Droit Public de la Nation; car personne ne le connoissoit mieux que lui. Le continuateur du Traité de la Police, l'auteur de l'histoire de la Jurisprudence Romaine, celui de la vie de Pierre Pithou, ont été à cet égard les interprêtes de la reconnoissance publique.

C'est en effet à M. DE FLEURY que l'on doit en partie la publication de ces ouvrages utiles, & principalement du dernier. « Il avoit bien voulu, dit l'Auteur, m'en tracer Vie de P. Pithou, tom. I. pag. xxiij.
» le plan, m'indiquer les sources, & m'encourager à perfectionner une entreprise
» dont l'exécution, disoit-il souvent, lui étoit infiniment chère, parcequ'elle avoit
» pour but de défendre de l'oubli les talens & les vertus de ces savans citoyens.
» Chaque feuille de l'ouvrage lui étoit remise pendant l'impression, & il en est

» très-peu, (c'est toujours M. Grosley qui parle) il en est très-peu qu'il n'ait enrichi
» de réflexions savantes, ou de corrections judicieuses ».

On trouve les mêmes témoignages de reconnoissance exprimés dans la Préface du Supplément de Ducange imprimé en 1766. L'auteur de ce savant Ouvrage, n'a pas voulu passer sous silence les obligations qu'il avoit à M. le Procureur Général. *Quantâ urbanitate isthæc Regesta usque ad Carolum VIII. ubi laboriosæ huic lectioni finem imponendum censui, mihi suffecerit vir litterarum amantissimus, Patronus litteratorum, ac præsertim horum omnium quæ ad historiam Gentis nostræ spectant, peritissimus, nunquam satis erit à me celebratum.* M. le Procureur Général aida ce Savant de ses lumières, ainsi qu'il l'annonce en plusieurs articles de son Supplément, & il a été à portée de profiter des recherches de ce Magistrat, comme on peut le voir au mot *Inquisitores* de ce Supplément, & ailleurs.

Ce que M. DE FLEURY admiroit le plus dans la vie des anciens Magistrats, c'étoit leur zèle vraiment patriotique, & leur amour pour les devoirs de leur état. Cet amour faisoit aussi sa principale qualité. Quelqu'attrait qu'il eût pour des études moins arides que celles de la Jurisprudence, quelque permises qu'elles lui fussent dans sa retraite, il leur préféra toujours la lecture des Ordonnances & des Coutumes. Peu avant sa mort, il dit à M. Grosley, en lui donnant les portraits des deux frères Pithou : *Voilà deux hommes qui me font bien gémir sur mon ignorance ; j'apprends tous les jours ; j'ai 80 ans, & je n'ai rien appris que M. Pithou n'ait sû.*

Malgré la délicatesse de sa santé, M. DE FLEURY n'avoit point éprouvé les incommodités de la vieillesse. Il est mort presqu'en parlant, le 25 Mars 1756. La veille on avoit lu devant lui les représentations d'un Parlement, & il avoit dit son sentiment avec sa présence d'esprit ordinaire. Son corps porté d'abord dans l'Eglise de Saint-Severin sa paroisse, fut inhumé dans celle de Saint-André-des-Arcs, lieu de la sépulture de sa famille. Il avoit exigé par son testament que le convoi se fît avec la plus grande simplicité. On ne donna point de billets d'invitation, le concours n'en fut pas moins grand, quoique le temps fut très-mauvais. La reconnoissance honora malgré lui sa pompe funèbre.

Tout intéresse dans les hommes célèbres. M. DE FLEURY avoit une taille médiocre ; ses yeux annonçoient la vivacité de son esprit. Il avoit un abord ouvert ; & la mémoire la plus heureuse rendit jusqu'au dernier moment sa conversation aussi agréable qu'instructive. On eut dit que l'orateur Romain avoit tracé son éloge en faisant le portrait de Fabius (1).

M. DE FLEURY avoit épousé Marie-Françoise Le Maître. Il en a eu onze enfans, dont quatre sont morts en bas âge, ou avant que d'être pourvus. L'aîné des fils qui lui a succédé dans la place de Procureur Général au Parlement, avoit déja imité son

---

(1) *Erat in illo viro comitate condita gravitas, nec senectus mores mutaverat..... Qui sermo ? Quæ precepta ? Quanta notitia antiquitatis ! Quæ scientia juris!* Cicero. de Senectute. num. 4.

Vie de M. Joly de Fleury.

père dans celle de premier Avocat Général. Le second a rempli avec applaudissement pendant plus de vingt années les charges d'Avocat Général, soit au Grand Conseil, soit au Parlement, a exercé une charge de Président à Mortier pendant vingt années. Le troisième, après s'être distingué dans l'Intendance de Bourgogne, exerce une place de Conseiller d'Etat; il a succédé l'année dernière à M. Gilbert de Voisins, au Conseil des Dépêches. Des filles de M. DE FLEURY, trois ont embrassé la vie religieuse. Une d'entre elles est morte Abbesse de Beauvoir, Diocèse de Bourges. Les deux aînées sont veuves; l'une, de M. de Serilly, Intendant de Strasbourg; l'autre, de M. Braier, Conseiller de la Grand'Chambre du Parlement.

Les collections que M. DE FLEURY a faites sont immenses, comme les études qu'il avoit entreprises. A l'occasion des diverses affaires qui se sont présentées, il a approfondi plusieurs points de notre Droit Public, principalement ce qui concerne les immunités Ecclésiastiques. Quelques extraits de ses Plaidoyers, imprimés dans les deux derniers tomes du Journal des Audiences, font connoître le prix de ceux qui n'ont point paru. Ses Mercuriales & autres Discours publics passent pour autant de chefs-d'œuvres. Il en est de même des Requêtes qu'il a données en qualité de Procureur Général, dans les affaires où le domaine du Roi étoit intéressé. Ce sont des traités profonds sur les matières qu'elles embrassent. M. DE FLEURY eut encore beaucoup de part à la rédaction des Ordonnances de ce règne.

Tant de services rendus par un seul citoyen, lui eussent mérité une statue dans les anciennes Républiques. Le plus beau monument qu'on puisse élever à sa gloire, c'est de publier des œuvres aussi précieuses.

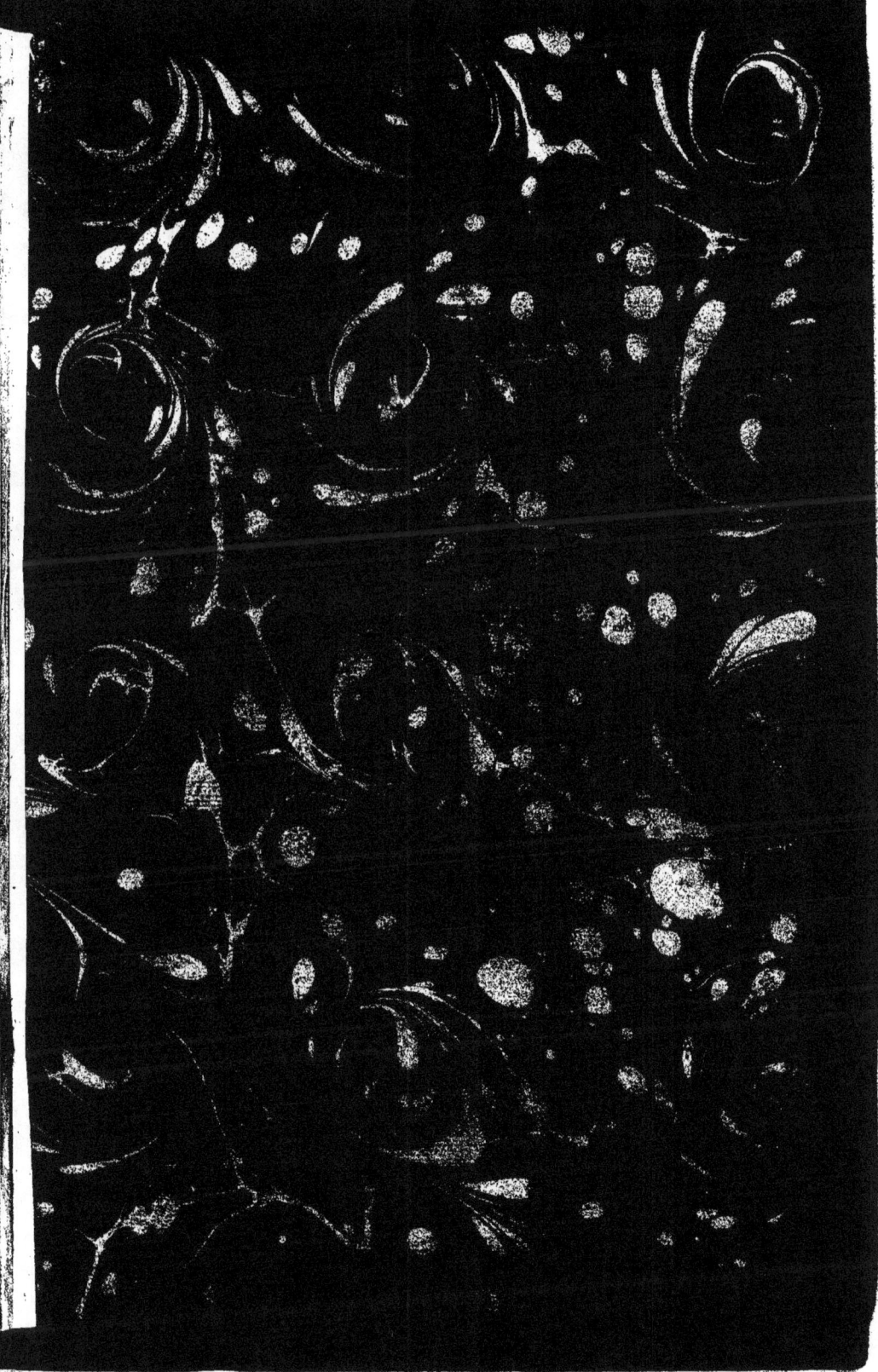

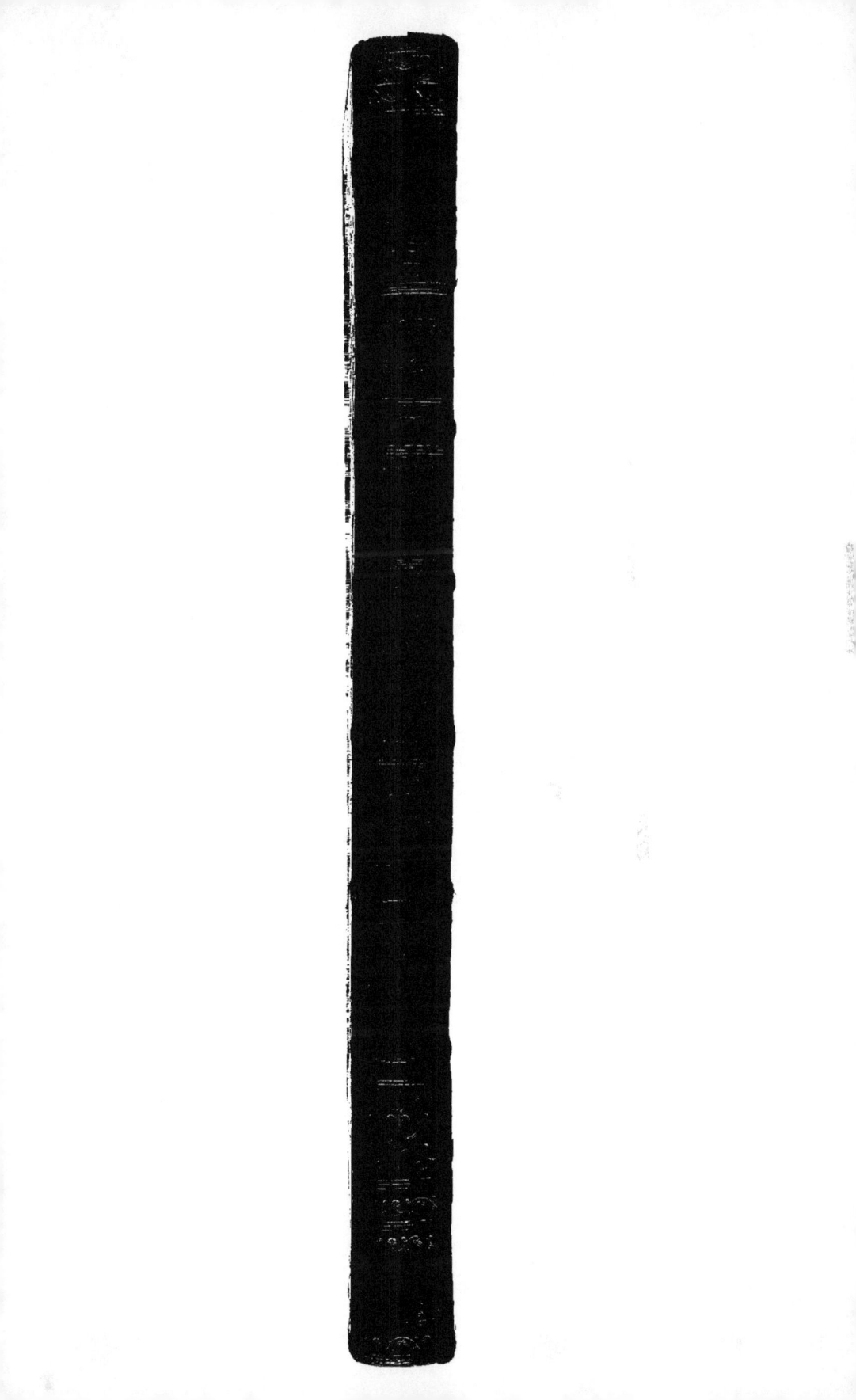

www.ingramcontent.com/pod-product-compliance
Lightning Source LLC
Chambersburg PA
CBHW070526170426
43200CB00011B/2334